알려지지 않은, 치열했던
여성 에니악 개발자 6인의 이야기

# 사라진
# 개발자들

# 사라진 개발자들 알려지지 않은, 치열했던 여성 에니악 개발자 6인의 이야기

**초판 1쇄 발행** 2023년 8월 21일

**지은이** 캐시 클라이먼 / **옮긴이** 이미령, 김태곤 / **펴낸이** 김태헌
**베타리더** 김민규, 김용욱, 김종원, 김호영, 박지윤, 서정아, 안다혜, 유성실, 이현주, 정민영, 정지영, 채민석
**펴낸곳** 한빛미디어(주) / **주소** 서울시 서대문구 연희로2길 62 한빛미디어(주) IT출판2부
**전화** 02-325-5544 / **팩스** 02-336-7124
**등록** 1999년 6월 24일 제25100-2017-000058호 / **ISBN** 979-11-6921-129-1 13000

**총괄** 송경석 / **책임편집** 서현 / **기획·편집** 정지수
**디자인** 윤혜원 **전산편집** 이경숙 **일러스트** 차은혜
**영업** 김형진, 장경환, 조유미 / **마케팅** 박상용, 한종진, 이행은, 김선아, 고광일, 성화정, 김한솔 / **제작** 박성우, 김정우

이 책에 대한 의견이나 오탈자 및 잘못된 내용에 대한 수정 정보는 한빛미디어(주)의 홈페이지나 다음 이메일로
알려주십시오. 잘못된 책은 구입하신 서점에서 교환해드립니다. 책값은 뒤표지에 표시되어 있습니다.
한빛미디어 홈페이지 www.hanbit.co.kr / 이메일 ask@hanbit.co.kr

**지금 하지 않으면 할 수 없는 일이 있습니다.**
**책으로 펴내고 싶은 아이디어나 원고를 메일(writer@hanbit.co.kr)로 보내주세요.**
**한빛미디어(주)는 여러분의 소중한 경험과 지식을 기다리고 있습니다.**

JOHN W. MAUCHLY
J. PRESPER ECKERT

35 CONSTANT
TRANSMITTER
PANEL 1
CONSTANT

알려지지 않은, 치열했던
여성 에니악 개발자 6인의 이야기

# 사라진
# 개발자들

캐시 클라이먼 지음 | 이미령, 김태곤 옮김

한빛미디어
Hanbit Media, Inc.

## 헌사

자신의 이야기를 아낌없이 들려준
베티, 케이, 진, 말린에게
하고 또 하는 내 이야기를 잘 들어준
샘과 로빈에게
이 여정에 함께 해준 마크에게

**지은이** **캐시 클라이먼** Kathy Kleiman

인터넷 정책 및 지식 재산권 분야의 변호사이자 교수이며, 수상 경력에 빛나는 〈The Computers: The Remarkable Story of the ENIAC Programmers〉의 공동 제작자다.

인터넷을 관리하고 감독하는 기관인 ICANN의 설립을 도왔고, ICANN의 비영리 사용자 구성체의 공동 창립자이기도 하다. 도전을 두려워하지 않는 그녀는 사고력을 향상하는 세미나를 주도하고, 에니악 프로그래머에 관한 추가적인 정보를 추적하며, 이들의 이야기를 전 세계의 청중들에게 전달한다. 글로벌 인터넷 정책 분야에서 표현의 자유와 공정 이용, 개인 정보 보호를 지지하는 활동도 한다.

현재 아메리칸 대학교 워싱턴 로스쿨에서 인터넷 기술과 거버넌스를 가르치며 동 대학교 인터넷 거버넌스 연구실의 연구 교수로 재직 중이다.

에니악 프로그래머의 이야기를 발굴하고 보존한 공로를 인정받아 미국 육군 연구소의 표창을 받았다. 마치 오브 다임스 March of Dimes에서 기술 분야의 평생 영웅 Lifetime Heroine in Technology 으로 선정됐다.

**옮긴이** **이미령**

가치 있는 콘텐츠를 우리말로 공유하려고 자원봉사로 시작한 일이 번역가의 길까지 이어졌다. 모든 일을 재미있게 하는 비결은 아이 같은 호기심을 잃지 않는 데 있다고 믿고 있으며, 사람과 사람, 사람과 컴퓨터 간의 연결 분야에 관심이 많다. 옮긴 책으로는 『복붙 개발자의 벼락 성공기』(한빛미디어, 2023), 『소프트 스킬』(길벗, 2022), 『UX/UI의 10가지 심리학 법칙』(책만, 2020), 『사용자를 생각하게 하지 마!』(인사이트, 2014) 등이 있다. 개인 블로그(https://everysingle.page)를 통해 신간 소식, 번역 뒷이야기 등을 전한다.

**옮긴이** **김태곤**

호기심 많은 프런트엔드 개발자, 프로 리모트 워커, 고양이 볼트의 집사, 소소한 블로거. 새로운 기술을 배우는 것만큼이나 지식을 나누는 것도 좋아해서 오픈 소스는 물론 강의와 번역을 꾸준히 하고 있다. 개인 블로그(https://taegon.kim)와 트위터(@taggon)를 통해서도 웹 기술과 관련된 글을 전한다. 옮긴 책으로는 『복붙 개발자의 벼락 성공기』(한빛미디어, 2023), 『소프트 스킬』(길벗, 2022), 『객체지향 자바스크립트의 원리』(비제이퍼블릭, 2015) 등이 있다.

# 차례 ─────────────────────────────────

# 차례

일러두기   역자주는 별표로 표시해 각주로 기재했으며 참고 문헌은 숫자로 표시해 책의 마지막 부분에 수록했다.

## 에니악 프로그래머 6인

### 캐슬린(케이) 맥널티 Kathleen McNulty

필라델피아 체스트넛 힐 여자 대학교에서 수학을 전공했다. 1942년 무어 스쿨의 육군 필라델피아 컴퓨팅 부서에 채용되어 1945년까지 미분 해석기를 운용하는 팀의 관리자로 근무했다. 1945년 에니악 프로그래밍 업무를 맡을 담당자로 선발되었고 제2차 세계 대전이 끝난 후 프로그래밍 업무를 계속하기 위해 에니악과 함께 애버딘 성능 시험장으로 갔다.

### 프랜시스(프랜) 빌라스 Frances Bilas

필라델피아 체스트넛 힐 여자 대학교에서 수학을 전공했고 케이의 가장 친한 친구다. 1942년 그녀도 케이와 마찬가지로 무어 스쿨 육군 필라델피아 컴퓨팅 부서에 채용되어 미분 해석기를 운용하는 팀의 관리자로 일했으며, 1945년 에니악 프로그래밍 업무 담당자로 선발되었다가 제2차 세계 대전이 끝난 후 프로그래밍 업무를 계속하기 위해 에니악과 함께 애버딘 성능 시험장으로 갔다.

### 프랜시스 엘리자베스(베티) 스나이더 Frances Elizabeth Snyder

펜실베이니아 대학교 졸업생. 1942년 무어 스쿨의 육군 필라델피아 컴퓨팅 부서에 합류했다. 1945년 에니악 프로그래머로 선발되어 제2차 세계 대전이 끝난 후 애버딘 성능 시험장으로 자리를 옮겨 프로그래밍 업무를 이어갔다. 최초의 상업용 컴퓨터를 개발한 에커트-모클리 컴퓨터 주식회사의 초창기 직원이었고 최첨단 컴퓨터와 프로그래밍 분야에서 40년간 경력을 쌓았다.

### 말린 웨스코프 Marlyn Wescoff

템플 대학교 졸업생. 1942년 무어 스쿨의 육군 레이더 프로젝트에 합류했다가 1943년 육군 필라델피아 컴퓨팅 부서의 일원이 되었다. 1945년 에니악 탄도 궤도 프로그램 프로그래밍 업무에 선발되었다.

### 루스 릭터먼Ruth Lichterman

1943년 무어 스쿨의 육군 필라델피아 컴퓨팅 부서에 채용될 당시 뉴욕 헌터 대학교에서 수학을 공부하던 대학생이었다. 1945년 에니악 프로그래밍 업무에 선발되었고 제2차 세계 대전 후 에니악과 함께 애버딘 성능 시험장으로 가서 프로그래밍 업무를 이어갔다. 나중에 다른 프로젝트에 참여하기 위해 무어 스쿨로 돌아왔다.

### 진 제닝스 Jean Jennings

미주리 메리빌의 노스웨스트 미주리 주립 사범 대학교 수학과 졸업생. 육군 필라델피아 컴퓨팅 부서에 합류하기 위해 1945년 필라델피아로 이주했다. 1945년 에니악 프로그래밍 업무에 선발되었다. 제2차 세계 대전 후 에니악이 애버딘 성능 시험장으로 이전할 때 에니악 업무를 이어가며 변환 코드* 설계와 프로그래밍을 돕고 프로그래밍 팀을 채용하고 이끌며 탄도 연구소에 에니악을 위한 최초의 풍동wind tunnel 프로그램을 납품했다. 에커트–모클리 컴퓨터 주식회사에서 근무를 이어갔으며 컴퓨팅과 컴퓨터 관련 출판 분야에서 활발히 경력을 쌓았다.

---

\* 에니악에서 십진수를 이진수로, 혹은 그 반대로 변환하는 프로그램 코드다.

# 등장인물 소개

## 펜실베이니아 대학교의 무어 스쿨

### 해럴드 펜더Harold Pender 박사

무어 스쿨 최초의 학장. 무어 스쿨을 위해 탄도 연구소와 제2차 세계 대전 도중에 육군 필라델피아 컴퓨팅 부서를 관리하겠다는 계약을 맺었다. 그의 임기 동안 J. 프레스퍼 에커트와 존 모클리 박사가 에니악을 만들었다.

### 존 그리스트 브레이너드John Grist Brainerd 박사

무어 스쿨 교수이자 학장 겸 연구 책임자. 애버딘 성능 시험장에서 처음에는 육군 필라델피아 컴퓨팅 부서, 나중에는 에니악 프로젝트를 위한 탄도 연구소 연락 담당자였다. 허먼 골드스틴 중위와 가깝게 지냈다.

### 조 채플린Joe Chapline

1942년 5월부터 무어 스쿨 연구원이자 미분 해석기 유지 보수 기술자로 일했다. 존 모클리의 컴퓨팅 아이디어를 지지했으며 허먼 골드스틴을 존 모클리와 연결하는 역할을 했다.

### 존 모클리<sup>John Mauchly</sup> 박사

존스 홉킨스 대학교에서 물리학 박사 학위를 취득했다. 얼사이너스 대학교의 교수로 있다가 제2차 세계 대전 중 전자공학 전공자를 찾는 육군의 요청에 응하며 학교를 떠났다. 에커트-모클리 컴퓨터 주식회사의 공동 창업자이자 세계 최초의 프로그래밍 가능한 전전자식 범용 컴퓨터 에니악<sup>ENIAC</sup>과 그 후속 제품 비낙<sup>BINAC</sup>, 최초의 현대 상업용 컴퓨터인 유니박<sup>UNIVAC</sup>의 공동 발명가다.


### J. 프레스퍼(프레스) 에커트 주니어<sup>J. Presper Eckert Jr.</sup>

무어 스쿨의 전기 공학부 졸업생. 모클리와 처음 만날 당시에는 실습 강사였다. 에커트-모클리 컴퓨터 주식회사의 공동 창업자이자 에니악, 비낙, 유니박의 공동 발명가이며 20세기 최고의 기술자 중 한 명으로 손꼽힌다.


### 어븐 트래비스<sup>Irven Travis</sup> 박사

1941년 해군에 입대했던 무어 스쿨 전기 공학부 교수. 1946년에 연구 책임자로 돌아온 후 특허 소유권을 두고 존 모클리, J. 프레스퍼 에커트 주니어와 충돌했다.

# 등장인물 소개

메릴랜드 애버딘에 위치한 탄도 연구소와 애버딘 성능 시험장

## 레슬리 E. 사이먼 Leslie E. Simon 대령 (이후 소장으로 진급)

제2차 세계 대전 당시 탄도 연구소 소장. 제2차 세계 대전 도중에 폴 N. 길런 대위와 함께 육군 필라델피아 컴퓨팅 부서를 만들었고 존 그리스트 브레이너드, 허먼 골드 스틴과 함께 일했다. 에니악을 만들고 육군의 승인을 받으면 에니악을 탄도 연구소 로 재배치한다는 무어 스쿨과의 계약을 협상하고 승인했다.

## 폴 N. 길런 Paul N. Gillon 대위 (이후 대령으로 진급)

제2차 세계 대전 당시 탄도 연구소의 부소장이자 허먼 골드스틴의 상관. 레슬리 E. 사 이먼 대령과 함께 무어 스쿨 내 육군 필라델피아 컴퓨팅 부서를 공동으로 설립했다. 탄도 연구소의 에니악 자금 지원을 지지했고 이따금 무어 스쿨 팀과 함께 일했다.

## 허먼 골드스틴 Herman Goldstine 중위 (이후 대위로 진급)

시카고 대학교에서 수학 박사 학위를 취득하고 길버트 에임스 블리스 박사[*] 밑에서 공부했다. 제2차 세계 대전 동안 탄도 연구소에 파견되어 무어 스쿨에서 육군 필라 델피아 컴퓨팅 부서의 관리자로 지명되어 탄도 연구소와 무어 스쿨 사이 연락을 담 당했다. 탄도 연구소에 에니악 아이디어를 소개했고 에니악 제작과 시연에 참여했 다. 제2차 세계 대전이 끝난 후 프린스턴 고등 연구소의 회원이었다가 IBM으로 이직 했다.

---

[*] 변분법 연구로 유명한 미국 수학자다.

**아델 골드스틴**<sup>Adele Goldstine</sup> (허먼 골드스틴의 아내로 결혼 전 성은 카츠<sup>Katz</sup>)

헌터 대학교를 졸업하고 미시간 대학교에서 수학 석사 학위를 취득했다. 무어 스쿨의 육군 필라델피아 컴퓨팅 부서의 교육을 개편해 수십 명의 젊은 여성에게 궤도 계산을 위한 대학원 수준의 수치 해석학을 가르쳤다. 에니악의 기술 설명서를 작성했고 제2차 세계 대전 이후 에니악 변환 코드의 설계를 도우며 에니악을 세계 최초의 프로그램 내장식 컴퓨터로 탈바꿈하는 데 도움을 주었다.


**존 홀버턴**<sup>John Holberton</sup>

육군 필라델피아 컴퓨팅 부서의 존경받는 민간 관리자로 허먼 골드스틴 중위 밑에서 일했고 에니악 프로젝트에서도 그와 함께 일했다. 제2차 세계 대전 이후 에니악과 함께 애버딘 성능 시험장으로 갔고 컴퓨팅 분야에서 경력을 쌓았다.


**오즈월드 베블런**<sup>Oswald Veblen</sup> **소장**

수십 년간 프린스턴 대학교의 교수였고 프린스턴 고등 연구소의 초창기 회원이었다. 제1차 세계 대전 중에 애버딘 성능 시험장에 합류해 탄도를 연구하고 계산하는 작업에 참여했다. 제1차 세계 대전 이후, 제2차 세계 대전이 발발하기 전에 자신이 계속 주장했던 대로 애버딘 성능 시험장을 위한 탄도 궤도 계산 프로그램을 탄생시켰다. 제2차 세계 대전 중 탄도 연구소의 수석 과학자로 임명되어 에니악 자금을 대는 최종 결정을 내렸다.

# 프롤로그

흑백 사진 속 여성들을 바라보고 있노라니 그들이 내게 말을 걸어오는 듯했다. 당시 나는 하버드 중앙 도서관인 러몬트 도서관에 앉아서 20세기 컴퓨팅 분야를 이끈 미국 여성들에 관한 논문을 조사하는 중이었다. 그때 내가 알고 있던 유일한 인물은 훗날 호퍼 소장이 된 미 해군의 그레이스 호퍼Grace Hopper 대령뿐이었다. 물론 영국 시인 바이런 경의 딸인 에이다 러브레이스Ada Lovelace 여사가 19세기 초기 프로그래밍 개념에 기여하긴 했지만 그녀는 미국의 여성 역사 강의 범주에 속하지 않았다.

나는 컴퓨팅 분야에 관심이 있는 젊은 여성이었고, 과거에도 컴퓨팅 분야에 종사한 여성이 있었는지 알고 싶었다. 대학에 입학하면서 컴퓨터 과학 강의를 들었는데, 프로그래밍 강의 초반에는 수강생 절반 정도가 여성이었지만 마지막 수업까지 남은 여성은 한두 명뿐이었다. 나를 포함해 몇 명만 더 있었더라도 컴퓨팅 분야를 더 편안하게 느꼈을 것이다. 그래서 나보다 앞서 어떤 여성이 있었고 어떤 업적을 남겼는지 관심이 생겼다.

열람실 테이블 위에 컴퓨터 과학 백과사전과 컴퓨팅 분야의 역사에 관한 서적을 펼쳐놓았다. 하지만 에이다와 그레이스를 제외한 여성의 이름은 어디에도 없었다. 또한 프로그래밍의 진짜 역사도 찾아볼 수 없었다. 온통 하드웨어와 1940년대, 50년대, 60년대 컴퓨터 역사를 지배했던 메인프레임 컴퓨터를 만든 남성에 관한 이야기뿐이었다.

거대한 컴퓨터와 통신하는 방법을 개척한 이들의 이야기는 어디에 있을까? 명령 코드와 프로그래밍 언어의 역사는 1940년대, 50년대, 60년대로 거슬러 올라가는데, 이런 걸 작성한 사람들의 이야기는 도대체 어디에 있을까?

그러던 중 흑백 사진 하나를 우연히 발견했다. 사진 속에는 커다란 방의 삼면을 차지한 거대하고 검은 금속 컴퓨터, 그리고 왜소해 보이는 여섯 사람(남성 네 명과 여성 두 명)이 있었다.

▶ 펜실베이니아 대학교 기록 보관 센터

사진 중앙에는 두 남성이 있고 오른쪽에는 제복을 입은 한 남성이 있으며, 그 양쪽으로 두 여성이 있다. 그리고 사진의 왼쪽 뒤편에도 한 남성이 더 있다. 하지만 사진에서 이름이 언급된 인물은 중앙에 있는 J. 프레스퍼 에커트와 존 모클리 박사, 두 남성뿐이었다. 두 사람은 세계 최초의 프로그래밍이 가능한 전전자식all-electronic 범용 컴퓨터인 에니악의 공동 발명가다. 에니악은 제2차 세계 대전 중 펜실베이니아 대학교에서 제작되었다. 사진과 함께 게재된 기사나 사진 설명, 그 어디에서도 사진 속 다른 이들의 이름은 찾을 수 없었다.

나는 그 사진을 면밀히 관찰하며 특히 두 여성에게 주목했다. 그들은 젊었고 제2차 세계 대전 당시의 헤어스타일을 하고 플랫

슈즈에 치마 정장을 입고 있었다. 더 가까이 들여다보고 있노라니 문득 그들이 에니악에 관해 무언가 알고 있는 것 같다는 생각이 들었다. 마치 살아 숨 쉬는 것처럼 보이는 이 커다란 거인의 손잡이를 조작하거나 그 옆에서 문서를 읽는 모습이 편안해 보였고 자신이 하는 작업을 잘 알고 있는 것처럼 보였다. 그들에게서 눈을 뗄 수가 없었다.

나는 컴퓨터에 관해 어느 정도 알고 있었다. 아버지는 신기술을 다루는 데 특화된 전기 기술자여서 집으로 전자 제품을 가져오시곤 했다. 그중에는 초기 계산기도 있었는데 현대의 계산기와 비교하면 투박하고 거대했으며 기능도 얼마 없었지만 가지고 놀기엔 재밌고 흥미로웠다. 아버지는 내가 아는 사람 중 처음으로 음성 합성과 음성 인식에 관해 이야기한 분이기도 했다. 아버지는 반도체 산업의 창설에 관한 논문도 작성하셨고 전자 제품의 소형화가 이어질 것이며 세상을 끊임없이 변화시킬 거라고 확신하는 분이었다.

중학교 1학년 때 친구들이 나에게 컴퓨터 프로그래밍을 배우고 싶냐고 물어봤고 나는 그렇다고 답했다. 나는 다양한 직업을 탐색하는 보이스카우트 혼성 분과인 탐사대에 가입해서 수요일 밤마다 오하이오주 콜럼버스에 있는 우리 집에서 가까운 AT&T의 제조 회사 웨스턴 일렉트릭Western Electric에 가곤 했다. 그리고 1960년대에 다트머스 대학교에서 개발한 프로그래밍 언어인 베이식BASIC도 배웠다. 얼마 지나지 않아 친구들이 작성한 게임을 같이 즐겼고, 내가

베이식으로 작성한 매드 립스<sup>Mad Libs*</sup>도 함께 가지고 놀았다. 내가 만든 게임을 처음 플레이하던 날 친구들은 컴퓨터가 출력하는 웃긴 이야기를 보며 신나게 웃었다. 그때 내가 프로그래밍에 빠졌다는 걸 깨달았다.

오래된 흑백 사진 속 에니악 앞에 서 있는 인물들을 계속 바라보자니 이들의 이야기가 궁금해졌다. 더 깊이 파고들어 더 많은 책을 찾아본 끝에 다른 사진도 한 장 발견했다. 에니악 앞에 서 있는 두 젊은 여성을 더 가까이서 찍은 사진이었다. 하지만 여전히 이들의 이름은 없었고 컴퓨터 이름만 있었다.

▶ 펜실베이니아 대학교 기록 보관 센터

---

\* 빈칸에 생각나는 단어를 아무렇게나 채워서 이야기를 만드는 단어 게임이다.

나는 이 두 장의 사진을 복사해서 앤서니 외팅거 Anthony Oettinger 교수님에게 가져갔다. 그는 국제적인 컴퓨터 전문가 모임인 컴퓨터 학회 ACM Association for Computing Machinery 의 전임 회장이었다.

나는 교수님에게 에니악 사진 두 장을 보여주며 물었다. "이 여성들은 누군가요?"

"나도 모른다네. 하지만 알 만한 사람을 알고 있지."라고 외팅거 교수님이 답했다.

외팅거 교수님의 말에 따라 나는 보스턴에 설립되었다가 현재는 실리콘 밸리로 이전한 컴퓨터 박물관의 공동 창립자인 궨 벨 Gwen Bell 박사님을 찾아갔다.

컴퓨터 박물관은 보스턴 시내에 박물관이 모여 있는 칠드런스 워프 Children's Wharf 끝자락에 있었다. 긴 부둣가를 따라 걸어가다 보니 어린이 박물관이 눈에 띄었고, 바다 위에는 보스턴 차 사건 수상 박물관의 선박도 있었다. 모두 들러보기 좋은 곳이었지만, 해야 할 일이 있던 나는 사진이 담긴 서류철을 꼭 쥐고 컴퓨터 박물관 안으로 들어갔다.

나는 컴퓨터 박물관의 관장실로 찾아갔다. 짧고 짙은 회색 머리를 한 50대 초반의 벨 박사님은 명백히 매사 정확하고 바쁜 사람으로 보였다. 나는 서류철을 열고 다시 한번 흑백 사진 속 에니악 앞에 서 있는 여성들을 가리키며 벨 박사님께 물었다.

"이 여성들은 누군가요?"

외팅거 교수님과 다르게 그녀는 답을 알고 있었다. "냉장고 숙녀분들이에요."

"냉장고 숙녀가 뭔데요?" 벨 박사님의 대답에 당황한 나는 되물었다.

"모델인 거죠." 그녀가 당연한 걸 묻는다는 듯 답했다. 흑백텔레비전 광고에 등장해서 과장된 몸짓으로 신형 냉장고의 문을 여닫던 1950년대 프리지데어$^{Frigidaire*}$의 모델처럼, 이 여성들도 그저 보기 좋으라고 에니악 앞에 서서 포즈를 취했다는 것이다. 적어도 벨 박사님은 그렇게 생각했다.

그녀는 서류철을 덮어서 나에게 돌려주었다. 나가라는 뜻이었다.

나는 천천히 박물관 밖으로 나왔다. 어린이 박물관에 입장하려고 부둣가에 줄을 선 아이들을 보았고, 항구에 정박한 보스턴 차 사건 선박을 보았으며 밝고 푸른 하늘도 보았다. 그런데 벨 박사님의 이야기는 말이 되지 않는다고 느꼈다. 나는 예전에 커다란 컴퓨터 앞에 서본 적이 있다. 그런 컴퓨터를 처음 보면 너무 거대하고 압도적이어서 비현실적이기까지 하다. 그러나 사진 속 여성들은 그 거대한 컴퓨터가 무슨 일을 하는지, 자신들이 왜 거기에 있는지 분명

---

* 미국의 가전제품 제조사다.

하게 알고 있는 듯했다. 그들은 포즈를 취하고 있었지만 그건 사진 속 남성들도 마찬가지였다. 그리고 그 남성들은 모델이 아니었다.

부둣가를 떠나면서 스스로 과제를 만들었다. 나는 이 여성들의 이름을 찾기로 했다. 이들이 무슨 일을 했기에 아름다운 1940년대 에니악 흑백 사진에 등장하게 되었는지 알아보기로 결심했다.

나는 그들의 이야기를 알아갈 예정이었다.

# 문이 열리다

2층에서 계단을 내려오는 여성들의 새들 슈즈[*]가 대리석 위에서 삐걱거렸다. 무어 스쿨 전기 공학부의 학생과 교수는 전부 남성이었고, 이 여성들은 복도를 지나가거나 그중 일부가 근무했던 미분 해석실에 들어갈 때 괴롭힘, 추파, 놀림을 받는 데 익숙했다.

하지만 이번에는 복도가 조용했다. 군의 탄도 궤도 문제 해결책 프로그래밍을 맡은 여섯 명의 이십 대 여성, 베티, 진, 케이, 프랜, 말린, 루스는 오른쪽으로 돌아서 양쪽으로 열리는 거대한 문 앞에

---

[*] 신발 중앙에 말 안장(saddle)을 닮은 장식이 달렸다는 의미로 붙은 이름이다. 1920~1950년대 학생들이 많이 착용한 신발이다.

멈췄다. 표지판에는 제한 구역이라 적혀 있었다. 이들은 지난 석 달 반 동안 강의실, 대기실, 그리고 용도를 변경한 근처 남학생 클럽 하우스에서 다이어그램을 공부하고 사용법을 연구하며 제한된 문 뒤에 있는 컴퓨터를 익히는 시간을 보냈다. 하지만 자신들이 프로그래밍할 컴퓨터를 실제로 보는 특권은 한 번도 주어진 적이 없었고 접근도 금지되어 있었다. 적어도 지금까지는.

때는 일본이 공식적으로 항복한 지 거의 석 달이 지난 1945년 11월 중순이었고, 허먼 골드스틴 대위가 근엄하고 거들먹거리는 태도로 이들 앞을 걷고 있었다. 그는 아무런 사전 예고도 없이 2층 강의실에서 작업 중인 이들을 소집했다.

거대한 문이 양쪽으로 활짝 열렸고 이들은 전자식 숫자 적분 및 계산기Electronic Numerical Integrator and Computer, 그 위대한 에니악ENIAC의 45개 유닛 전체를 마주했다. 지난 석 달 동안 에니악을 공부했건만 에니악 스위치, 와이어, 케이블을 직접 만져보고 싶다는 요청은커녕 에니악을 언제 볼 수 있는지 묻는 것조차 반쯤 포기한 상태였다. 하지만 갑자기 모든 것이 바뀐 덕에 허먼을 따라 강의실 밖으로 나왔고, 넓은 계단을 지나 1층으로 내려왔다.

마치 사진으로만 보던 사람을 처음 만나는 것 같았다. 일렬로 줄지어 서 있는 높이 2.4미터, 너비 60센티미터의 검은 강철 유닛이 이들을 내려다봤다. 유닛은 왼쪽에 16개, 안쪽에 8개, 오른쪽에 16개가 놓인 커다란 U자 형태를 이루고 있었다. 바퀴가 달린 네모난 유닛 3개가 방 안 곳곳 엉뚱한 장소에 서 있었고, 나머지 유닛 2개, IBM 카드 판독기, IBM 카드 천공기는 와이어로 연결되어 있었다. 이 광경을 두 눈으로 볼 수 있다는 사실이 매우 기뻤다.

제대로 살펴보고 싶은 호기심에 그들은 가로 9미터, 세로 15미터의 넓은 방 안을 돌아다녔다. 모든 유닛은 기술자들이 후면에서 작업할 수 있도록 벽에서 떨어져 있었다. 몇십 센티미터쯤 되는 에니악의 두께를 주의 깊게 관찰하며 거대한 U자를 점검하고 유닛과 스위치도 살펴봤다. 이 거대한 컴퓨터는 1초에 덧셈 5,000번, 또는 곱셈 500번을 수행한다. 나눗셈과 제곱근 계산을 번개처럼 빠르게 완료하는 건 말할 것도 없었다. 감동적이었다.

에어컨이 엄청난 소리를 내며 작동하고 있음에도 진공관에서 나오는 열이 느껴졌고 낮게 윙윙거리는 소리도 들렸다. 그 당시 에니악을 만드는 데 20만 시간 이상이 걸렸고, 오늘날 700만 달러(한화로 약 85억 원)에 해당하는 50만 달러 조금 안 되는 금액이 들었다. 도면과 다이어그램으로 면밀히 공부한 기계임에도 실제로 눈앞에서 보는 건 초현실적이었다. 에니악에 흠뻑 빠진 이들은 방 안에 있는 다른 사람들은 의식하지 못한 채 방을 돌아다녔다.

선임 관리자인 허먼 골드스틴은 "문제를 해결할 시간이네."라는 명령과 함께 공상에 빠져 있던 이들을 현실로 데려왔다. 그제야 정신을 차린 이들은 감탄하며 두리번거리느라 미처 보지 못했던 십여 명의 사람이 방 안에 있었다는 걸 깨달았다. 여기에는 젊은 에니악 기술자(컴퓨터를 만든 사람들) 몇 명과 허먼의 아내 아델도 있었다. 아델은 이들이 처음 군 업무를 시작했을 때 몇 명에게 탄도 궤도 계산을 가르친 수학자였다. 이 여성들이 그해 여름 짧게 만났던 뉴멕시코 군 기지에서 온 두 남성, 스탠리 프랭클 박사와 니컬러스 메트로폴리스 박사도 거기에 있었다.

허먼은 방 안에 있는 다양한 사람들과 함께 일하도록 업무를 배정했고 이들은 에니악 유닛 주변에 자리를 잡았다. 메트로폴리스와 프랭클은 유닛 전면에 있는 금속 투입구로 밀어 넣을 수 있는 작은 종이쪽지를 나눠주었다.

지금껏 기술자들은 제곱표나 세제곱표 같은 사소한 문제로 에니악을 테스트해왔다. 하지만 이번에 테스트할 새로운 문제는 아무도 설명한 적이 없었고 거의 기계 전체를 사용해야 하는 것 같았다. 모두가 다음 명령을 기다리는 사이 잠시 침묵이 흘렀다.

허먼은 방 한가운데 서서 오케스트라 지휘자처럼 손을 들었다. 이제 그 손의 지휘에 따라 모든 사람이 컴퓨터 곳곳에 와이어를 연결하고 22킬로그램짜리 숫자 트레이를 제자리로 들어 올릴 것이다.

젊은 여성들은 한 번도 해본 적 없는 일을 하려는 참이었다. 하지만 지금껏 함께 했던 시간을 생각하면 충분히 열정적이고 낙관적인 태도로 임할 수 있었다. 삼 년 이상 해왔던 모든 일과 똑같은 방식으로 에니악 작업에도 임할 것이다. 지금까지 책상 앞에 앉아서 투박한 계산기에 숫자를 입력하고, 막사에서 '자유 토론'이라고 부르는 회의를 열고, 에니악 유닛을 배우기 위해 펜실베이니아 대학교에서 빌린 공간에서 가늘게 뜬 눈으로 거대한 다이어그램을 꼼꼼히 뜯어 보는 일을 함께 해왔다. 심지어 보는 것조차 허락되지 않은 컴퓨터의 프로그래밍 방법도 스스로 깨친 이들이었다.

그리고 가장 중요한 건 함께 한다는 것이었다.

# 여성 수학 전공자 구함

1942년 6월 2일 날이 흐린 화요일, 스물두 살의 캐슬린(케이) 맥널티는 필라델피아 대교구 보좌주교인 휴 L. 램<sup>Hugh L. Lamb</sup> 신부가 수여하는 수학 학사 학위를 미소와 함께 받아 들었다.[1] 갸름한 얼굴에 보조개가 있던 그녀에게는 눈동자 떨림증이 있었다. 필라델피아 북서쪽 끝 위사히콘강을 내려다보는 곳에 위치한 가톨릭 여자 대학교인 체스트넛 힐 대학교의 졸업식이었다. 케이는 107명의 졸업생 중 한 명이었다.[2]

졸업식은 테니스 코트 근처 야외에서 진행되었고 로체스터의 제임스 커니<sup>James Kearney</sup> 주교가 총장 연설을 했다. 그날 케이의 단짝 친구 중 한 명인 프랜시스(프랜) 빌라스는 국립 가톨릭 학교 출판인 협회상, 학생 교수 황금 열쇠상, 과외 활동에서 뛰어난 능력과 리더십을 발휘한 졸업생에게 수여하는 카파 감마 파이Kappa Gamma Pi 인증서를 비롯해 많은 상을 받았다.[3] 케이는 프랜이 학급에서 똑똑한 축에 속한다는 걸 알았다. 두 사람 다 학위를 손에 쥐고 가족들을 만나는 그 순간, 인생의 다음 장이 열리고 있었다.

젊은 미국인이 취업 전선에 뛰어들기 평범치 않은 시절이었다. 같은 날 열린 펜실베이니아 대학교 졸업식에서 이미 군에 입대해 현재 부재중인 젊은 남성들에게 수여된 학위는 73개였다. 『필라델피아 인콰이어러Philadelphia Inquirer』*가 다른 지역 졸업식 사진 위에 게재한 '전쟁 중에 세상으로 진출하는 졸업생들'이라는 표제 속 졸업생에는 프랜과 케이도 포함되었다.[4]

1941년 졸업생을 위해 출간된 펜실베이니아 대학교 여성 연감인 『여성 대학생 기록Women's Undergraduate Record』은 전쟁에 대해 다음과 같이 기록하고 있다.

> 전쟁은 전 세계에 큰 슬픔이었다...** 전쟁에 직접 참전하지 않았더라도 우리는 전쟁의 시대를 살아갔다. 조국의 고립을 원할지언정 공감 능력까지 조국의 국경 안에 가둬둘 수는 없다. 우리의

---

\* 필라델피아 지역 일간신문이다.
\*\* 본서에서 참조 인용의 일부를 생략할 때 줄임표(...)를 사용한다.

*눈은 유럽에 있고 유럽의 총은 우리의 심장을 저격한다. 우리 모두가 가진 이성적인 사고는 이러한 성숙한 사고방식을 받아들였다.*[5]

케이와 프랜은 체스트넛 힐 대학교 학급에 있는 단 세 명의 수학 전공자 중 두 명이었다. 나머지 한 명인 조지핀 벤슨 Josephine Benson 도 이들과 단짝 친구였다. 케이가 수학을 선택한 이유는 수학이 쉽고 재미있어서였다. 지도 교수는 대학에 입학한 지 며칠 지나지 않은 그녀에게 가장 좋아하는 과목을 선택하라고 했다. 케이는 바로 '수학'이라고 대답했다. 그녀에게 수학은 어렵지 않았다. "제게 수학은 머리 쓰는 일이 아니었어요. 수학은 그냥 풀 수 있는 재미있는 퍼즐이고 항상 답이 있죠."[6]

대공황 시대에 체스트넛 힐 대학교에 입학한 여성 대부분은 요리, 바느질, 금융 같은 생활 기술을 연구하는 가정학을 전공했다. 사실 케이, 프랜, 조지핀의 졸업식 몇 주 전에 체스트넛 힐 대학교 가정학과는 학교 강당에서 패션쇼를 선보였다. 전쟁 중인 상황을 고려해 학생들은 애국심을 주제로 한 100벌의 가운을 선보였다.[7] 케이의 여성 동급생 다수는 학교나 병원의 영양사가 되고 싶어 했다. 그리고 결혼해서 아이를 낳을 것이다. 가정학은 영양학 분야로 진출하는 데 도움이 되겠지만 그게 중요하진 않았다. 좋은 주부가 되려면 요리나 가사를 꼭 배워야 했다.

케이는 다른 학생들과는 달랐다. 그녀는 중요한 일을 하고 싶었고 그러다 나중에 가정을 꾸리고 싶었다. 이 두 가지는 충분히 병행 가능하다고 생각했다.

케이는 졸업한 지 2주가 채 되지 않은 어느 날 필라델피아의 『이브닝 불러틴 Evening Bulletin』\*에서 '여성 수학 전공자 구함'이라고 적힌 공고를 발견했다. 육군이 펜실베이니아 대학교의 무어 스쿨 전기 공학부에서 일할 여성을 찾는다는 공고였다. 무슨 일을 할지는 몰랐지만 '수학 학위가 있는 여성'이 필요한 일자리를 신문으로 찾는다는 점이 멋지다고 생각했다.[8] 전쟁 전에는 있을 수 없는 일이었다. 회계사나 보험 계리사처럼 수학과 관련된 채용 공고는 신문의 '남성 구인' 섹션에 실렸다. 수학은 남성의 일이었다. '여성 구인' 섹션에는 비서, 영양사, 유모, 세탁부 같은 일자리가 실렸다.[9] 무어 스쿨 일자리에 관심 있는 사람은 사우스 필라델피아의 사우스 브로드가에 있는 모병 사무소로 가야 했다. 모병 사무소는 유서 깊은 사설 클럽, 유니언 리그 Union League 내부 사무실에 위치했다.[10] 케이는 프랜과 조지핀에게 연락했고 함께 면접을 보자고 제안했다.

하지만 조지핀은 이미 직장을 구한 상태였다. 다음 날 케이는 한 명의 단짝 친구와 함께 나타났다.

---

\* 1847년~1982년 발행된 필라델피아 지역 석간신문이다.

미국 전역의 모든 여성이 전쟁과 관련된 업무를 할 여성이 필요하다는 공고를 봤고, 대부분은 공업 직군을 모집하는 공고였다. 정부와 군은 남자 형제, 사촌, 삼촌, 아버지가 군에 자원으로 입대하거나 징집되면서 공장이나 농장에 생긴 빈자리에 여성을 채용하는 전략을 신중하게 구사하기 시작했다.

대공황 시대에는 남녀 할 것 없이 일자리를 구하기가 어려웠다. 실업률은 1933년 24.9%까지 치솟았고 1931년부터 1940년까지 14%를 상회했다.[11] 제2차 세계 대전 동안 정부는 이전에는 오로지 남성에게만 허용했던 자리를 여성이 채우도록 장려했고 이에 여성들은 열광적으로 반응했다. 그 결과 1940년부터 1945년까지 노동 인구의 여성 비율이 50%까지 증가했다.[12]

국가가 군대에 군복, 식량, 총, 포, 비행기, 탱크를 공급하려면 여성을 공업 제조업과 육체노동에 투입해야 했다. 후일 'We Can Do It(우리는 할 수 있다)!' 포스터의 주인공이 된 리벳공 로지 Rosie the Riveter라는 가상의 캐릭터는 1942년 한 노래에서 처음 소개되었고 노래 가사는 이러했다.

*비가 오든 해가 나든 언제나 / 로지는 생산 라인의 일원이라네 /*
*그녀는 역사를 만들고 / 승리를 위해 일한다네 /*
*로지는 남자 친구 찰리가 있네 / 찰리는 해병이라네 /*
*로지는 리벳 기계 작업으로 야근하며 / 찰리를 지켜주지*[13]

전쟁 관련 업무를 할 여성을 모집하는 포스터는 '일하는 여성이 많아질수록 승리가 가까워진다!'라고 대대적으로 홍보했다.[14]

수백만 미국 여성이 팔을 걷어붙었다. 지프차와 탱크를 생산하고, 군복과 통조림을 만들고, 무기와 탄약을 제조했을 뿐 아니라 국내외에서 국민들이 즐겨 보고 기분 전환할 수 있는 전시 영화를 제작했다. 파란 작업복을 입은 젊은 여성이 한 손에 샌드위치를 들고 무릎에 리벳 박는 총을 올려놓은 노먼 록웰Norman Rockwell의 리벳공 로지 그림은 1943년 5월 『더 새터데이 이브닝 포스트The Saturday Evening Post』 표지로 발행되어 엄청나게 큰 인기를 끌었고 미국 재무부는 그림을 대여해 남은 전쟁 동안 전쟁 채권 구매를 장려하는 데 활용했다.[15]

전쟁으로 인한 경제 동원은 전통적인 '남성'과 '여성' 업무의 경계를 많이 허물었다. 이전에는 남성만 하던 탱크 제작, 비행기 수리 같은 업무가 여성스럽고 매력적인 업무로 재정의되었고 전쟁 동안에는 해당 분야에 진출하는 여성이 환영받았다.[16]

하지만 대학에서 공학, 과학, 수학을 전공한 여성에게는 이러한 공업 고용의 붐과는 별개로 전쟁으로 인한 또 다른 기회의 문이 활짝 열렸다. 당시 케이 같은 여성들은 마치 자신을 위해 쓴 것 같은 공고를 발견할 수 있었다.

미국 노동부 여성국은 새로운 기회가 열렸다는 걸 다음과 같이 선언했다.

*과학과 공학 분야에서 전쟁과 관련된 취업 기회를 찾는 사람도 다른 분야에서와 마찬가지로 '여성 구함!' 슬로건을 볼 수 있을 것이다.*[17]

수학 학위가 있는 여성은 연합군의 승리를 돕는 가치 있는 자산이었다.

케이가 『이브닝 불러틴』 공고를 본 몇 달 후에 군수산업 분야의 리더들과 여자 대학교의 총장들은 미국 대학 여성 협회 지부가 있는 워싱턴 D.C.에 모였다. 대학 교육을 받은 여성의 전쟁 관련 전문 분야 진출 속도를 높일 방법을 논의하기 위해서였다.[18] 전시 생산국의 부의장 윌리엄 배트William Batt는 콘퍼런스 중 『필라델피아 인콰이어러』에 이렇게 말했다. "전쟁에서 승리하는 건 엄청난 규모와 엄중함을 요하는 작업이며, 군에 필요한 모든 물자의 수요가 무서울 정도로 많다. 여성은 남성만큼 훌륭하게 임무를 해낼 수 있으며, 공장과 가게에서 훨씬 더 훌륭하게 임무를 완수하기도 한다." 그리고 아직 미국 여성의 전쟁 활동이 러시아와 영국 여성 같은 속도에 도달하지는 못했지만 머지않아 그렇게 할 수 있을 것이라고도 말했다.[19]

대학 교육을 받고 뛰어난 기술을 갖춘 여성들은 훌륭한 자격을 갖추었음에도 보수가 좋은 일자리에서 수십 년 동안 외면당해왔다. 하지만 이제는 더 이상 답답해하지 않고 자신을 필요로 하는 일자리에 뛰어들 수 있었다.

케이와 프랜이 유니언 리그 내부에 있는 모병 사무소에 갔을 때 군 채용 담당자는 이들을 만나자마자 수학 경력에 관해 물었다.

"미분학을 배웠나요?"

"네." 케이가 대답했다.

"물리학을 배웠나요?"

"네."

"그렇다면 정확히 우리에게 필요한 사람들이군요." 그가 말했다.

케이는 "그 자리에서 바로 우리를 고용했죠."라고 기억했다.[20]

그녀는 대학을 졸업한 지 단 2주 만에 취업했다는 사실에 행복했다. 어떤 분야에서든 그리 흔치 않은 일이겠지만, 당시 상황을 고려하면 더욱 이례적인 일이었다. 케이와 프랜은 1942년 7월 1일부터 무어 스쿨에서 근무하게 되었다.[21]

케이의 이야기

케이는 아일랜드어로 '호수로 둘러싸였다'는 뜻을 지닌 크리슬라크에서 태어났다. 크리슬라크는 아일랜드 북서부 도니골주에 속했고 케이의 아버지 집안이 1804년부터 살았던 곳이다. 그녀의 가족은 크러케티Cruckatee 언덕 꼭대기와 호수에서 바다까지 이어진 약 65

만 제곱미터의 땅을 소유하고 있었다.[22]

케이의 아버지 제임스 맥널티는 일곱 자녀 중 막내였고 할아버지, 할머니는 아버지가 어렸을 때 돌아가셨다. 제임스의 맏형은 미국에서 석공이 되기 위한 공부를 했고 이민 간 삼촌도 세 분 있었다. 제임스도 미국으로 넘어가 석공이 되기 위해 필라델피아에서 삼 년간 도제 교육을 받았다.

도제 교육을 받는 동안 필라델피아에서 아일랜드 정치에 적극적으로 참여했다. 아일랜드 의용군이 되어 부대가 반복 연습하고 훈련하는 방법을 연구했다. 제임스가 속한 의용군은 총과 탄약 자금을 마련하고 아일랜드로 돌아가서 영국 정부를 몰아내기 위해 훈련했다. 그는 또한 아일랜드 스텝 댄스 챔피언이었고 댄스로 메달도 많이 획득했다. 1915년 장티푸스에 걸렸고 건강 회복을 위해 아일랜드로 돌아갔다.[23]

1917년 2월 맥널티 가족 농장에서 제임스는 애니와 결혼했다. 1918년 케이의 오빠 패트릭이 태어났다. 1년 후 둘째 오빠 제임스(짐)가 태어났고 2년 후인 1921년 2월 12일 케이가 태어났다.

아버지는 케이가 태어나던 밤에 체포됐다. 제임스는 한 무리의 남성들과 다리를 폭파하고 숨어 있다가 아기가 곧 태어난다는 소식을 듣고 애니의 출산을 함께 하기 위해 집으로 돌아와 이렇게 말했다. "우리 어머니와 할머니 이름을 따서 아이 이름을 캐슬린으로 지읍시다." 그리고 영국 정부가 아일랜드 독립 전쟁 중 왕립 아일랜드

경찰대Royal Irish Constabulary를 위해 모집한 흑갈부대Black and Tans에 의해 체포됐다. 그날 밤 많은 아일랜드 남성들이 체포되었지만, 제임스와 함께 다리에 있던 대부분은 잡히지 않았다. 제임스는 아무 혐의나 재판도 없이 2년간 데리 감옥 독방에 투옥되었다. 그리고 재판에 회부될 당시 어떠한 혐의도 없었기에 풀려났다.[24]

1923년 감옥에서 석방된 후 제임스는 아일랜드에서 계속 살 생각이었지만, 영국−아일랜드 조약 아래 1922년 12월 설립된 아일랜드 자유국 치하에서는 살 수 없다는 결론에 이르렀다. 그 대신 미국으로 돌아가 가족들이 따라올 기반을 마련하기로 했다. 그는 형제 한 명과 함께 필라델피아 체스트넛 힐에 토지를 샀고, 집을 건설할 부동산 개발 회사를 설립했다. 체스트넛 힐은 필라델피아 북서부에서 한창 성장하고 있던 교외 지역으로 울창하게 늘어선 나무가 아름다운 곳이었다.

임신 중이었던 애니는 제임스가 가족을 위해 집을 짓는 동안 아일랜드에서 케이의 여동생 애나를 출산했다. 1924년 10월 애니는 아이들을 데리고 미국행 선박에 올랐다. 제임스는 뉴욕에서 가족을 만났고 필라델피아 윈드무어 지역에 자리 잡은 아름답게 꾸민 새집으로 그들을 데려갔다.[25]

당시 세 살이었던 케이가 할 줄 아는 언어는 게일어뿐이었다. 하지만 오빠들이 학교에서 집으로 가져오는 책을 보고 빠르게 영어를 익혔다. 영어를 잘하게 될수록 아일랜드 억양이 사라지는 듯했지

만, 집으로 돌아오기만 하면 강한 아일랜드 억양이 되돌아왔다.[26]

케이의 동생 세실리아가 태어난 후 맥널티 부부는 체스트넛 힐의 하일랜드 에비뉴에 있는 더 큰 집으로 이사했다. 6살 반이 되어 거의 아일랜드 사람만 있는 지역의 가톨릭 초등학교에 입학한 케이는 수학을 잘했고 학년을 앞서나갔다. 어느 날 선생님은 반 아이들에게 숫자 10까지 세는 법을 가르칠 거라고 했다. 케이가 일어나서 자신은 이미 50까지 셀 수 있다고 하자 선생님은 "넌 여기 있을 필요가 없겠다. 집에 가도 되겠구나."라고 했고 그 말을 들은 케이는 학교 밖으로 걸어 나왔다.[27]

선생님은 케이를 한 블록 밖까지 쫓아 나와 웃으며 말했다. "농담이었어! 있어도 된단다. 숫자 세는 법 말고 다른 걸 가르쳐줄게." 3학년 2학기에 케이는 4학년으로 월반했다. 그녀는 학교의 모든 것을 사랑했고 집으로 오는 길에는 책을 보러 지역 도서관에 들렀다. 때때로 은행 앞 계단에 앉아서 다른 아이들에게 책에서 본 이야기나 자기가 상상한 이야기를 들려주었다. 너무 늦게까지 놀고 있는 날이면 어머니의 지시를 받은 오빠가 케이를 데리러 왔다.[28]

밤에 숙제를 할 때는 케이가 오빠들의 수학 숙제를 도와줬다.[29] 그 덕분에 케이는 모든 수학 교육 과정을 자신의 학년보다 적어도 일 년은 앞서 배웠다.

다른 사람들도 케이의 수학 실력을 알아차리기 시작했다. 동네에 두 자매가 운영하는 가게가 있었는데 이들은 종이봉투 뒷면에 연필로 제품 가격을 적으면서 총액을 계산했다. 하지만 케이는 수기로 계산하는 것보다 더 빠르게 암산했고 그 모습에 자매는 감탄을 금치 못했다. "너는 커서 수학 선생님이 되어야겠다." 자매 중 한 명이 케이에게 말했다.[30] 케이는 그 칭찬을 몇 년 동안이나 기억했다.

케이는 어린 시절 내내 기계 장치에 흥미를 느꼈다. 어머니는 다림질을 하다가 다리미가 고장 나면 플러그를 뽑아 케이에게 드라이버와 함께 주며 고쳐달라고 했다. 열여섯 살이 되자 오빠들이 그랬던 것처럼 운전을 배웠다. 동네에 운전면허가 있는 여자아이가 자기뿐이라는 사실은 신경 쓰지 않았다.[31]

1929년 주가 대폭락 이후 주택 개발 시장이 말라버린 까닭에 케이의 아버지는 필라델피아와 워싱턴 D.C.에서 유명한 건축업자인 잭 켈리Jack Kelly 밑에서 일하기로 했다. 1930년대 말부터 1940년대까지 워싱턴에서 제퍼슨 기념관, 펜타곤을 지은 팀의 일원으로 많은 일을 했다. 제임스는 2주에 한 번씩 주말이면 집에 왔다.[32] 잭 켈리의 딸인 그레이스 켈리는 케이보다 몇 살 어렸고 유명한 영화배우가 되어 나중에는 모나코의 공비가 되었다. 두 아버지는 평생 친구로 지냈다.

맥널티 부부는 사회생활을 활발하게 했고 두 사람 모두 춤추기를 좋아했다. 그들은 가톨릭교회 무도회에 참석했고 켈리의 집에서 열리는 파티에 가족을 데리고 갔다. 제임스는 집에 오는 주말마다 페어 마운트 공원에 있는 위사히콘강에서 카누 타기 같은 외부 활동을 계획했다. 혁명기의 아일랜드계 미국인 대륙 해군 장교였고 '미국 해군의 아버지' 준장이었던 존 배리John Barry를 기리는 존 배리의 날이 되면 가족들은 독립기념관으로 가서 그날을 기념했다.[33]

어머니는 딸들에게 아일랜드식 코바늘 뜨개질과 자수, 상차림, 식사 예절을 가르쳤다. 케이는 파이 굽는 법을 배웠고 어머니가 바느질하는 걸 보고 자기 옷을 만드는 데에도 관심을 갖게 되었다.[34]

케이는 중학교를 졸업하며 개근상을 받았고 성적과 손 글씨로 일등상도 받았다. 그 후 학생 수가 4,000명인 존 W. 핼러핸John W. Hallahan 가톨릭 여자 고등학교로 진학했고 집에서 1시간 15분 거리에 있어 트램이나 지하철을 타거나 도보로 통학했다. 케이는 교지를 만들었고 3년간 우등생 명단에 올랐으며 아픈 어머니를 돌봐야 했던 한 해만 우등생 명단에 이름을 올리지 못했다.[35] 그녀는 수학, 라틴어, 프랑스어, 과학, 생물학, 화학, 대수학, 평면기하학, 고급 대수학, 입체기하학, 삼각법 등 학교에서 배울 수 있는 모든 수학 수업을 수강했다.[36]

케이는 1938년 핼러핸 여자 고등학교를 졸업했고, 많은 친구들이 바로 취업 전선에 뛰어들어 백화점 직원이나 비서가 되어 낮은 임금을 받으며 받아쓰기, 타자 치기 일을 하는 걸 봤다. 대학에 가기로 한 친구들은 선생님이 되기 위해 '사범 학교'라고 불리던 2년제 대학을 선택하기도 했다. 하지만 케이는 4년제 대학교를 원했고, 집에서 몇 킬로미터 떨어진 체스트넛 힐 대학교에 성적 우수 장학금을 받고 입학했다.

붉은 포탑이 높이 솟은 체스트넛 힐 대학교의 아름다운 석조 건물은 필라델피아 서부 언덕 꼭대기에 있었다. 체스트넛 힐 대학교는 1924년 여성을 위해 가톨릭 4년제 인문 대학으로 설립된 학교였다. 원래 마운트 세인트 조지프 대학교로 불렸고 세인트 조지프 수녀회에서 운영했다가 케이가 입학한 1938년에 학교 이름을 바꿨다.

케이는 당시 '대학 대수학'이라 부르던 과목(요즘은 미적분학 준비 과정precalculus이라고 함)을 비롯해 구면삼각법, 적분학, 미분학, 미분 방정식을 수강했다. 또한 여러 종류의 기하학과 천문학을 배웠고, 2년간 물리학도 공부했다.[37]

프랜의 이야기

케이만큼 우수한 학생이었던 프랜시스(프랜) 빌라스는 1922년 3월 2일 필라델피아에서 다섯 딸 중 둘째로 태어났다. 아버지 조지프는 유고슬라비아에서 태어난 필라델피아 교육 위원회 소속 기술자로 학교 건물 52채를 책임졌다. 어머니는 결혼 전 이름이 애나 휴스Anna Hughes였고 딸들이 성장한 후 초등학교 교사로 복직했다.[38]

1938년 1월 프랜은 16세의 나이로 사우스 필라델피아 여자 고등학교를 졸업했다. 프랜도 케이처럼 체스트넛 힐 대학교에서 장학금을 받으며 재학했다.[39] 집에서 학교까지는 편도 한 시간 반 거리였다. 프랜은 진지하고 똑똑하고 근면했으며 허리에 닿을 정도로 긴 머리를 위로 땋아 올리고 다녔다. 수줍음과 자의식이 강했던 프랜은 수학을 전공했고, 물리학을 부전공했다.[40] 그녀는 남들과 잘 어울리지 않는 진지한 책벌레였다. 케이와는 가깝게 지냈지만, 천성적으로 여럿이 어울리기보다 일대일로 만나는 걸 선호하는 사람이었다.

프랜은 수학 선생님이 되기 위해 사이먼 그라츠Simon Gratz 고등학교에서 수습 교사로 일했다.[41] 1925년에 설립된 이 고등학교의 이름은 20세기 필라델피아 교육의 중요한 혁신가였던 시민 지도자 사이먼 그라츠를 기리기 위해 붙여졌다.

프랜, 케이, 조지핀은 수학 동아리를 통해 가까워졌고, 학교로 통학하는 친구들과 함께 공부하고 수다 떨 수 있었던 '데이 홉 라운지'에서 많은 시간을 보냈다. 케이는 교내 서점에서도 일했고 캠퍼스의 거의 모든 사람을 알았다. 서점의 유명 인사였고 학우들이 찾는 책을 항상 열심히 찾아줬다.[42]

졸업할 무렵 케이는 전공인 수학에 경영학을 부전공으로 추가해 회계, 화폐, 금융 강의를 들었다. 그녀는 보험이나 경영 분야에 사무직으로 취업하고 싶어 했다.[43] 1940년 인구조사에서 여성이 전체 사무직원의 54%를 차지했고, 1950년에는 62%까지 증가했다.[44] 미국이 국제적인 전쟁에 개입하리라 전망하던 1941년 여름, 케이는 4학년이 되기 전 여름방학 동안 일할 곳을 찾기 위해 직업소개소로 향했다. 직업소개소 직원은 경리 자리를 소개해줬다. 회계 강의에서 해당 분야를 많이 다루진 않았지만 그래도 케이는 할 수 있다고 했다. 그날은 금요일이었는데 월요일부터 출근해야 했다. 케이는 도서관에 가서 경리 업무에 관한 모든 책을 대출했고 주말 내내 최대한 많은 걸 익혔다. 그리고 월요일 아침 회사로 갔다.[45] 그녀가 채용되어 그해 여름 내내 경리 일을 할 수 있었던 건 벼락치기 공부 덕이 분명했다.

미국이 제2차 세계 대전에 공식적으로 참전한 건 아니지만 1941년 군에서는 대대적으로 신병을 모집했고 케이의 오빠 패트릭과 짐은 해군에 입대했다. 패트릭은 신예 발명가였지만 조국을 지키는 데 있어 자기 본분을 다하길 원했다. 1941년 12월 7일, 일본 해군이 하와이 진주만 해군 기지를 기습 공격한 아침, 케이뿐만 아니라 모든 미국인의 삶이 순식간에 뒤바뀌었다. 일본 전투기, 뇌격기, 폭격기 353대가 기지를 공격했다. 미 해군 전함 8척이 전부 파손되었고 그중 4척은 침몰했다. 진주만에서 사망한 사람 중에는 맥널티 부부가 아는 체스트넛 힐 지역의 남학생들도 있었다. 모두 창창한 앞날

이 기다리고 있는 장래가 촉망되는 젊은이들이었다.[46]

　진주만 공습은 모든 미국인에게 충격이었다. 다음 날 케이를 비롯한 수많은 이들이 12월 7일은 '영원히 치욕으로 기억될 날'이라 명명하며 미국의 참전을 발표하는 프랭클린 D. 루스벨트 대통령의 라디오 연설을 들었다. 미국은 참전할 때부터 태평양과 유럽, 두 곳의 전선에서 전쟁을 치렀다.

　필라델피아는 하룻밤 사이에 변모했다. 전쟁 전에는 대공황으로 실업률이 높았고 공장도 비어 있었다. 1940년 6월 독일군이 프랑스를 점령한 후 루스벨트 행정부가 재무장 프로그램을 시작하자 정부의 물자와 무기 주문이 쇄도하면서 필라델피아 경제가 살아났다. 필라델피아는 '민주주의의 병기창'이라고 불렸다. 필라델피아에는 이미 해군 공창, 무기고가 존재했고 대학교도 많았다.[47] 남녀 할 것 없이 사방에서 사람들이 밀려들었다.

　델라웨어강이 도시를 가로지르며 대서양과 연결되는 덕분에 필라델피아의 산업은 진주만 공습 이후 되살아났다. 필라델피아 해군 조선소는 1801년 세워졌는데, 1939년 몇천 명에 불과했던 이곳의 노동자 수는 최고 5만 8천 명까지 증가했다. 1944년 켄싱턴, 캠던, 체스터에 있는 인근 조선소가 고용한 노동자는 15만 명 이상이었고, 여기서 건조된 선박은 델라웨어강을 통해 전쟁에 결정적으로 기여했다.[48]

　모든 이가 가장 중요하게 생각한 건 전시 활동 지원이었다. 그

다음으로 중요한 일은 레드 카펫을 깔고 지역 막사와 시설에 있는 군인과 선원을 위해 무도회를 여는 것이었다. 이런 무도회 대부분은 시청 근처 대형 무도회장인 아카데미 오브 뮤직Academy of Music 지하에 있는 스테이지 도어 캔틴Stage Door Canteen에서 열렸다. 기지에서 훈련받던 젊은 군인들이 버스를 타고 무도회에 참석해 지역의 젊은 여성을 만나서 활기찬 스윙 댄스와 느리고 낭만적인 폭스트롯을 췄다.[49]

장시간 근무나 군인들을 즐겁게 해주는 활동을 마치고 집으로 돌아온 사람들은 뉴스에 귀를 기울였다. 온 가족이 라디오 주변에 모여 CBS 뉴스의 에드워드 R. 머로Edward R. Murrow 종군 기자가 런던에서 지지직거리는 소리와 함께 전해주는 소식을 들었다.[50] 1940년 미국인들은 독일 공군이 런던을 밤마다 기습 공격해서 영국 시민이 폭격을 받고 있으며 영국 왕립 해군이 이들을 물리치려 싸우고 있다는 사실을 알게 되었다. 고막을 찢을 듯한 폭발음과 독일 공군의 저공비행 소리에 깜짝 놀란 사람들은 바다 너머 문화적으로 가까운 이웃을 돕기 위해 나섰다.

케이와 프랜이 유니언 리그로 가서 메릴랜드 애버딘에 있는 애버딘 성능 시험장Aberdeen Proving Ground, APG을 근거지로 둔 육군 탄도 연구소Ballistic Research Laboratory, BRL에 채용된 건 '치욕의 날' 연설이 있은 지 불과 여섯 달 후였다. 이들의 역할은 무어 스쿨의 육군 필라델피아 컴퓨팅 부서에서 일하는 것이었고 두 사람은 '보조 컴퓨터'

라는 같은 직함을 받았다.

'컴퓨터'라는 용어의 기원은 17세기까지 거슬러 올라가며, 당시에는 달력을 바탕으로 시간을 추적하며 시간과 관련된 계산을 수행하는 사람을 가리키는 말이었다. 천문학자 마리아 미첼[Maria Mitchell]이 미 연안 측지 조사단에서 근무하던 1860년대 후반에는 이 용어가 '계산하는 사람[compute+-er]'을 의미했다.[51] 오랜 세월 이 용어가 일컫는 건 기계가 아닌 사람이었다.

프랜과 케이가 공무원으로서 받은 연봉은 오늘날 약 27,000달러(한화로 약 3,560만 원)에 해당하는 1,620달러였다. 이들의 공무원 등급은 'SP-4'였다.[52] 'SP'는 'subprofessional and subscientific(준전문 및 준과학)'을 의미했는데, 전문적이고 과학적인 직군에 속하는 직원의 업무에 '종속되거나 이를 대비하는' 직무를 위해 1920년대부터 존재한 분류였다.[53] 그런데 SP 직위에 속한 이들이 실질적으로 수학이나 과학 학위가 필요한 전문적인 업무를 수행한다는 점을 고려하면 적절치 못한 명칭이었다. 하지만 육군은 조국에 기여하길 간절히 바라는 젊은 여성들이 직위를 문제 삼지 않을 거라는 걸 알고 있었다. 규칙은 간단했다. 전문적인 'P' 등급은 남성에게만 허용되었다.[54] 즉, 하버드에서 박사 학위를 받은 여성 천문학자조차도 SP로 분류된다는 뜻이었다.[55]

1942년 6월의 흐린 날, 유니언 리그를 걸어 나오는 케이는 직위를 문제 삼지 않을 여성 중 한 명이었다. 사실 그녀는 새로운 일자리를 얻어서 기뻤다. 케이는 자신의 가장 뛰어난 능력인 수학 능력을 활용해 육군 프로젝트를 도울 수 있게 된 것이다. 게다가 비서 월급의 두 배 이상을 벌 것이고 자기가 아는 사람 중에는 그만큼 버는 사람이 없었다. 하지만 업무가 기밀이라는 이유로 무어 스쿨로 첫 출근하는 날이 되어야 알 수 있는 한 가지 매우 중요한 사항이 있었다. 보조 컴퓨터는 도대체 무슨 일을 할까?

# 우리는 그곳에서 이방인이었다

두 졸업생, 케이와 프랜이 첫 출근한 날은 1942년 7월 1일이었다. 사우스 33번가에 있는 무어 스쿨 건물의 주 출입구를 통해 현관으로 들어가서 여섯 개의 계단을 오르고 로비를 지나 2층 강의실로 향했다. 펜실베이니아 대학교가 공학 수업을 개설한 건 1850년대 중반이었으나 기계 및 전기 공학부는 1893년이 되어서야 설립되었다. 펜실베이니아 대학교는 1923년에 기계 및 전기 공학부의 이름을 무어 스쿨 전기 공학부로 바꿨다. 품질이 뛰어난 전보 통신선, 전화선, 전선을 생산해 재산을 모은 앨프리드 무어Alfred Moore의 유산을 받아 그 이름을 딴 것이다.

펜실베이니아 대학교는 무어 가문의 자금으로 33번가와 월넛가에 있는 하워드 E. 페퍼Howard E. Pepper 건물을 매입해 교실, 연구실, 사무실로 개조했다. 이전에는 호른을 제조하고 악보를 출판하던 건물이었다. 당시 필라델피아에서는 다양한 수요가 증가하고 있었는데, 1926년 이 건물로 들어온 무어 스쿨은 전력 생산 및 배전 분야에서 일할 기술자를 배출하겠다는 목적으로 성장했다. 그런데 무어는 유언장에 자신이 후원하는 이 학교에 남학생만 있기를 원한다는 한 가지 요구 사항을 남겼다. 무어 스쿨은 유언에 따라 1950년대까지 여학생이나 여성 교수를 선발하지 않았다.[1]

무어 스쿨은 훌륭한 평가를 받는 편이었지만 성과에 비해 과학계의 명망은 부족했다.『필라델피아 인콰이어러』의 전 과학 편집자 조엘 슈르킨Joel Shurkin은 이러한 학교의 상황을 'MIT의 그림자에 깊이 가려졌다'고 묘사했다.[2] 무어 스쿨은 대학교 안에 있는 작은 독립학교 같았다. 대학원생을 포함해 백여 명의 학생과 열 명 남짓한 교수뿐이었다.[3]

미국이 참전한 지 7개월이 지나고 케이와 프랜이 채용되기 몇 주 전이었던 1942년 6월, 무어 스쿨의 학장인 해럴드 펜더Harold Pender 와 탄도 연구소 소장인 레슬리 E. 사이먼Leslie Simon 대령은 회의를 열고 무어 스쿨 산하 '컴퓨팅 부서' 설립을 포함해 전시에 여러 프로젝트를 협력할 방안을 논의했다.[4] 당시 '컴퓨팅 프로그램'이란 사람이 방정식을 계산하는 걸 의미했고, 대개 전기 기계식 탁상용 계산기를 사용했다.

업무를 할 수 있는 민간인 남성 수학 전공자가 너무 적었기 때문에 해럴드 학장과 레슬리 대령은 무어 스쿨이 여성을 채용하고 관리하는 방식으로 탄도 연구소에 조력할 것을 논의했다. 레슬리는 초기 그룹을 서른다섯 명 정도로 구성하길 원했다. 탄도 연구소에서 근무하던 기존 컴퓨팅 부서의 직원을 무어 스쿨에 보내 신설될 컴퓨팅 부서의 신입 직원을 교육하기로 했다.

레슬리와 해럴드는 무어 스쿨이 위치한 필라델피아 지역이 미국에서 대학이 매우 밀집한 지역 중 하나라는 점에서 완벽한 위치라는 데 동의했다. 무어 스쿨의 문이 처음으로 젊은 여성 전문가들에게 열릴 예정이었다.

1942년 7월, 업무에 착수할 준비를 마친 케이와 프랜은 무어 스쿨로 들어갔다. 이들을 복도에서 마주친 젊은 남성들은 젊은 여성 전문가들이 여기서 무슨 일을 하는지 궁금해했다. 그도 그럴 것이 여성의 출입은 보기 드문 장면이었다.

케이와 프랜은 2층 강의실 내부에서 여성 여덟 명과 남성 몇 명을 발견했다. 이들도 컴퓨팅 프로젝트의 일원이었고 계산을 도와주는 크고 투박한 금속 기계식 탁상용 계산기로 테이블 앞에서 일하고 있었다.[5] 기계식 탁상용 계산기는 가산기 adding machine 보다 더 발전한 기기였지만 사용법이 복잡했다. 이 기계에는 덧셈이나 복수의 덧셈

(곱셈)을 수행하는 맞물린 기어가 있었다. 이 기계를 사용하려면 전면에 솟아 있는 버튼을 눌러서 작은 딸깍 소리와 함께 숫자를 입력해야 했다. 1930년대에는 특별한 수동 크랭크로, 1940년대 초에는 전기로 기어를 돌려서 선택한 수학 연산을 했다. 기어를 돌릴 때 거슬리는 큰 소음이 발생했다. 탁상용 계산기는 무겁기도 했고, 요즘 달러 가치로 수천 달러(한화 수백만 원)에 달할 정도로 비쌌다.

"우리가 궤도 계산을 해야 한다고 들었어요."라고 케이는 기억했다. 한 남성이 그녀와 프랜에게 탄도 궤도를 계산할 방법을 아는지 물었고 체스트넛 힐 대학교 교육 과정에는 그런 내용이 없었으므로 이들은 모른다고 답했다.[6]

그러자 그 사람이 스카버러Scarborough가 저술한 크고 두꺼운 책을 툭 내려놓으며 "여기 수치 적분에 대한 장이 있고, 그 장을 읽으면 뭘 해야 할지 알게 될 겁니다."라고 말했다고 케이는 기억을 떠올렸다.

후일 케이는 특유의 자조적인 말투로 자신과 프랜은 "그 장을 읽은 후에도 모르긴 매한가지였다."고 했다.[7]

이들의 지능이 부족해서가 아니었다. 알고 보니 이들이 받은 책은 J. B. 스카버러 박사가 저술한 두껍고 무미건조한 학술 논문인 『수치 적분 분석Numerical Mathematical Analysis』이었다. 이 책은 고급 계산법인 '수치 적분'을 배우려는 수학 전공자를 위한 것이 아니라, 박사 과정을 밟고 있는 수학자를 위해 쓰인 책이었다. 또한 책을 건네준 남성은 '수치 적분'이 학부생 교육 과정에는 포함되지 않고 대학원에서 가르치는 특별한 계산법이라는 사실도 잘 알고 있었다.

하지만 다행히도 팀 관리자인 라일라 토드Lila Todd가 두 여성을 보살폈다. 케이는 "그녀는 매우 뛰어난 인내심을 발휘하며 우리에게 궤도 계산 방법을 알려주었다."라고 언급했다.[8]

케이는 자신과 프랜에게는 탁상용 계산기조차 낯설었다며 "그래서 우리는 탁상용 계산기, 수치 적분, 궤도, 이 모든 걸 한꺼번에 배웠다."고 회상했다.

라일라 토드는 발전기 같은 여성이었다. 키가 152센티미터였고 1941년 템플 대학교를 졸업했는데 졸업생 1,600명 중 유일한 여성 수학자였다. 라일라는 자신이 선택한 분야에서 격려받은 기억이 거의 없었다. 템플 대학교 수학과 학과장조차 그녀에게 다른 전공을 선택하라고 했지만 라일라는 수학을 고수했다.[9]

졸업 후 라일라는 델라웨어 윌밍턴에 본사가 있는 세계에서 가장 큰 화학 회사인 듀폰DuPont 엔지니어링 부서에서 근무했다. 1942년 3월부터는 탄도 연구소에서 일하기 시작했고 사표firing table* 부서에서 일하던 중 폴 길런Paul Gillon 대위에게 무어 스쿨로 가서 연구소에서 채용할 예정인 신입 여성 컴퓨터들을 감독하는 일을 도우라는

---

* 포격의 정확성을 높이기 위해 고려해야 할 바람, 온도 등 요소에 따른 보정값을 나타내는 표나 도표를 가리킨다.

요청을 받았다.

라일라는 필라델피아에 책임자로 왔음에도 육군의 군무원으로서 '준전문가'를 의미하는 SP 등급을 받았다. 후일 그녀는 "탄도 연구소 관리자들은 여성들이 전문가 등급을 받아야 한다고 보지 않았다."고 했다. 얼마나 훌륭한 교육을 받은 여성인지, 얼마나 많은 사람을 감독하고 있는지는 상관이 없었다.[10]

라일라는 동료 윌라 와이엇Willa Wyatt과 함께 무어 스쿨로 가서 각자 한 팀을 책임졌다.[11] 이들은 매일 거리, 습도, 바람, 측풍, 공기 밀도, 포탄의 무게, 온도 등 각 방정식의 변수를 나타내는 열과 숫자로 구성된 탄도 궤도 표를 각 팀에 속한 컴퓨터들에게 나눠주었다.[12]

케이, 프랜을 비롯한 컴퓨터들은 책상 한쪽에는 탁상용 계산기, 다른 쪽에는 궤도 표를 두고 손에 연필을 쥐고 긴 계산 과정을 수행할 준비를 마친 채로 각자의 자리에 앉아 있었다.

각각의 큰 백지 상단에는 포와 발사체 종류를 포함해 계산 중인 궤도의 제목이 적혀 있었다. 케이와 프랜은 계산 행을 하나씩 만들면서 열을 따라 작업해 내려오는 방법을 배웠다.

이들은 탁상용 계산기를 사용해서 각 숫자를 입력하고 계산에 필요한 만큼 덧셈, 뺄셈, 곱셈, 나눗셈을 했다. 계산에 쓰인 숫자들은 사용된 포의 유형, 포탄의 속도와 무게, 공기의 온도 등 여러 요인을 나타냈다. 하늘에 그리는 호를 따라 포탄을 한 단계 한 단계 전진시

켜서 마지막 폭발의 순간까지 움직이는 것이 이들이 하는 계산의 본질이었다.

탁상용 계산기는 사용하기 불편했다. 예를 들어 1만에 6을 곱하려면 답이 나올 때까지 작은 레버를 아래로 여섯 번 내려야 했다. 긴 과정이었지만 그래도 케이는 "그냥 손으로 계산하는 것보다 나았다."고 했다.[13]

잘못 입력한 숫자, 잘못 복사한 결과, 잘못된 키를 사용해서 발생하는 부정확한 계산 등 사람이 실수할 여지가 많았다. 케이와 프랜은 작업을 검토하는 방법을 익혔고 오류를 발견하면 다시 계산했다. 간혹 계산기가 오작동할 때도 있었다. 계산 도중 갑자기 계산기가 멈춰버리면 모든 데이터를 다시 입력해야 했다.[14]

손으로 계산하면 궤도 하나에 30~40시간이 걸렸다. 컴퓨터들은 근무 시간이 끝나면 자신의 궤도 표를 라일라에게 제출했다. 그러면 라일라는 이들이 제출한 군사 기밀문서를 밤새 금고에 넣고 잠가 두었다가 다음 근무 시간이 시작할 때 돌려주었다. 그리고 작업을 완료할 때까지 매일 이 패턴을 반복했다.

컴퓨터들이 작업을 마치면 라일라는 완성된 궤도 표를 상사에게 제출하고 새로운 표를 받아왔다. 표 더미는 끝없이 나올 것 같았다. 약 40초면 목표물에 도달하는 포탄치고는 해야 할 일이 많았다.

케이와 프랜은 처음부터 자신들이 여성이기에 무어 스쿨에서 이상한 존재로 여겨질 것을 알고 있었다. 케이는 말했다. "젊은 남성 동료들에게는 그냥 너무 낯선 상황이었죠." 이미 대학을 졸업해서 나이가 몇 살 더 많은 여성이었음에도 젊은 남성들은 이들이 어떤 사람인지 보고 싶어 했다. "우리는 거기서 이방인이었어요." 남성들은 유치한 장난으로 이들을 괴롭혔다. 예를 들어 케이가 1층 식수대에 물을 마시러 가면 공대생이 따라와서 손잡이를 비틀어 물의 높이를 높여서 그녀가 물에 젖게 하는 일이 자주 있었다. 그리고 말장난 삼아 옐로스톤 국립공원의 유명한 간헐천 '올드 페이스풀'을 들먹이며 그녀가 막 그 온천수를 맞은 것이라고 너스레를 떨곤 했다. 케이의 표현에 따르면 남성들은 여성들이 '자신들에게 무료 세안 받는 걸' 보며 신나 했다. 그다지 재미있는 장난은 아니었다.[15]

# 기지 한쪽에 자리 잡다

필라델피아 컴퓨팅 부서는 애버딘 성능 시험장이라고 불리는 거대한 육군 기지 휘하에 있는 조직이었다.

케이와 프랜이 일을 시작한 시기는 무어 스쿨이 육군 필라델피아 컴퓨팅 부서를 관리한 지 불과 몇 달 안 된 시점이었다. 프로젝트는 얼마 전 탄도 연구소에서 애버딘 성능 시험장으로 이전되었다. '성능 시험장proving ground'은 군에서 무기나 군사 전술 같은 기술을 실험하거나 테스트할 목적으로 개발한 토지 구역을 묘사할 때 사용하는 용어다.[1] 의회는 미국이 제1차 세계 대전에 참전한 직후인 1917년 8월 애버딘 성능 시험장을 설립했다.[2] 필라델피아와 볼티모어 사이에 돌출된 약 8,500만 평의 체서피크만 부지에 위치했다.

1918년 1월 초 애버딘 성능 시험장에서는 야포를 포함한 여러 무기를 테스트했다. 탄도학 분야나 원거리에 있는 목표물을 맞히는 대형 총기를 연구하는 수학자 그룹이 기지 한쪽 구석에 자리 잡고 있었다.

과거 훌륭한 포병들은 바람을 확인하고 거리를 가늠한 후 적합한 화약을 선택해 포를 발사했다. 기술에 능숙하고 운이 좋다면 적의 공격 전에 적함이나 적군을 맞힐 수 있었다. 즉, 포병의 직업 안정성과 생존은 이들의 기술에 달려 있었다. 하지만 제1차 세계 대전을 치르는 동안 무기 기술이 혁신적으로 발전하면서 포격 작전을 팀 단위로 진행하기 시작했다.

신형 대포의 사정거리는 포병의 가시거리보다 더 긴 8~16킬로미터가 가장 일반적이었다(75밀리미터 곡사포의 경우).[3] 그래서 사전에 도보나 비행기로 출발해서 적의 전선과 포병 대대의 목표물이 어디에 있는지 확인하는 전방 관측 장교가 포함된 팀이 만들어졌다. 위험한 임무였다. 제1차 세계 대전 동안 많은 젊은이가 임무 중 목숨을 잃었고, 그중에는 시어도어 루스벨트 대통령의 아들 쿠엔틴도 있었다.

용감한 전방 관측 장교들과 조종사들은 야전 전화기나 전우를 통해, 혹은 군견이나 통신용 비둘기(전서구)에 메시지를 묶어 대대에 목표물 정보를 전달했다(통신용 비둘기의 임무 수행 성공률은 95%였다).[4]

하지만 거리만 포병의 성패를 결정하는 게 아니었다. 목표물이 몇 킬로미터나 떨어져 있는 경우에는 전장의 날씨도 궤도에 영향을 미쳤다. 예를 들어 8킬로그램짜리 포탄을 8킬로미터 거리에서 발사한다면 바람, 비, 심지어 온도까지도 궤도에 영향을 미칠 수 있다. 훌륭한 미식축구 쿼터백이 공을 멀리 패스하기 전에 경기장의 측풍과 와이드 리시버까지의 거리를 가늠하듯 포병은 포를 조준하고 발사할 때 전장의 상황을 확인할 방법이 필요했다.

육군은 수학자 오즈월드 베블런Oswald Veblen(위대한 사회학 학자였던 소스타인 베블런Thorstein Veblen의 조카)을 포 궤도 전략 개발에 참여시켰다. 베블런은 시카고 대학교에서 수학 박사 학위를 취득했고 1905년부터 프린스턴 대학교에서 수학 교수로 재직했다.[5] 육군은 그를 위해 소규모 연구 부서를 만들었고[6] 부서의 주요 임무는 '수학으로 포격의 정확도를 더 높일 방법'을 찾는 것이었다.

베블런도 미 포병을 발전시킬 방법을 고안하는 애버딘 성능 시험장의 종합적인 목표와 동일한 목표를 추구했다. 당시에는 유럽이 무기 산업을 선도하고 있어서 미군은 주로 프랑스와 영국의 총기를 사용하는 형국이었다.[7] 미국은 아직 고정밀 무기를 만드는 산업적 역량과 품질을 갖추지 못했고 애버딘 성능 시험장의 사람들은 이 상황을 타개하기 위해 최선을 다했다. 이들은 또 다른 전쟁에 대비하고자 포를 비롯한 기타 무기와 도구를 개발하고 테스트하며 육군을 지원하는 데 총력을 기울였다.

베블런은 포탄이 포구를 떠난 시점부터 목표물에 도달한 시점까지의 궤도를 계산하겠다는 명확한 목표를 가지고 프로그램을 만들었다. 쉽게 풀 수 있는 문제가 아니었으므로 시카고 대학교의 길버트 A. 블리스Gilbert A. Bliss 박사와 여러 친구, 동료의 도움을 받았다.[8] 수학 교수였던 블리스 박사는 바람의 흐름, 대기 온도, 속도, 무게 등의 작은 변화가 포탄과 같은 발사체의 경로에 미치는 영향을 살펴보는 특별한 분야인 탄도학의 수학적 이론을 개척하는 데 도움을 줬다.[9]

베블런이 이끄는 팀에서 연구한 미분 방정식은 포병대의 정확도와 치명도를 획기적으로 변화시켰다. 이제 확신을 가지고 목표물을 명중시킬 포의 각도를 설정할 수 있게 되었다. 이쯤이면 그들이 찾던 특별한 해답을 찾은 듯했지만 한 가지 작은 문제가 남아 있었다.

포병들이 전장에서 직접 복잡한 계산을 수행할 수 없다는 문제였다. 몇 시간씩 걸리는 계산이었고, 수학적 기술이 뛰어난 사람이 수행해야 했다. 게다가 포병이 전장에서 접하는 기상 조건까지 고려한다면 한 번이 아닌 수천 번의 계산이 필요했다. 바람, 비, 눈, 센측풍, 약한 측풍, 높은 기온, 낮은 기온, 이 모든 것을 미리 계산해서 사표에 정리해야 했다. 사표란 포병대가 전투 도중에 포를 조준할 정확한 각도를 빠르게 확인할 수 있는 참고용 표를 가리켰다.

당시에는 이런 계산을 할 수 있는 기계가 없었고 특정 미분 방정식을 풀 수 있는 대학원 수준의 수학 기술을 지닌 사람만이 수행

가능한 작업이었다. 베블런은 충분한 자격을 갖춘 젊은 남성들, 즉 시카고 대학교나 프린스턴 대학교 같은 기관에서 수학 학위를 받은 젊은이들을 데려와서 수기로 탄도 궤도를 계산했다.

제1차 세계 대전이 끝난 1918년 11월, 베블런은 프린스턴 대학교로 돌아온 후에도 자신이 시작한 작업을 이어가는 데 전념했다. '모든 전쟁을 끝내기 위한 전쟁'이었던 제1차 세계 대전이 끝난 후 미국을 비롯한 다른 국가들은 무장을 해제하고 군사비를 대폭 축소했지만 베블런은 육군의 사표 연구를 계속하기 위한 자금 지원을 이어가려고 애썼다.[10] 그는 유럽으로, 심지어 적국이었던 독일까지 가서 유럽이 탄도학을 연구하고 탄도 궤도를 계산하는 방법을 배워와서 애버딘 성능 시험장에 알려줬다.

그사이 육군은 새로운 포를 개발하고 있었는데 여기에는 '포병의 일꾼'이라고 불린 105밀리미터 곡사포와 '롱 톰Long Tom'이라는 별명이 붙은 더 크고 무거운 155밀리미터 평사포가 포함되었다(롱 톰은 프랑스 야포 'Grande Puissance Filloux(GPF)'에서 많은 부분을 차용했다).[11] 무기별로 고유한 사표가 필요해지자 베블런은 계산 팀에 배정된 적은 인력에 고개를 저었다.

1935년 애버딘 성능 시험장은 수학 작업을 위한 연구 부서를 창설했고 1938년 이 부서에 '탄도 연구소'라는 새로운 이름을 붙였다.[12] 미국이 1941년 제2차 세계 대전에 참전할 무렵 탄도 연구소는 탄도 프로젝트와 사표 작업을 확장할 준비가 되어 있었다. 당시 프린스턴 고등 연구소에 있던 베블런을 탄도 연구소의 수석 과학관으로 임명하고 새롭고 더 다양한 수학자, 공학자, 천문학자, 물리학자 등의 과학자를 영입해 기존 직원들에게 과학, 기술 프로그램과 문제에 대한 자문을 제공했다. 여기에는 마운트 윌슨 천문대의 에드윈 허블(그의 이름을 따서 허블 우주 망원경을 만들었다), 여키스 천문대의 수브라마니안 찬드라세카르, 노벨 물리학상 수상인 이지도어 아이작 라비, 공기 역학자이자 나사[NASA] 설립에 기여한 핵심 인물인 휴 L. 드라이든, 원자 폭탄 개발에 중요한 역할을 한 세계적인 물리학자 존 폰 노이만도 있었다.[13]

레슬리 사이먼 대령은 1941년 탄도 연구소의 소장이 되었고, MIT에서 석사 학위를 받은 웨스트 포인트[West Point] 미국 육군 사관학교의 졸업 동기인 폴 길런 대위를 탄도 연구소의 부소장으로 기용했다.[14] 이 두 명의 군인 과학자들은 과학과 수학을 적용해 미국의 탄도학을 발전시킨다는 탄도 연구소의 임무를 위해 헌신했고, 포병의 정확도와 사표의 접근성을 높이는 계획을 추진했다.

레슬리와 폴이 직면한 문제의 핵심은 그 많은 새로운 궤도를 계산할 인력을 어디에서 찾느냐였다. 다만 해외에 파병된 남성이 너무 많았던 까닭에 문제는 곧 이렇게 바뀌었다. 그토록 많은 탄도 궤도를 계산할 충분한 '여성 인력'을 어디에서 찾을 수 있을까?

메릴랜드 시골에 있는 애버딘 인근으로만 지역을 제한했다면 복잡한 미분 방정식을 풀 수 있는 여성 수학 학위 소지자의 수가 너무 적어 인원을 충분히 모집하지 못했을 것이다. 하지만 이 지역에서 북쪽으로 한 시간 반 거리에 있는 필라델피아에는 여학생도 다니는 펜실베이니아 대학교, 드렉설 대학교, 템플 대학교가 있었다. 그리고 브린마 대학교나 체스트넛 힐 대학교 같은 여자 대학교도 있었다. 그래서 1942년 6월 레슬리는 무어 스쿨의 해럴드 펜더를 만나 무어 스쿨에 육군 컴퓨팅 부서를 설립하는 문제를 논의했다.

무어 스쿨에 컴퓨팅 부서를 설립하면 누구에게 관리를 맡길지 고민하던 중 베블런 팀의 초기 일원인 블리스 교수가 적임자를 떠올렸다. 허먼 골드스틴 박사는 블리스 교수가 매우 아끼는 제자였고, 얼마 전 미시간 대학교의 교수가 된 수치 해석 전문가였다. 허먼이 막 징집된 차였으므로 블리스는 베블런에게 편지를 보내 자신의 제자가 탄도 연구소에서 그의 멘토가 하던 일을 이어갈 것을 제안했다.[15] 사실 수학자들이 최전선에서 필요한 존재는 아니었기에 베블런은 빠르게 동의했고 허먼을 탄도 연구소로 이동시켰다.

전근 얘기를 들은 허먼은 흥분했다. 블리스에게 애버딘 성능 시험장 이야기를 몇 년 동안 들어왔던 그로서는 전쟁이 진행되는 동안 체서피크만이 내려다보이는 전망 좋은 커다란 창이 있는 육군 기지 장교 회관에서 세계적인 과학자, 수학자와 함께 느긋하게 점심을 먹으며 깊이 있는 토론을 할 수 있으리라 기대했다.

하지만 레슬리와 폴이 허먼을 위해 세운 계획은 매우 달랐다. 막 임명된 허먼 골드스틴 중위는 곧 필라델피아로 가서 탄도 궤도를

계산할 젊은 여성 그룹을 모집하고 훈련한 다음, 업무를 감독해야
했다. 이 소식을 접한 허먼은 그리 기쁘지 않았다.

# 타인도 나만큼 인정하라

케이가 『이브닝 불러틴』에서 구인 광고를 발견한 지 몇 주 후, 펜실베이니아 대학교를 얼마 전 졸업한 프랜시스 엘리자베스(베티) 스나이더도 비슷한 광고를 봤다. 미국 참전 당시 필라델피아의 한 잡지사에 재직 중이던 베티는 "모두가 이 전쟁을 돕고 싶어 했다."는 그녀의 말처럼 자신도 조국을 위해 조금 더 적극적으로 봉사할 수 있는 역할을 원했다.[1]

엘리너 루스벨트 영부인은 미국이 제2차 세계 대전에 참전하기 전부터 군에서 여성의 역할을 확대하길 원했다. 그녀는 의회와 함께 여성 지원군을 창설했고, 이 단체는 훗날 여군 지원단Women's Army Auxiliary Corps, WAAC과 미 해군 여성 예비 부대Women Accepted for

Volunteer Emergency Service, WAVES를 포함할 정도로 성장했다.[2]

베티의 자매 두 명은 미 해군 여성 예비 부대 소속이었다. 베티도 그들과 함께 지원했지만 내사시 때문에 불합격했다. 그래서 그녀는 전쟁 업무를 도울 수 있는 무어 스쿨의 채용 공고를 신문에서 발견하고 무척 기뻐했다.[3] 베티는 빠르게 채용되었고 케이와 프랜처럼 2층 강의실로 출근하라는 지시를 받았다.

베티의 이야기

1917년 3월 7일, 프랜시스 엘리자베스(베티) 스나이더는 필라델피아 하네만 대학 병원에서 존과 프랜시스 부부의 팔 남매 중 셋째로 태어났다. 필라델피아 메인 라인의 중심인 나버스Narberth에서 자랐다. 나버스는 단란한 소도시였고 시내 중심가와 기차역에는 길을 따라 벗나무가 늘어서 있었다. 필라델피아 사람들은 매년 4월이면 활짝 핀 벗꽃과 능금나무 꽃을 보러 나버스로 모여들었다.

존은 그의 아버지 먼로 스나이더를 따라 필라델피아 중심가에 있는 센트럴 남자 고등학교의 교사가 되었다. 존은 모든 면에서 인상적이고 매력적인 선생님이었다. 그는 거실 벽난로 근처에 서서 힘찬 목소리로 헨리 워즈워스 롱펠로의 시「에반젤린: 아카디 이야기」를 생동감 있게 낭송했다.

*원시림은 여전히 우거지지만 숲의 그늘에서 멀리 떨어진 곳,*
*이름 없는 무덤에 사랑하던 연인이 나란히 잠들었네.*

베티의 부모는 교사에게 지급되는 무료 티켓으로 필라델피아에서 열리는 메트로폴리탄 오페라 공연을 자주 관람했다. 그럴 때면 항상 프랜시스가 직접 만든 가장 좋은 이브닝드레스를 차려입었다. 오케스트라 바로 앞 좌석이 배정될지, 가장 높은 발코니 끝 좌석이 배정될지 몰랐기 때문에 맨 앞 중앙 자리가 배정되더라도 부끄럽지 않을 옷을 입어야겠다고 생각해서였다. 존은 가끔 대사가 없는 엑스트라 역할로 자원해 무대에 서기도 했다. 아이다 공연에서는 창을 들고 무대에 섰다. 어린 시절 베티는 부모의 영향을 받아 오페라 음반을 듣고 악보를 익혔고 이탈리아의 유명 테너인 엔리코 카루소를 특히 좋아했다.

수염을 깔끔하게 다듬은 산타클로스를 닮은 먼로 스나이더는 1872년 미시간 대학을 졸업한 후 센트럴 고등학교에서 천문학과 수학을 가르쳤다. 센트럴 고등학교는 미시간주 최초로 천문대가 병설된 고등학교였다. 밤이 되면 학생들은 천문대에 방문해 별을 관측했다. 먼로는 '수학 천문학부' 담당자 겸 천문대 책임자였다.

베티가 태어나기 전에 미국 전기 위원회의 이사직에 있던 먼로는 몇몇 과학자, 기술 전문가와 함께 전자 기기 제작자와 제조 업체가 출시하는 제품의 정밀성을 보증하기 위해 물리적 표준을 담당하는 국가 기구가 필요하다는 아이디어를 떠올렸다. 1901년, 연방 정부 최초의 자연 과학 연구소인 국립 표준국National Bureau of Standards이 창립됐다. 먼로는 전구를 발명한 토마스 앨바 에디슨, 전화를 발명한 알렉산더 그레이엄 벨과도 가깝게 지냈다.

나버스에 있는 스나이더가(家)에는 영어 교사인 베티의 삼촌에게 물려받은 책이 넘쳐났고 서재에는 찰스 디킨스, 윌리엄 메이크피스 새커리와 같은 작가의 고전은 물론 브리태니커 백과사전과 월드 북 백과사전도 있었다. 학교에 제출할 리포트를 작성하는 베티에게 필요한 모든 자료는 집에서 구할 수 있었다. 베티는 그녀의 가족이 "언제나 공부하고 있었다."고 전했다. "아무것도 하지 않고 보낸 날이 단 하루도 없었어요. 아무도 싫어하지 않았고, 억지로 시키는 느낌도 전혀 없었어요. 새로운 걸 배우는 게 그저 즐겁기만 했죠."

베티의 부모님은 자녀의 성별에 상관없이 모두에게 대단히 높은 교육열을 보였고, 아버지는 아이들을 로건 광장에 있는 필라델피아 무료 도서관에 데려가곤 했다. 어느 날 베티 남매는 프랑스어와 독일어로 된 자료를 보며 태양의 흑점에 관해 조사하고 있었다. 프랑스어와 독일어를 아는 아이는 한 명도 없었지만, 아버지는 아이들이 뭔가를 배울 수 있도록 찾아볼 단어를 알려주었다.

베티가 할아버지를 만날 무렵 먼로는 이미 은퇴한 후였다. 할아버지는 1926년부터 베티가 열다섯 살이던 1932년에 돌아가실 때까지 베티의 가족과 함께 살았다. 베티의 부모님처럼 할아버지도 교육에 열정적이었고 그리스 문자처럼 새롭게 공부할 만한 것을 아이들에게 알려주곤 했다. 그는 모닝코트,* 빳빳하게 풀을 먹인 옷깃과 셔츠, 줄무늬 바지를 입고 천 가방에 책을 넣고 다녔다. 오후에는 베티와 함께 산책하며 화학, 물리, 천문학에 관해 대화를 나눴다. 베티는 할아버지가 하는 말씀을 못 알아듣는 일이 많더라도 늘 열중해서 들었다. 작은 상점들이 있는 메인 스트리트, 해버퍼드 애비뉴에 도착하면 할아버지는 베티에게 11센트를 주었다. 손녀는 잠시 할아버지 곁을 떠나 한 손에 6센트짜리 피클을, 다른 한 손에 5센트짜리 아이스크림콘을 들고 돌아왔다. 그리고 다시 집으로 걷기 시작하면 베티가 양손에 든 간식을 베어 무는 동안 할아버지는 철학적인 이야기를 이어갔다.

베티가 열 살이 되고 동생 찰스가 일곱 살이 되었을 무렵, 먼로의 탁상용 계산기 올리베티Olivetti에 문제가 생겼다. 계산기 내부에 문제가 발생해 나눗셈 회로가 오작동했다. 베티와 찰스는 기기를 분해해 부품마다 라벨을 붙였고, 계산기가 어떻게 작동하는지 알아내려고 했지만 문제를 고치진 못했다. 계산기를 다시 조립했을 때

---

* 옷 뒤가 길게 내려오는 연미복의 일종으로 아침에 입는다고 하여 조례복이라고도 부른다.

나눗셈이 작동한 건 아니었지만 계산기 내부를 들여다본 경험이 즐거웠고 계산기를 다시 조립해냈다는 사실이 자랑스러웠다. 기기의 작동 원리를 알게 되어 좋았다.

베티는 내사시였을 뿐 아니라 왼손잡이에 평발이기도 했다. 주변 사람도 따라 웃게 하는 환한 미소를 지녔고 입은 살짝 돌출되어 있었으며 안경을 썼다. 그리고 값비싼 교정용 신발을 신어야 했다. 부모님은 베티를 다른 자녀보다 더 잘 보살펴야 한다고 느꼈다. "부모님이 제게는 더 다정했어요. 그게 아마 제게 긍정적인 영향을 미친 것 같아요. 시력과 발 문제도 도움이 됐을 거고요. 저는 그 덕분에 제가 더 열심히 살았다고 생각해요."라고 그녀는 말했다.

재능 있는 연설가이기도 했던 베티의 아버지 존은 일요일마다 여러 교회에서 연설을 했다. 그러던 중 존을 아주 마음에 들어 한 퀘이커Quaker* 모임 하나가 그의 자녀 중 한 명이 퀘이커 교도 학교에 다니면 장학금을 주겠다는 제안을 했다. 펜실베이니아에는 퀘이커 교도 주간 기숙 학교인 조지 학교George School가 있었고 나버스에서는 64킬로미터 정도 떨어져 있었다. 매사에 공평했던 존은 장녀인 엘리너에게 입학 의사를 물어보고 그다음에는 베티의 오빠인 존에게 물어봤다. 하지만 엘리너는 친구들과 떨어지기 싫어했고 존도 가고

---

\* 17세기 조지 폭스가 창시한 기독교의 한 교파다.

싫어 하지 않았다. 베티는 아버지의 제안을 듣자마자 바로 기회를 잡았고 학교에 가겠다고 했다!

베티가 학교로 떠나기 전 할아버지는 말씀하셨다. "정말로 성공하고 싶다면 정직해야 하고 다른 이의 공로를 가로채면 안 된단다. 너 자신의 공을 인정하는 만큼 다른 사람의 공도 인정하거라." 그 말은 베티의 기억에 영원히 남았다.

베티는 조지 학교를 좋아했다. 각 수업은 한 시간 반 정도로 길었고, 한 학급의 학생은 일곱 명뿐이었다. 퀘이커 교도의 전통에 따라 남녀 공학이었다. 라틴어, 프랑스어, 영어, 고전 문학, 대수학, 기하학, 입체 기하학, 삼각법 등을 배웠다. 베티는 수학을 좋아했고 3학년 때는 선생님의 기하학 시험지를 교정하는 부업으로 100달러를 버는 행운도 누렸다. 그 정도면 그녀에게 거금이었다. 필드하키를 비롯한 스포츠도 즐겼고 베이스 비올bass viol(르네상스와 바로크 시대의 현이 6개인 악기), 트럼펫, 피아노도 연주했다.

졸업할 즈음 베티는 펜실베이니아 대학교와 템플 대학교, 두 곳에서 장학금 제안을 받았다. 그녀는 펜실베이니아 대학교를 선택했는데 그편이 현실적이어서였다. 한 가지 이유는 "존 오빠가 거기서 박사 과정을 밟고 있었는데 오빠한테 차가 있었거든요. 대공황 시대에 오빠 차를 타고 등교할 수 있었어요."라고 그녀는 말했다.[4]

직업적인 면에서 베티는 하고 싶은 일보다는 하고 싶지 않은 일이 더 명확했다. 베티의 언니들은 비서 학교에 다니며 속기와 타이핑을 배웠지만 베티는 커서 비서나 천공기 작업자가 되고 싶지 않았다. 천공기 작업자는 대개 여성이었는데, 자료를 저장하기 위해 하루 종일 카드에 구멍을 뚫었다. 이 카드를 기계에 집어넣으면 자료를 읽어 계산을 하고 결과 보고서를 출력했다.

베티가 입학하던 1935년 당시 펜실베이니아 대학교는 막 남녀공학으로 전환된 참이었다. 불과 두 해 전에 설립된 여성 인문 대학은 펜실베이니아 역사상 최초로 여성에게 4년제 정규 인문학 학위를 수여했다. 하지만 여전히 교수진 대다수가 남성이었고 대부분의 수업도 남녀가 따로 받았다. 남녀 공학을 표방하는 대학교라면 조지 학교가 그랬듯이 수업도 남녀가 함께 받을 거라고 생각했던 베티에게는 의외의 일이었다.[5]

베티가 졸업하고 1년이 지난 1940년, 펜실베이니아 대학생 중 여성의 비율은 대략 4분의 1, 전체 800명 중 약 200명을 차지했다. 『여성 대학생 기록』은 이 시기의 펜실베이니아 대학교 여성 신입생의 학교생활을 이렇게 기록했다.

*남자 선배들이 우리를 '초록이'\* 라고 부르면서 초록색 명찰을 주었어요. 그 상황을 웃어넘겼지만 속으로는 선배들의 생각보다 여학생들은 더 현명하다고 생각했죠. 새삼스럽게 그 점을 지적하진*

---

\* 초록색을 나타내는 green에는 풋내기라는 뜻이 있다.

*않았지만요. 우리는 새로운 대학 세계에 적응하느라 너무 바빴거 든요... 그래도 신입생 신고식 대신 오리엔테이션을 받은 최초의 학급이었는데 우리로서는 특별히 감사할 만한 변화였죠.[6]*

베티가 고등학교에서 치른 시험을 바탕으로 조지 학교의 상담 교사는 그녀에게 수학 전공을 추천했다. "저도 그 말에 수긍했어요." 라고 베티는 회상했다. 그녀는 첫 학기에 미적분학 수강을 신청했다. 첫 번째 수학 수업 날, 베티는 스쿨킬강 근처에서 하키를 하다가 지각을 면하려 수업에 뛰어갔다. 자리에 앉은 베티는 강의실 앞에서 학생들(모두 여성이었다)을 노려보는 나이 많은 남자 수학교수를 봤다. 그는 소리를 질렀다. "여자들은 집에서 애를 키워야지!"[7]

그는 학기 내내 수업을 시작할 때마다 그 말을 했다. 조지 학교의 교사들은 학생을 존중했고 평등하게 대했었다. 베티는 실망했지만 더 나은 다음 학기를 기대하며 견뎌냈다.

마침내 다음 학기 수강 신청 시기가 되어 베티는 다른 교수가 가르치는 새로운 수학 수업에 등록하려고 했지만 강의 목록에는 똑같은 교수의 이름만 있었다. 그가 여성 수학 수업을 가르치는 유일한 교수였다. 베티는 모욕을 더 이상 견딜 수 없어 전공을 바꿔버렸다. 여러 학과 수업을 들을 수 있는 언론학을 선택했다. 지도 교수가 허용하는 한 많은 학점을 수강한 덕에 4년 동안 5년 치 수업을 들을 수 있었다.

펜실베이니아 대학교에서 베티는 펜 플레이어Penn Players라는 연극 모임과 독일어 모임에서 활동했다. 그녀와 가깝게 지내는 여자 친구들은 모두 진지하게 대학 생활에 임했고 영리했으며 학업에도 열심이었다. 박사 과정을 밟는 친구가 많았지만 베티는 학사 학위도 좋은 직업을 얻고 급여를 받기에 충분하다고 생각했다.

대공황이 10년째에 접어들던 1939년 베티는 대학을 졸업했고 언론 분야에서 일하고 싶은 마음에『팜 저널Farm Journal』잡지사에 취업했다. 1877년에 필라델피아를 기반으로 창간된『팜 저널』은 도시 근교의 농업 지역에 사는 농부를 위한 정보지였다.『팜 저널』의 창업자인 윌머 앳킨슨Wilmer Atkinson은 베티처럼 퀘이커 교도였으며 농부와 그 아내에게 상식적인 정보를 제공하는 것을 신념으로 삼았다. 1915년 미국 전역의『팜 저널』구독자는 백만 명이었다.[8]

베티는『팜 저널』통계부로 입사했다. 그녀는 "어떻게든 입사하기만 하면『팜 저널』에 글을 쓸 수 있을 거라고 생각했어요."라고 말했다. 베티는 출산 휴가를 떠나는 관리자의 뒤를 이어 신입 관리자가 되었다. 얼마 후,『팜 저널』은 광고 목적으로 농촌 가정의 주부들이 구매하는 립스틱 개수를 알아보는 설문 조사를 진행했다.『팜 저널』직원이 설문 조사를 실시했고 통계부가 결과를 분석했다. 조사 결과, 실내에 배관조차 없는 극빈한 농촌 가정의 주부들이 매년 립스틱을 열 개씩 구매한다는 결과가 나왔다.

베티는 깜짝 놀랐다. 매일 출근할 때마다 립스틱을 바르는 젊은 전문직 여성인 그녀가 구매하는 립스틱의 개수는 일 년에 고작 한두 개였다. 대공황 시대에 적은 수입을 가족과 농장에 나누어 써야 하는 농촌 여성들이 그녀보다 더 많이 구매한다는 건 논리적으로 말이 되지 않았다.

베티는 기사에 잘못된 데이터를 내보내고 싶지 않은 마음에 용기를 내어 상사의 사무실로 진격했다. 그녀는 상사에게 설문 조사를 다시 분석해달라고 요청했다. 시간이 오래 걸리긴 하겠지만 잡지 보고서의 무결성을 위해서는 꼭 필요한 일이라고 생각했다. 펜실베이니아 대학교에서 휴직 중인 경제학 박사였던 베티의 상사는 베티의 의견을 진지하게 받아들이고 그녀의 요청을 승낙했다. 발행 마감일이 임박한 시점이어서 데이터를 빨리 처리하기 위해 천공기 작업자를 몇 명 더 고용했다.

결과적으로 베티가 옳았다. 문제를 추적해나가자 잘못 입력된 천공 카드가 오류의 원인으로 밝혀졌다. 첫 조사에서 한 천공기 작업자가 데이터의 구멍을 잘못 낸 것이다. 다시 말해 천공 카드의 구매한 립스틱 수량을 나타내는 줄에서 1의 자리가 아닌 그 옆의 10의 자리를 나타내는 열에 구멍을 냈다.[9] 얇은 판지로 만든 천공 카드에는 80열짜리 줄이 12개 있었다. 흔한 실수였지만 베티가 알아채지 못했더라면 큰 문제가 되었을 것이었다. 『팜 저널』은 올바른 데이터로 기사를 작성할 수 있었고 이 경험을 계기로 베티는 자신의 논리를 신뢰하게 되었다. 그녀의 논리는 그녀의 일생에 가장 가치 있는 기술이었다.

잡지사 업무를 좋아한 베티였지만 전쟁이 발발하자 국가에 헌신할 기회를 찾기 시작했다. 1면에 실린 육군의 채용 공고가 마치 그녀를 부르는 것 같았고 공고에 이끌려 지원한 끝에 육군의 필라델피아 컴퓨팅 부서에 1942년 8월 19일, 그녀 나이 25세에 채용되었다.[10]

프랜과 케이가 합류한 지 한두 달 정도 지나 베티가 합류할 무렵, 학장인 존 그리스트 브레이너드는 컴퓨터들에게 수치 해석을 가르치기 위해 펜실베이니아 대학교의 80대 수학 교수를 영입했다. 베티는 또 한 번 예전과 똑같은 경험을 했다. 이 교수는 학생들에게 소리를 지르지는 않았지만 여성을 가르치는 일을 명백히 싫어했고 학생들에게 등을 돌린 채로 칠판만 보며 강의했다.[11]

베티와 다른 학생들은 업무에 필요한 지식을 못 배우고 있다는 걸 알고 있었다. 결국 그들은 관리자를 찾아가 육군에 필요한 탄도 궤적을 계산하려면 자신들을 외면하지 않고 제대로 교육해줄 스승이 필요하다고 말했다. 중대한 문제였다.

그리스트는 미국 수학회American Mathematical Society, AMS와 미국 대학 여성 협회American Association of University Women, AAUW에 홍보물을

보냈고 펜실베이니아 대학교 교수진에게는 '딸이나 딸 친구 같은 이들을 도울 자원봉사자가 되어달라'고 요청하는 편지를 썼다.[12] 이 활동이 부디 성과가 있기를 바랐다.

# 최상의 상태는 아니었다

1942년 9월 1일 폴 길런 대위와 허먼 골드스틴은 여성 컴퓨팅 프로젝트를 검토하기 위해 필라델피아로 향했다. 허먼은 이 프로젝트가 '최상의 상태는 아니었다'는 걸 알게 되었다. 컴퓨팅 프로젝트는 다른 새로운 프로젝트와 마찬가지로 성장통을 겪는 중이었고, 더 많은 인력, 탁상용 계산기, 지원이 필요했다. 또한 펜실베이니아 대학교의 나이가 지긋한 수학과 교수들은 젊은 여성들과 일하기를 꺼렸다. 여성 컴퓨팅 프로젝트는 전반적으로 '리더십이 필요한 상황'이었다.[1]

1942년 9월 말 레슬리와 폴은 필라델피아에서 이루어지는 탄도 연구소의 여성 컴퓨팅 프로젝트의 책임자로 허먼을 임명했고, 허먼과 일 년 전 결혼한 그의 아내 아델 카츠<sup>Adele Katz</sup>는 260년 역사를 지닌 필라델피아로 이사했다. 탄도 연구소가 새로운 사표를 생산할 수 있게 궤도 계산의 속도를 높일 새로운 방법을 알아내는 것이 허먼의 임무였다. 골치 아픈 일이 될 게 뻔했다!

젊은 여성을 모집하고 이들이 알아야 할 미분 방정식 계산을 빠르게 훈련할 더 나은 방법을 찾아야 했다. 허먼은 이 일의 적임자를 알고 있었다. 바로 그의 아내였다.

스물두 살의 아델은 브루클린 출신으로 뉴욕에 있는 헌터 여자대학교를 졸업했다. 당시로서는 스무 살밖에 되지 않은 그녀가 대학원 수준의 수학 교육을 받기 위해 혼자서 천 킬로미터 정도 떨어진 미시간 대학교에 간다는 건 놀라운 결정이었다. 지적이고 활기 넘치는 아델은 수학적 재능이 뛰어났을 뿐 아니라 훌륭한 바이올리니스트였다.

아델은 대학원생일 때 허먼을 만났고, 수학 석사 학위를 수료한 뒤 박사 과정 중 허먼이 징집되면서 이들의 삶이 완전히 뒤집혔다 (이들과 똑같은 경험을 한 사람이 수백만 명이었다).[2]

허먼은 그리스트를 통해 은퇴한 남성 수학 교수들과 무어 스쿨이 맺었던 협의를 끝냈다. 그들을 대신할 더 나은 교육자를 알았기 때문이다. 허먼의 요청에 따라 무어 스쿨은 아델을 임명하는 동시에

신입 컴퓨터 교육을 담당할 여성 여러 명을 고용했다.[3]

육군의 수요에 맞춰서 컴퓨터 인력을 충원하려면 다양한 사람을 채용해야 한다는 걸 알고 있었기에 아델은 교육 과정을 둘로 나눴다. 이미 수학 학위를 소지한 신입 컴퓨터를 위한 짧은 교육 과정과 대학원 수준의 수치 해석학을 배우기 전, 미적분학부터 배워야 하는 컴퓨터를 위한 긴 교육 과정이었다. 두 번째 교육 과정까지 개설한 덕에 육군 필라델피아 컴퓨팅 부서는 다양한 신입에게 참여할 기회를 줄 수 있었다.

1942년 가을, 아델은 첫 수업을 시작했다. 수업을 들은 학생 중에 그녀의 수업 방식을 잊지 못하고 수년 후에도 그녀가 기품 있고 총명했다고 기억하는 이들이 많았다.[4] 아델은 담배를 피우며 교실로 걸어 들어와 학생들 반대편에 있는 책상 끝에 우아하게 앉은 후 다리를 단정하게 꼬았다. 올림머리를 하고 몸에 잘 맞는 셔츠와 스커트를 잘 차려입은 이 여성이 미분 방정식과 수치 해석을 이해하기 쉽게 강의하는 모습을 보며 학생들은 영감과 흥미를 느꼈다.

아델은 학생들에게 포탄 비행 궤도를 0.1초 단위까지 계산하도록 가르쳤다. 정확한 표본을 충분히 확보하면 포탄 경로의 각 지점을 계산해서 포탄이 포에서 떠나 목표물에 도달하기까지 그리는 포물선을 그래프로 그릴 수 있었다.

아델은 행복했다. 진지하고 열정적으로 학습에 임하는 성인 학생들을 가르치는 일이 몸에 맞춘 듯 꼭 맞는다고 느꼈다.[5]

# 가산기와 레이더

허먼 골드스틴과 아델이 미시간에서 필라델피아로 이사한 지 얼마 되지 않은 1942년 가을, 템플 대학교를 갓 졸업한 스무 살의 말린 웨스코프 멜처는 원하는 일자리를 찾는 데 난항을 겪고 있었다. 템플 대학교의 중등 교육학과를 막 졸업한 그녀는 괜찮은 연봉을 주는 좋은 직장을 원했다. 귀엽게 올라간 입꼬리, 도드라진 광대뼈, 시종일관 호기심 많은 미소가 어린 반짝이는 눈동자를 지녔던 말린은 수줍음을 무릅쓰고 가족과 친구들에게 연락을 돌렸다. 그러던 어느 날 언니의 친구로부터 가산기를 작동할 줄 아느냐는 전화를 받았다. 마침 그녀는 작동법을 알고 있었다.

　"펜실베이니아 대학교에서 가산기를 작동할 줄 아는 사람을 찾는다는데 한번 가보면 어때?"[1]

말린은 무어 스쿨로 갔고 존 모클리 박사와 그의 아내 메리 오거스타 모클리를 만났다. 모클리 부부는 무어 스쿨에서 레이더 실험 육군 프로젝트를 진행하고 있었다. 존은 옥상에서 학생들과 함께 레이더 실험을 했고, 수학 교육을 받은 메리는 2층에서 이 실험에 기반한 계산 작업을 감독했다.

1942년 가을, 말린은 무어 스쿨 건물 2층 강의실에서 메리가 진행하는 면접을 보러 왔다.

"계산 기계 사용법을 아시나요?" 메리는 그녀에게 물었다.

"그게 뭔지는 모르지만, 가산기는 사용할 줄 알아요." 말린이 대답했다.

"가산기를 사용할 줄 안다면 계산기 사용법을 알려줄 수 있어요." 메리는 탁상용 계산기에는 덧셈 기능뿐 아니라 곱셈, 나눗셈 같은 몇 가지 기능이 더 있다고 설명했다.

말린은 메리와 존을 위한 계산 임무를 담당하며 시급 50센트(하루에 4달러, 일 년에 1,000달러)를 받는 유일한 정직원으로 근무했다. 이따금 단기간 임시로 일하는 무어 스쿨 남학생들과 함께 일하기도 했다. 메리는 말린에게 존의 실험에서 나온 레이더 데이터를 기반으로 계산한 방정식이 적힌 종이를 주었다. 그러면 말린은 종이에 적힌 계산이 맞는지 계산기로 직접 계산하며 확인했고, 확인을 마친 종이는 메리에게 돌려주었다.[2]

1922년 3월 2일 말린 웨스코프 멜처는 필라델피아 서부에 사는 유대인 부부의 두 딸 중 막내로 태어났다. 뉴욕 출신인 아버지 프레드는 의류 제조 업체의 샘플 케이스를 가지고 다니는 출장 판매원이었다. 어머니 앤은 러시아에서 태어나서 세 살 때 미국으로 이민을 왔다. 그녀가 러시아 얘기를 꺼낸 적은 한 번도 없었다.

대공황 기간 동안 여러 집이 그랬듯이 말린의 집에도 금전적인 문제가 있었지만 말린은 전혀 몰랐다. 그녀는 이렇게 기억했다. "항상 좋은 집에 살았고 먹을 게 풍족했어요. 대신 먹을 것 말고는 아무것도 없었죠." 두 자매에게는 학교에 입고 갈 옷이 각자 두 벌씩 있었는데 어머니가 한 벌을 세탁하면 나머지 한 벌을 입었다. 그렇게 하는 게 이상하다고 느끼진 않았다. 아일랜드계, 이탈리아계, 유대계 이민자 등 다양한 인종이 모여 사는 동네에 그보다 옷이 많은 사람은 거의 없었다.[3]

베티, 프랜, 케이의 부모님이 그랬듯이 말린의 부모님도 말린과 그녀의 언니 샬럿의 교육에 열심이었다. 집에는 언제나 문화적인 요소가 풍성했고 특히 음악과 책이 많았다. 말린의 어머니는 중고 피아노를 사서 인근에서 피아노 교사로 일하던 이모로부터 피아노

치는 법을 배우게 했다.[4]

하지만 말린이 가장 사랑하는 건 책이었다. 부모님이 사준 중고 전집에서 말린은 찰스 디킨스, 에드거 앨런 포, 19세기 프랑스 작가인 기 드 모파상의 작품을 탐독했다. 숙제를 끝낸 저녁이나 주말에 아늑한 구석에 몸을 파묻고 책에 빠져들 때가 가장 행복했다.

고등학교 시절 말린과 친구들은 토요일마다 더 많은 책을 보고 싶은 마음에 용기를 내어 혼잡하고 시끄러운 필라델피아 거리로 나섰고, 트램을 타고 거대한 시내 중앙 도서관으로 갔다. 웅장한 규모의 필라델피아 중앙 도서관에는 벤저민 프랭클린이 1731년 설립한 공공 도서관 체계가 자리 잡고 있었고, 펜실베이니아를 비롯한 미국 전역으로 공공 도서관의 체계가 퍼져나가고 있었다. 대출 가능한 수십만 권의 책이 있는 도서관에는 골라 읽을 만한 고전이 충분히 많았고, 말린은 매주 대출 한도인 여섯 권을 꽉 채워 빌려 갔다. 그리고 그다음 주가 되면 빌렸던 책을 완독한 후 새로운 모험을 떠날 준비를 마친 채로 다시 도서관으로 향했다.[5]

아카데미 오브 뮤직Academy of Music에서 제공하는 필라델피아 오케스트라 공연의 학생용 입장권 덕분에 말린은 언니와 함께 자주 공연을 보러 다니며 깊이 있는 음악 교육을 받았다. 레오폴드 스토코프스키가 지휘한 필라델피아 오케스트라는 1940년 개봉한 월트 디즈니의 영화 〈환타지아〉 사운드트랙을 연주하기도 했다.[6]

말린의 가족은 정치, 역사, 노동조합, 다가오는 유럽의 전쟁에 관한 소식에 관심이 많았다. 매일 저녁, 식사 자리에서 정치 이야기를 했다. 모두가 일간 신문을 읽고 세계 곳곳에서 일어나는 사건에 관해 토론했다. 그리고 거실로 자리를 옮겨서 나무로 만든 커다란 라디오를 틀고 필라델피아 오케스트라의 음악이나 에드거 버건과 유명한 인형 찰리 매카시가 함께 진행하는 복화술 코미디에 귀를 기울였다.

말린은 스쿨킬강 서쪽에 있는 필라델피아 최초의 중등학교인 웨스트 필라델피아 고등학교에서 역사, 프랑스어, 영어를 공부했다. 그녀는 "수학 수업을 듣긴 했지만 과학과 수학은 두려운 과목이었어요."라고 말했다. 말린도 프랜처럼 여러 학년을 월반하고 열여섯 살에 고등학교를 졸업했다.

말린은 매우 어린 열여섯 살에 템플 대학교에 입학했기에 인생 경험이 조금 더 풍부한 열여덟 살 학생들 사이에서 사회적으로 불리하다고 느꼈다. 하지만 비슷한 나이의 친구 몇 명을 찾아 함께 어울렸다.

말린은 템플 대학교에서 중등 교육 강의를 들으며 역사와 사회학을 전공했다. 또한 사학자로 일자리를 얻지 못할 경우를 대비해 타자나 속기 업무를 할 수 있도록 비장의 무기로 경영학을 부전공했다.[7]

미국이 참전하던 당시 말린은 3학년 중반이었다. "모두가 각자 할 수 있는 일을 했어요. 일자리가 생기고 사람들은 더 많이 일하고 도시는 성장하고 더 북적거렸죠."[8]

말린은 미국 적십자사를 위해 목도리, 헬멧, 장갑을 맹렬하게 뜨개질했다. 사관 학교 생도들을 위해 만든 헬멧은 실질적인 형태의 전쟁 지원이었을 뿐 아니라 여성들이 스스로 전쟁에 적극적으로 참여한다고 느끼게 했다. 진주만 공습 이전에도 미국인들은 뜨개질해서 만든 '영국을 위한 꾸러미Bundles for Britain'라고 부른 지원 물품을 보냈었다. 뜨개바늘을 자랑스럽게 들고 다니는 여성이 많았고 영부인인 엘리너 루스벨트도 뜨개질하거나 뜨개질 가방을 든 사진이 자주 찍혔을 정도였다. 하지만 말린은 뜨개질 실력에 자신이 별로 없어서 적십자사의 누군가가 자신이 보낸 뜨개질 작품의 실을 뜯고 다시 뜨는 걸 상상하곤 했다.

4학년으로 올라가기 전 여름, 말린은 필라델피아 고등학교에 실습을 나가 자신과 나이 차이가 거의 나지 않는 학생들을 가르쳤다. 여전히 수줍음이 많아서 교단에 서는 게 어려웠지만 교사는 괜찮은 진로였기에 실습을 완료했고 졸업과 교원 자격증에 필요한 요건을 갖췄다. 졸업이 다가오자 말린은 교직에 지원하려고 준비 중이었다.

졸업하기 전날 밤 졸업생과 그 가족을 위한 저녁 식사 자리가 있었다. 학장이 일어서서 깜짝 놀랄 만한 이야기를 했다. "유대계 학생들은 교외에서 일자리를 찾지 마십시오. 피츠버그나 필라델피아를 벗어난 어느 지역에서도 찾지 마세요. 아무도 여러분을 고용하지 않을 겁니다." 나이가 더 많은 교사들이 이미 자리를 잡고 내줄 생각이 없기 때문에 필라델피아에서도 일자리를 얻기가 어려울 거라고 했다. 그는 이 모든 일을 무덤덤하게 이야기했다. 그게 사실이었고 학생들이 현실적으로 생각하길 바랄 뿐이었다.

말린은 "졸업하기 직전에 그 말을 들은 것이 충격"이었다고 했다. 하지만 그녀의 가족이 반유대주의를 경험한 건 그날이 처음이 아니었다. 말린이 초등학생일 때 부모님은 델라웨어 워터 갭 국립 휴양지 근처의 관광지인 호팟콩 호수로 여행을 떠났다. 그런데 부모님은 하루 이틀 만에 일찍 집으로 돌아왔다. 놀라고 혼란스러웠던 말린이 어머니에게 무슨 일이 있었냐고 여쭤보자 어머니는 울기 시작했다. 알고 보니 모든 호텔과 숙박업소가 '유대인과 개 출입 금지'라는 팻말을 내붙였기 때문이었다.[9]

학장의 이야기를 들은 말린은 교직에 지원하지 않기로 결정했다. 충격에 휩싸인 채 여름을 보냈고, 캠던 근처의 항만 노동조합 비서 자리에 지원했다가 떨어졌다. 하지만 곧 모클리 부부와 함께 일하는 자리를 얻으면서 말린의 인생은 새로운 길로 접어들었다.

말린은 모클리 부부를 위해 일하는 동안 '계산 실수가 절대 없다'는 평판을 얻었다. 그녀는 탁상용 계산기의 딸깍거리는 키와 매우 시끄러운 기어로 숫자를 입력하고 결과를 적는 계산 작업을 하루 종일 할 수 있었다. 다른 사람이 이 작업을 수행할 때는 오류가 나오는 게 당연했지만 말린의 계산에는 실수가 없었다. 그녀는 이 사실을 모르는 듯했지만 다른 사람들은 알아챘다.[10]

말린은 옥상에서 안테나를 테스트하는 중이라는 것 외에 레이더 실험과 관련된 자세한 내용을 알지 못했고, 모클리 부부를 비롯한 누구에게도 더 이상의 정보를 묻지 않았다. 모든 이가 전시 상황에는 군사 기밀 프로젝트에 관해 질문하지 않도록 조심했고, 기밀 데이터를 부적절하게 공유하면 군인과 모두를 위험에 빠뜨릴 수 있다는 표지판이 사방에 있었다. 당시 유명했던 선전 포스터는 'Loose lips sink ships(입이 가벼우면 화를 부른다)'라고 경고하기도 했다.[11]

무어 스쿨 복도에서 다른 사람들을 본 적은 있으나 말린이 소통하는 건 그녀의 팀원들뿐이었다.[12] 그녀는 모클리 부부를 좋아했기에 그래도 괜찮았다. 말린의 기질은 특히 존과 잘 맞았다. 그녀는 수줍음이 많았고 존도 다소 깔끔하지 않은 옷차림에 조용조용 이야기하는 온화한 성격이었다. 그래도 그는 성별에 상관없이 누구에게나 잘 호응해줬다.[13]

## 존 모클리의 이야기

부모님이 빌이라 불렀던 존 윌리엄 모클리는 1907년 8월 30일 신시내티에서 서배스천 모클리와 레이철 모클리의 두 자녀 중 첫째로 태어났다. 존이 어린아이였을 때 이들은 메릴랜드의 체비 체이스로 이사했는데, 당시 그 지역은 시골 느낌이 나는 교외 지역이었다. 서배스천은 가금류를 키우고 땅을 일구며 살아가는 삶을 즐겼다. 매주 토요일이면 닭 50마리가 살고 있는 닭장 청소가 존의 몫이었으나 존은 그 일을 싫어했다.

서배스천은 워싱턴에 있는 카네기 연구소 지구 자기학과의 물리학자로 지구의 자기장과 번개의 작동 원리를 연구했다. 체비 체이스에는 미국 국립 표준국과 국립 기상청 직원을 비롯한 많은 과학자가 살았다.

존은 어릴 때부터 과학을 사랑했다. 7월 4일 독립기념일이면 불꽃놀이 장치를 고쳐 15미터 거리까지 발사시켰다. 만우절에는 현관 초인종에 전선을 연결해 집에 오는 사람들을 감전시켰다. 그는 책과 『Popular Mechanics(파퓰러 메카닉스)』<sup>*</sup>를 탐독했다.

고등학교 시절에는 수학과 물리학에 아주 뛰어난 학생이었고, 내셔널 아너 소사이어티<sup>National Honor Society</sup>에 소속되어 토론에 참여하고 교지를 편집했다. 고등학교 졸업 후 볼티모어에 있는 존스 홉킨스 대학교에 국가 장학금을 받으며 입학해 공학을 공부했지만 2학년이 되었을 때 공학에 흥미를 잃었고, 학교 측의 허락을 받아 물리학으로 전공을 바꿨다.

---

\* 과학, 전자 등의 주제를 다루는 잡지다.

존은 1928년 존스 홉킨스 대학교를 졸업한 뒤 1930년 메리 오거스타 월즐과 결혼했다. 웨스턴 메릴랜드 대학교에서 수학 전공으로 졸업한 메리는 세 자녀가 있는 가정의 첫째로 태어났으며 아래로는 남동생 둘이 있었다. 그녀의 어머니는 천주교 가정에서 태어났고 아버지는 사진작가였다. 그녀는 여섯 살에 천주교를 믿지 않겠다고 선언했다. 어릴 때 부모님이 모두 돌아가신 까닭에 메리는 메릴랜드에 있는 친척 집에서 자랐다. 웨스턴 메릴랜드 대학교에 다니면서 존을 만나기 시작했고 메리가 졸업한 후에 결혼했다.

존스 홉킨스 대학교에서 존은 물리학 전공으로 대학원에 진학했고 물질이 서로 상호 작용하거나 전자기 복사를 방출할 때 생성되는 스펙트럼을 조사하고 측정하는 분자 분광학을 연구했다. 즉, 기체의 분자 에너지를 계산하며 수많은 시간을 보냈다. 1932년 존은 물리학 박사 학위를 받았지만 대공황 시대에 일자리를 찾기란 어려웠다. 그가 박사 학위(학사 학위나 석사 학위를 따로 받지 않았다)를 받은 분야는 인기가 없었고 대부분의 기관은 연구에 쓸 돈이 없었다.[14]

그동안 존은 존스 홉킨스 대학교 교수님의 연구 조교로 지내며 마천트Marchant*와 관련된 계산을 했다. 이듬해에는 63년 역사를 지

---

* 기계식 계산기 제조 회사다.

닌 리버럴 아츠 칼리지*인 얼사이너스 대학교의 물리학과 학과장 자리를 제안받았다. 얼사이너스 대학교의 캠퍼스는 나무 그늘이 무성했고 필라델피아에서 40킬로미터 떨어진 인구가 천 명도 되지 않는 칼리지빌에 위치했다.

존이 얼사이너스 대학교에 간 당시 학교에는 물리학과도, 물리학과 교수도 없었고, 물리학 학위도 수여하지 않았다. 그저 물리학 과목을 수강해야 하는 의예과 학생에게 물리학 수업을 제공하는 게 전부였다.[15] 그는 강의에 학생들을 끌어모으기 위해 학과를 설립하고 의학이나 교육학 외에 다른 진로를 선택한 학생들의 마음을 열기 위해 노력했다.[16]

존은 겨울 방학 전 마지막 수업이었던 크리스마스 강의**에서 측정하기, 무게 재기, 물에 담그기, 긴 바늘로 찌르기 등 물리학 법칙을 활용해서 포장된 크리스마스 선물의 단서를 얻는 실험을 했다.[17] 강의는 금방 인기를 얻었고 그 바람에 다른 교수들은 자기 수업이 끝난 후 학생들이 이 강의에 출석할 수 있도록 강의실에서 (대개 전날 파티의 숙취로 고생하고 있는) 학생들을 내보내는 역할을

---

* 학부 교육을 중심으로 하는 대학교다.
** 크리스마스 강의(Christmas Lecture)는 매년 영국 왕립 연구소에서 개최하는 일반 대중들을 위한 과학 강의로 1825년부터 지금까지 꾸준히 이어지고 있으며, 다른 학교나 기관에서도 이와 유사한 크리스마스 강연을 열기도 한다.

했다. 강의는 출석률이 너무 좋아 주로 강당에서 열렸고 다른 교수들도 참석해서 수업을 듣곤 했다.[18]

　존은 뉴턴의 운동 법칙을 설명하는 강의에 활용하기 위해 직접 보드에 롤러스케이트를 붙여 스케이트보드를 제작했다. 스케이트보드를 타고 강의실로 들어갔고, 실험대 위에서 스케이트보드를 타면서 운동의 힘을 보여줬다.[19] 그가 오른쪽으로 움직이면 스케이트보드는 왼쪽으로 움직이고, 반대 방향으로 해도 똑같이 반대로 반응했다. 또 다른 강의에서는 롤러스케이트를 신은 채로 팔을 뻗어 속도를 늦추고 팔을 접어 속도를 높이는 회전 동작을 해 보였다. 학생들은 강의를 매우 즐겁게 들었고 운동량에 대한 강의를 절대 잊지 못했다.[20]

말린은 메리와 존 모클리 부부를 위해 약 7개월간 일했다. 그리고 1943년 봄, 존은 말린에게 레이더 프로젝트가 종료된다고 알려주며 육군 컴퓨팅 프로젝트를 위해 보조 컴퓨터로 일하는 공무원 자리에 도전해보라고 제안했고, 추천을 해주겠다고도 약속했다. 사실 이미 그녀를 추천한 뒤였지만 굳이 그 사실을 알리진 않았다.

# 월넛가 3436번지

1943년 봄, 말린은 프랜, 케이, 베티가 있는 육군 필라델피아 컴퓨팅 부서의 보조 컴퓨터로 합류했다. 말린은 수학 비전공자를 위한 아델의 강의를 들었다. 3개월가량 진행된 강의는 미적분학, 수치해석으로 시작해 탄도 궤도 방정식 계산 기법으로 마무리되었다. 말린이 잘 아는 메리 모클리와 밀드러드 크레이머 Mildred Kramer 도 교수로 참여했다.

미적분학을 한 번도 배워본 적 없는 말린은 강의가 어려웠지만 그래도 최선을 다했다. 말린은 미국 대학 여성 협회 모집 전단 뒷면에 끄적인 그녀의 메모를 50년 넘게 소중히 간직해왔는데, 여기에는 아델이 제시하고 논의했던 복잡한 개념이 담겨 있었다.

1. 보간

2. 적분

3. 평활화 – 보정 – 차분을 사용한 평활화 함수

4. 연립 방정식의 해

5. 도식화 – 급강하 폭격

6. 표 변환

7. 급강하 폭격의 분할 차분 확인

8. 급강하 폭격의 미분 – 1/2초 미분, 1/3초 2차 미분, 변수가 1개 또는 4개일 때의 편미분

9. 도표의 계산과 사용[1]

　말린은 강의를 듣다 보면 가끔 어질어질했고 하루가 끝날 무렵이면 매우 피곤했지만 포기하지 않고 다른 여성들과 함께 끝까지 강의를 들었다. 그녀는 열심히 공부했고 모든 강의를 마칠 무렵에는 어렵고 이상하지만 멋진 강의였다고 생각했다. 아델과 밀드러드는 맡은 역할을 훌륭하게 해냈다.[2]

　3개월 후 말린은 무어 스쿨 안뜰 너머 월넛가 3436번지 3층에 있는 컴퓨팅 부서로 출근하라는 말을 들었다. 거기에는 서로 붙어

있는 두 개의 연립 주택*이 있었는데 그중 하나가 3436번지였다. 문에는 '여성 전용'이라고 적혀 있었다. 말린은 프로젝트 소속이 아닌 그 누구에게도 애버딘 성능 시험장 업무를 하고 있다는 걸 발설해서는 안 된다는 지시를 받았다.

육군은 계획대로 프랜, 케이, 베티가 처음에 근무했던 무어 스쿨과 떨어진 펜실베이니아 대학교 캠퍼스 내 여러 건물을 사용했다. 탄도 연구소가 고용한 여성이 수십 명이어서 근무할 공간이 충분치 않았기 때문이었다. 여성으로 이루어진 여섯 부서가 월넛가 3436번지 건물에서 징발된 거주지를 한 층에 하나씩 배정받았고, 주간 근무 세 팀, 야간 근무 세 팀으로 나뉘어 근무했다. 전례 없이 빠른 속도로 궤도 방정식을 만들기 위해 고안한 계획이었다.

월넛가 3436번지에 첫발을 내디딘 말린은 길쭉한 직사각형 형태의 방을 마주했다. 두 줄로 배열한 여덟 개의 책상에 놓인 탁상용 계산기 여덟 개로 여성들이 열심히 일하고 있었다. 그녀는 약간의 두려움을 느끼며 낯선 이들로 채워진 방을 가로질러 길고 좁은 계단을 올라 2층에 다다랐다. 거기에서는 다른 팀이 비슷한 방식으로 배열된 자리에 앉아 일하고 있었다. 그리고 마침내 마지막 계단을 지나 3층에 오르자 두 줄로 앉아 있는 여성들이 말린을 기다리고 있

---

*  연립 주택 또는 로 하우스(row house)는 벽을 공유하는 형식의 주거 형태다.

었다.[3]

3층에서 새로운 관리자 플로렌스 겔트Florence Gealt가 말린을 따뜻하게 맞이했다. 방 안에 있던 여성들은 웃으며 손을 흔든 후 빠르게 업무로 복귀했다. 서로 소개하고 가벼운 대화를 나누려면 휴식 시간까지 기다려야 했다. 당시 말린은 몰랐지만, 거기에 있던 다른 여성들과 말린은 곧 좋은 친구가 되었고 '3층 컴퓨팅 팀'은 끈끈한 유대 관계를 맺게 된다.

플로렌스는 말린에게 기다란 하얀 종이에 적힌 첫 번째 방정식을 건네며 탁상용 계산기가 기다리고 있는 빈 책상을 가리켰다. 말린이 첫 번째 종이의 계산을 마치고 다음 종이로 넘어갔다. 말린은 다른 궤도보다 계산이 더 많이 필요한 궤도가 있다는 걸 곧 알게 되었다. 며칠이 걸리는 것도 있고 거의 일주일이 걸리는 것도 있었다.[4] 탁상용 계산기로 궤도를 계산하는 데 걸리는 시간은 평균적으로 약 30시간이었다.

다른 컴퓨팅 팀과 마찬가지로 말린이 속한 3층은 오전 8시부터 오후 4시 30분까지 주간 근무를 하거나, 오후 4시 30분부터 새벽 1시까지 야간 근무를 했다. 점심이나 저녁에는 30분의 식사 시간이 주어졌고 필요할 때마다 10분씩 쉬었다.[5] 2주 주간 근무 후 2주 야간 근무가 이어지는 규칙적인 주기로 일했다.

3층에는 에어컨이 없어 덥고 후텁지근한 필라델피아의 여름을 견디기 어려웠다. 말린은 이렇게 기억했다. "여름에는 무척 더웠어요. 그래서 저희를 위해 선풍기와 냉수기를 갖다주었죠."[6] 여름이면 냉수기 옆에 민간 선임 관리자였던 존 홀버턴이 탈수 예방용으로 가져다 둔 알약 형태의 소금이 담긴 큰 병이 놓여 있었다. 화장실에는 탁상용 계산기가 내는 딸각 소리로 인해 생기는 두통이 견디기 어려워질 때를 대비해 아스피린 알약이 담긴 커다란 병과 잠시 누워서 쉴 수 있는 간이침대가 있었다.

버지니아 남부 가족 농장에서 자란 점잖은 신사인 존 홀버턴은 윌리엄 & 메리 대학교에서 물리학 학사 학위를, 템플 대학교에서 물리학 석사 학위를 받았다. 그리고 버지니아에 있는 랭글리 연구센터 내 국가 항공 자문 위원회 National Advisory Committee for Aeronautics(NASA의 전신) 하급 과학 보좌관이었다가 1937년 탄도 연구소의 탄도 계산 선임 컴퓨터로 근무했다.[7]

육군이 여러 프로젝트를 필라델피아로 이전할 당시, 탄도 연구소는 허먼이 진행하는 육군의 컴퓨팅 프로젝트를 보조할 무어 스쿨의 민간 관리자로 홀버턴을 임명했다. 그리고 홀버턴은 곧 여성 컴퓨터 수십 명이 가장 좋아하는 사람이 되었다.

홀버턴은 모든 컴퓨팅 팀을 관리했고 많은 이가 그가 맡은 역할을 훌륭히 해냈다고 입을 모아 말했다. 그와 함께 일한 여성들은 그가 느긋하고 유쾌하다고 생각했다. "홀버턴은 3층에 올라올 때마다 모두에게 좋은 말을 해주었어요."라고 말린은 회상했다.[8]

홀버턴이 친절하고 배려심이 깊었다면 허먼은 냉정했다. 허먼은

3층 컴퓨팅 팀에 들를 때 인사조차 하지 않을 때가 많았고 팀원을 크게 격려하지도 않았다. 언짢은 표정을 지을 때가 많았고 그가 들어서면 방안에 정적이 흐르곤 했다.[9]

허먼이 플로렌스와 필요한 말 몇 마디를 나눈 뒤 인사도 없이 방을 떠나면 컴퓨터들이 내는 안도의 한숨 소리만 남았다.[10]

낮에는 잡담할 시간이 거의 없었지만 근무 시간 전후로는 3층 컴퓨팅 팀원들끼리 많은 이야기를 나눴다. 말린은 같은 층에서 일하는 다른 컴퓨터들과 빠르게 친구가 되었다. 그중에는 매우 명망 높은 공립 학교인 필라델피아 여자 고등학교에 다닌 일란성 쌍둥이, 셜리 블럼버그Shirley Blumberg와 도리스 블럼버그Doris Blumberg도 있었다.[11] 말린이 온 지 몇 달 후에는 뉴욕에서 온 두 여성이 합류했다. 루스 릭터먼과 글로리아 고든Gloria Gordon이었다. 펜실베이니아 레딩 출신 심리학 학사 그레이스 포츠Grace Potts도 있었다.[12] 그리고 마지막으로 전직 학교 선생님이자 두 아이의 엄마인 아프리카계 미국인 앨리스 홀Alyce Hall이 합류했다.

앨리스 홀의 이야기

1908년 필라델피아 서부에서 태어난 앨리스 루이즈 맥레인Alyce Louise McLaine은 일곱 딸 중 둘째였다. 아버지 스미스는 부동산 관리인이었고 어머니 캐서린은 필라델피아 체이니에 있는 유색 청소년을 위한 패니 코핀 교육 기관의 교사였다. 앨리스가 어릴 때 펜실베이니아 브린마로 이사 왔다. 캐서린은 스미스와 결혼한 후 학교 근무가 허용되지 않아 교사를 그만두고 세탁부 겸 주부로 지냈다.[13]

앨리스는 1927년 로어 메리언 고등학교를 졸업했다. 그녀는 대학에 진학한 언니, 동생들처럼 필라델피아 서쪽으로 32킬로미터 정도 거리에 있는 웨스트 체스터 주립 사범 대학교에 다녔고, 1929년에 졸업했다. 그녀가 다녔던 학교는 아프리카계 미국인 학생의 입학을 허용했지만 캠퍼스 기숙사와 식당을 이용할 수 있는 권한을 주지 않았다. 아프리카계 미국인 학생은 웨스트 체스터에서 아프리카계 미국인 가족들과 살아야 했다.

앨리스는 펜실베이니아 다비 타운십에 있는 학교에서 교사로 일하기 시작했다. 그녀는 창의적인 교사로 유명했다. 학생들에게 뜨개질과 코바늘뜨기를 알려준 후 학생들이 직접 만든 작품 뒤에 숨겨진 수학을 알려줬다.[14] 1932년 앨리스는 마빈 홀Marvin Hall과 결혼했고 미국의 참전 후 애버딘 성능 시험장에서 수학을 가르쳤으며 나중에 무어 스쿨로 발령받았다.[15]

관리자들은 컴퓨터들에게 '여러분의 흡연과 땀으로 완성된 사표가 북아프리카로 간다'고 알려줬다. 계산은 긴급한 일이었다. 말린은

육군이 "계산 속도를 높이려 노력했다."고 기억했다.[16]

탄도 연구소가 사표 상당수를 빠르게 재계산해야 하는 상황이었다는 게 한 가지 이유였다. 알고 보니 컴퓨터들이 유럽을 위해 만들던 사표는 아프리카에서 사용할 수 없었다. 땅이 더 부드러운 아프리카에서는 포가 다르게 작동하기 때문이었다.[17] 반동 효과(포를 발사했을 때의 반동)를 고려할 때 육군 대포의 허용 오차 범위가 부적절했다. 포의 반동은 포탄의 속도를 떨어뜨리고 기울기를 변화시켜 포병이 목표물을 놓치게 만드는 원인이었다. 게다가 적도 인근에 위치한 사막의 대기 온도와 밀도는 사표에서 일반적으로 사용한 값, 다시 말해 미국의 일반적인 조건 기준으로 계산한 값과 매우 달랐다.[18]

북아프리카 군사 작전은 추축국과 연합군이 서로를 사막으로 몰아가던 1940년 여름에 시작됐다. 1940년 9월 이탈리아는 이집트를 침공했고, 그해 12월 이루어진 반격에서 영국군과 인도군은 이탈리아군 십만 명 이상을 포로로 잡았다. 아돌프 히틀러는 그에 대한 대응으로 위대한 '사막의 여우' 에르빈 로멜 장군이 이끄는 독일 아프리카 군단을 보냈다. 1942년 말 전투는 리비아와 이집트를 넘나들며 이어졌다. 영국 제8군이 추축군을 이집트에서 튀니지로 몰아낸 제2차 엘 알라메인 전투에서 양측의 공방은 극으로 치달았다. 1942년 11월 미국군, 영국군 수천 명이 북아프리카 서부로 파견되어 공격에 가담했다. 1943년 3월 조지 패튼 장군이 이들을 이끄는 임무를 맡았다.

컴퓨터들은 전투의 세부 사항이나 사표의 용도에 대해서는 거의 알지 못했지만 자신들의 계산이 최전선에서 큰 영향력을 발휘한다는 건 알았다. 사표를 작성하고 남은 빈자리에 군인들을 지지하는 메모를 개인적으로 남긴 적도 있었다. 하지만 답장은 한 번도 받지 못했다. 컴퓨터들이 만든 궤도 표는 애버딘 성능 시험장으로 전달되어 사표로 정리되었고, 군인들은 요약된 형태만 전달받았기 때문이었다. 결국 군인들은 컴퓨터들의 메모를 받은 적이 없었고 컴퓨터들은 군인들이 사표 작업의 요약본만 받는다는 사실을 몰랐다.

1943년 육군 필라델피아 컴퓨팅 부서는 성공을 거두었고 탄도 연구소 사표를 위한 여성들의 계산은 그 가치를 입증했다. 육군은 사표 없이 포병대를 전장으로 보내지 않았다. 하지만 그 때문에 문제가 발생했다. 육군은 새로운 포를 제작하고 기존 포를 대대적으로 개량하는 등 무기를 꾸준히 개선했기에 새로운 사표가 지속적으로 필요했다. 하지만 사표 하나를 만드는 데에는 수백 번의 계산이 필요했다. 애버딘과 필라델피아에 있는 컴퓨팅 팀이 감당할 수 없는 작업량이었다. 성공을 거둔 것은 사실이었지만 귀중한 대포를 사용하지 못하고 묵히고 있다는 사실에 허먼은 분노했다. 어떻게 해야 더 빠르게 계산할 수 있을까?

1943년 봄, 아델은 더 많은 대학 졸업생을 채용하러 길을 나섰다. 그녀는 미국 대학 여성 협회와 함께 필라델피아 외곽에 있는 브린마 대학교, 스워드모어 대학교와 볼티모어의 가우처 대학교, 뉴저지의 더글러스 대학교, 뉴욕의 헌터 대학교, 퀸즈 대학교에 방문했다.[19]

1943년 6월 14일 월요일 뉴욕의 일간지『브루클린 데일리 이 글Brooklyn Daily Eagle』에는 '육군에서 수학 전공자 구함: 병기부에서 여자 대학생을 찾음. 신병은 무어 스쿨에서 훈련받음'이라는 제목 의 기사가 실렸다.[20] 이 기사는 '육군 병기부가 극히 중요한 전쟁 임 무를 수행할 여자 대학생, 특히 수학적 재능을 지닌 이들을 구하고 있다.'라는 말로 시작했다. 그리고 관심 있는 대학생은 무어 스쿨의 대표(아델)와 교육 과정에 대해 논의할 수 있다고도 알렸다. 교육 과정은 여성들이 포병대의 업무를 수행할 수 있도록 훈련할 뿐 아니 라 대학 수학에 대한 광범위한 교육도 제공했다.[21]

뉴욕에 있던 아델은 그리스트에게 다음 주가 시험 주간이어서 크 게 기대하지 않는다는 편지를 썼다.[22]

하지만 아델은 자신의 모교 헌터 대학교에서 한 똑똑한 젊은이를 만났다. 브롱크스에서 히브리어 학교 교사로 재직 중인 러시아 출신 사이먼 릭터먼이 그 기사를 보고 외동딸 루스에게 알린 덕이었다.

열아홉 살의 루스 릭터먼은 헌터 대학교에서 막 2학년 과정을 마 치고 수학을 전공하려고 하는 조용하고 신중한 아름다운 여성이었 다. 그해 기말고사를 마친 그녀는 도시에서 온 젊은 유대인을 위한 성인 여름 캠프인 뉴욕 컬럼비아 카운티의 캠프 코페이크에서 웨이트리스로 일할 계획이었다.[23] 하지만 이 기사를 본 사이먼은 물론, 루스도 이 일이 그녀에게 딱 맞는다고 느꼈고 그녀는 계획을 바꿀 수도 있겠다고 생각했다.

루스는 육군 일자리에 지원했고 합격했다. 하지만 공고에는 근무지가 명시되어 있지 않았었다.[24] 필라델피아에서 근무해야 한다는 걸 뒤늦게 알게 된 그녀의 가족은 망연자실했다. 뉴욕에서 불과 160킬로미터밖에 떨어져 있지 않았지만 루스가 다른 도시에서 살길 원치 않았다. 하지만 포기하기에는 급여가 너무 좋았다. 사이먼이 교사로 받는 월급보다 많은 주급 40달러였다. 모두가 자기 역할을 하려 노력하던 때였고, 이 일이 루스가 자기 몫을 할 수 있는 길이라면 그녀가 알던 세계를 떠나야 할지라도 시도해보자고 생각했다.[25] 루스는 필라델피아로 이사해 아델의 수업을 들었고 말린, 블럼버그 쌍둥이를 비롯한 팀원들의 따뜻한 환영을 받으며 월넛가 3436번지 3층에 자리를 잡았다.

루스의 이야기

루스 릭터먼은 1924년 2월 1일 사이먼 릭터먼과 세라 슈라이브먼 사이에서 태어났다. 아버지 사이먼은 열세 살이던 1913년에 러시아

빌나에서 미국으로 이민을 왔다. 그는 그리니치빌리지의 전기 공학 대학인 쿠퍼 유니언에 합격할 정도로 뛰어난 학생이었다. 쿠퍼 유니언은 미국 최초의 증기 기관차를 설계하고 제작한 피터 쿠퍼가 남긴 기부금으로 전액 장학금을 지급했기 때문에 공학이나 예술을 공부하고 싶은 똑똑한 이민자의 자녀들이 선호하는 학교였다. 하지만 당시 제1차 세계 대전이 한창이었기에 사이먼은 열일곱 살에 군대에 입대했고 파나마, 영국, 팔레스타인으로 파병됐다.[26]

러시아에서 태어난 루스의 어머니 세라는 남장을 하고 남자 사촌의 여권을 써서 미국으로 이민 왔다. 세라는 드레스 공장에 취직했고 그녀의 가족은 사촌에게 갚을 수 있을 정도의 돈을 충분히 모을 수 있었다.[27]

군대에서 돌아온 사이먼은 쿠퍼 유니언을 졸업하고 전기 기술자가 될 계획이었다. 하지만 같은 시기에 군에서 돌아온 그의 형 어빙이 히브리어 학교에 교사로 취직했고, 괜찮은 월급을 받는 형을 보며 자신도 히브리어 학교 교사가 되어야겠다고 결심했다. 사이먼은 정치 클럽에서 세라를 만나자마자 한눈에 반했지만 사이먼이 일곱 살이나 어렸기에 세라는 자신과 나이가 비슷한 다른 사람을 눈여겨보고 있었다. 세라가 마음에 둔 상대가 결혼을 두려워하는 사람이었는데도 세라는 희망을 버리지 않았다. 하지만 삼 년에 걸친 사이먼의 구애 끝에 1922년 12월 세라는 사이먼과 결혼했다.[28]

14개월 후 루스가 태어났다. 이들은 브롱크스의 아파트에 살았고, 이민 올 정도의 돈을 충분히 모은 세라의 여동생 프리다가 릭터면 가족에 합류했다. 부모님이 방 하나를 쓰고, 루스와 프리다가 같은 방을 썼다. 아파트 건물은 학교와 공원 건너편에 있었다. 아이들은 술래잡기 놀이를 하며 늦게까지 밖에서 놀았는데 당시에는 흔한 일이었다.[29] 루스가 다섯 살일 때 남동생 허버트가 태어났지만 오년 후 류마티스열로 세상을 떠났다. 슬픔을 이기지 못한 루스의 어머니는 비판적이고 권위적인 태도를 일관하는 대하기 너무 어려운 사람으로 변해버렸고, 루스의 친구들은 그녀의 어머니를 그다지 좋아하지 않았다.

루스가 고등학교에 입학하기 전 할머니가 돌아가셨다. 루스의 가족은 브롱크스의 방 하나짜리 다른 아파트로 이사했다. 이때 프리다는 결혼해서 나간 후라 루스는 거실에서 혼자 잘 수 있었다. 아파트는 브롱크스 멜로즈의 보스턴 로드와 이스트 166번가에 있었고 길 건너편에는 루스가 다니는 모리스 고등학교가 있었다. 모리스 고등학교는 동네 최초의 공립 고등학교였다.

루스는 표현이 풍부한 눈과 우아한 태도를 지닌 명랑하고 수다스러운 소녀였고, 남자아이들은 항상 그녀에게 끌렸다. 그녀에게는 매력적인 면도 있지만, 진지하고 현실적인 면도 있었다. 아버지가 수업한 율법 강의에서 한 청년을 만났지만 그 청년이 대학생이라는 걸 알고 자신에 비해 나이가 너무 많다는 생각이 들어 만나기를 포기했다.

1941년 가을, 루스는 헌터 대학교에 입학했다. 이듬해 여름에는 즐거운 시간을 보내며 대학교 등록금을 모으기 위해 캠프 코페이크에서 웨이트리스 일을 시작했다. 하지만 두 번째 여름에는 그 일을 포기하고 필라델피아로 이사를 갔고 학교를 휴학하고 가족과 국가를 위해 일했다.

월넛가 3436번지 3층 컴퓨팅 팀에 배정된 루스는 말린과 네 책상 떨어진 자리에서 일했다. 그녀는 궤도 계산을 퍼즐 풀기에 비유할 정도로 좋아했다. 그즈음에는 팀 전체가 친해져서 야간 근무 전에 만나 저녁을 함께 먹는 날이 많았다. 루스는 다른 팀원들과 함께 시내에 있는 식당, 볼링장, 극장에 자주 갔다. 1943년에는 영화 〈카사블랑카〉, 〈누구를 위하여 종은 울리나〉, 〈베르나데트의 노래〉, 〈의혹의 그림자〉, 〈엣지 오브 다크니스〉, 〈미션 투 모스크바〉, 〈우리가 자랑스럽게 여기는 것들〉, 〈폭풍우의 날씨〉, 〈오페라의 유령〉, 〈래시 집에 오다〉가 개봉했다. 센터 시티 지역에는 필라델피아의 유명한 극장들이 들어섰고 마켓가, 체스트넛 사우스가, 노스 8번가에서 수백만 명이 영화를 보러 왔다. 아르 데코 궁전인 보이드 극장, 스탠턴 극장(약 1,500석 규모), 스탠리 극장(약 3,000석 규모), 알딘 극장, 대리석, 벽화, 금박으로 장식된 칼턴 극장(약 1,000석 규모)이 있었다.

20번가와 마켓가에 있는 마스트바움 극장은 미국에서 가장 큰 극장이었다. 좌석이 약 5,000석에 달했으며 내부는 대리석, 벽화, 금박, 태피스트리, 샹들리에로 장식되어 있었다. 로비는 세 개나 있었고, 월리처 오르간과 필라델피아에서 가장 큰 샹들리에도 있었다. 대공황 시기에는 자주 문을 닫았다가 1942년 9월 〈운명의 향연〉과 함께 재개관했고 전쟁 중에는 어빙 벌린의 〈이것이 군대다〉를 개봉했으며 에디 피셔, 딘 마틴, 제리 루이스, 주디 갈랜드가 출연하는 공연을 선보였다.

당시 극장에서는 특별한 추가 영상을 제공했다. 영화 상영 전에 뉴스를 보여주는 무비톤Movietone* 뉴스였다. 대부분 뉴스를 집에서 라디오로 듣던 시기에 흑백 영상 뉴스를 시청하는 건 스릴 넘치는 동시에 마음이 편치 않은 경험이었다. 때로는 최전선에서 촬영한 전쟁 이야기를 보여주기도 했다.

에어컨이 있다는 건 극장의 또 다른 큰 장점이었다. 시끄럽고 격렬한 컴퓨팅 업무에 시달린 후에 어두운 공간에 놓인 거대한 화면 앞에 앉아서 시원한 바람을 쐬며 몇 시간 정도 편안한 휴식을 즐길 수 있었다.

3층의 관리자였던 플로렌스는 토요일 늦은 밤 직접 재미있게 개

---

* 1928~1963년 사이에 미국에서 방영된 뉴스 영상이다.

사한 팝송 가사를 나눠주곤 했다. 「Jingle Jangle Jingle」[*]의 가사는 이렇게 바뀌었다.

*나에겐 흔들흔들 흔들리는 미분 방정식이 있다네*
*내가 미친 듯이 부드럽게 나아갈 때*
*나에겐 낄낄 웃음이 나는 인수들이 있다네*
*내가 역보간할 때*
*오, 그레고리 뉴턴, 오 그레고리 뉴턴*
*당신의 계수를 얼마나 사랑하는지 – 그래, 계산할 때 정말 사랑해*
*나에겐 흔들흔들 흔들리는 사정거리가 있다네*
*내 영점이 미친 듯이 흔들릴 때*
*하지만 히틀러의 신경이 흔들리기 시작한다면*
*우리 사표는 틀릴 리가 없겠네*

「Night and Day」[**]의 가사는 다음처럼 바꿨다.

*낮이든 밤이든 내가 보는 건 오로지*
*길고 긴 궤도의 흔적뿐이야...*
*X와 X 프라임*
*오 나는 자주 실수를 해*
*낮이든 밤이든!*[30]

---

[*]  1942년 발표된 노래로 원래 가사는 싱글로 즐겁게 산다는 내용이다.
[**] 원곡의 가사는 밤이든 낮이든 연인만 생각한다는 내용이다.

휴일인 일요일이면 이들은 주중 근무의 피로를 풀기 위해 피크닉을 갔다. 말린은 이렇게 말했다. "남자 걱정을 할 일이 없었어요. 당시에는 남자가 없었으니까요. 우리는 모두 긴장을 풀고 자유롭게 지냈어요. 할 수 있는 일, 하고 싶은 일이라면 무엇이든 했죠."[31]

# 지하실의 괴물

아직 규모가 작던 육군의 컴퓨팅 부서 설립 초기에 케이와 프랜도 말린과 루스처럼 라일라 토드와 함께 탁상용 계산기를 이용해 탄도 궤도를 계산하는 작업을 시작했다. 하지만 이들의 행보는 다른 컴퓨터들과 빠르게 달라졌다. 케이에 따르면 컴퓨팅 팀에 합류한 초기에 케이와 프랜은 '한 번도 본 적 없었던 미분 해석기를 운용하는 업무에 관심이 있는지' 질문을 받았다고 한다.[1] 무어 스쿨 지하에는 거대한 기계가 자리하고 있었다. "괴물이었죠. 폭은 9미터가 넘었고 전부 금속 샤프트<sup>*</sup>와 회전 기어로 만들어졌으니까요." 누군가 전한 바에 따르면 육군은 이 기계가 1시간 이내에 탄도 궤도를 풀이 해 사표를 만드는 데 필요한 시간을 크게 단축할 거라 기대했다. 케이는 그에 관해 조금 회의적이었는데 그 기계가 아주아주 복잡해 보였기 때문이었다.[2]

미분 해석기는 MIT 출신의 유명 과학자인 버니바 부시가 개발했다. 그는 샤프트, 기어, 와이어의 거대한 집합체를 움직여서 복잡한 방정식은 물론 몇 가지 미분 방정식도 풀이하는 '아날로그 컴퓨터'를 만들기도 했다.[3] 미분 해석기는 매우 고가였고 모두가 가지고 싶어 했다. 1930년대 중반 무어 스쿨이 미분 해석기를 구매할 준비가 되었을 때 기계의 가격은 10만 달러(오늘날 가치로 150만 달러, 한화 약 19억 원)로 너무 고가였다. 무어 스쿨은 미분 해석기의 구매 비용을 지원해달라고 탄도 연구소에 요청했고 탄도 연구소는 지원의 대가로 특수한 조건을 내걸었다. 국가 긴급 상황에는 애버딘 성능 시험장에서 해당 기기를 인수하겠다는 것이었다.[4]

미분 해석기는 제2차 세계 대전 전까지 코르넬리우스 웨이간트<sup>Cornelius Weygandt</sup> 교수가 학생들과 함께 연구용으로 사용했다. 1942년 6월 탄도 연구소의 한 팀이 무어 스쿨 지하에 있는 해석기

---

\* 동력을 전달하거나 전달하는 부품을 끼워두는 기계 요소다.

를 운용하기 위해 펜실베이니아 대학교로 왔다.[5] 탄도 연구소에도 해석기가 있었지만 크기가 더 작았다. 지하실의 거대한 기계를 옮기기에는 너무 컸기에 육군은 계약에 따라 기계는 물론 지하 공간까지도 통제했다. 탄도 연구소 팀은 문에다 '제한 구역'이라는 표지판을 게시했다. 그때부터 해석기는 오직 탄도 연구소의 업무용으로만 사용되었고 학술 연구는 미룰 수밖에 없었다.

놀랍게도 무어 스쿨에는 해석기를 다루는 여성이 한 명도 없었다. 탄도 연구소는 곧 해석기 운용을 컴퓨터들에게 맡겼다. 케이와 프랜 역시 초기 운용 팀에 속해 있었고 해석기 운용 업무를 처음 맡은 날, 그들은 새 업무를 수행하기 위해 지하실로 내려갔다.[6]

과거 보일러실이었던 그곳에서 놀라운 광경을 마주했다. 학생 시절 미분 해석기를 사용해본 경험이 있는 MIT 출신 조지프 와이젠바움 Joseph Weizenbaum 교수는 마치 그 기계가 '거인용 침대 매트리스 스프링' 같았다고 했다.[7] 기계의 폭은 9미터가 넘었고, 기다란 금속 막대에 줄, 밴드, 판, 기어, 샤프트, 막대로 구성되어 있었다. 웨이간트 교수가 이끄는 팀은 단 하나의 탄도 궤도를 계산하기 위해 모터 수십 개, 계전기 수천 개, 진공관 2,000개, 와이어 320킬로미터를 설치했다.

탄도 연구소는 계산 속도를 높여야 했고 해석기가 그 문제를 해결해 줄 것이라 기대했다. 실제로 해석기는 일단 작동하면 한 시간 이내에 궤도를 계산했고, 컴퓨터들이 탁상용 계산기로 하는 계산보다 속도가 훨씬 빨랐다. 기계를 운용하려면 한 컴퓨터가 긴 평판을 사용해서 방정식에 데이터를 입력했다. 다른 컴퓨터는 해석기의 중간을 지켜보았고, 그 부분에는 삼십 개의 톱니가 육십 개의 톱니에 맞물릴 때 '곱하기 2' 계산을 수행하는 기어가 있었다.[8]

케이와 프랜이 교대 근무를 시작할 무렵에는 두 사람이 같은 시간에 근무하며 언제나 함께 일할 수 있어 즐거웠다. 하지만 두 사람이 탄도 연구소 팀으로부터 미분 해석기 운용 방법을 배운 후에는 함께 일할 수 없었다. 파견 종료가 다가온 탄도 연구소 직원들이 이 두 사람에게 해석기 교대 근무의 주간, 야간 관리자를 각각 나눠서 맡겼기 때문이었다. 2주 동안 주간 근무의 관리자로 일하면 그다음 2주는 야간 근무를 하고 그다음에는 2주 동안 주간 근무를 하는 식이었다. 케이와 프랜은 함께 일하던 때가 그리웠다.

월넛가 3436번지 3층의 컴퓨팅 팀에서는 한 컴퓨터가 자신의 탁상용 계산기로 하나의 궤도를 처음부터 끝까지 계산했지만, 이와 달리 해석기 팀은 한 방정식을 공유했다. 하나의 방정식이 거대한 아날로그 기계에 문자 그대로 내장되었기 때문이다. 케이의 근무조가 계산한 내용과 결과 일부를 프랜의 근무조에 전달했고, 프랜의 근무조도 케이의 근무조에 자신들이 작업한 결과를 전달했다. 다행히 두 사람이 몇 년에 걸쳐 쌓아온 우정과 업무적으로 협력했던 경험 덕분에 서로의 마음을 거의 읽다시피 했다. 해석기 계산이 주 6일, 하루 16시간씩 계속 잘 진행되려면 협업이 필요했고 두 사람은 한 쌍의 완벽한 관리자였다.

케이는 관리자로서 해석기의 맞은편에 앉아 해석기의 계산 결과를 보여주는 둥근 계수기 10개가 돌아가는 모습을 지켜보곤 했다. 계수기가 회전을 멈추면 결과를 기록했다.[9]

하지만 케이는 이 값비싼 고급 기계를 거의 신뢰하지 못했고 온갖 이유로 기계가 오류를 일으킬 수 있다는 걸 깨달았다. 해석기의 정확성을 확인하기 위해 케이는 미분 해석실 뒤편 책상에 오래되고 믿을 수 있는 탁상용 계산기를 두었고 주기적으로 해석기의 계산 결과에 너무 큰 오차가 없는지 점검하기 위해 손으로 직접 궤도를 계산하며 해석기가 맡은 임무를 잘 수행하고 있는지 확인했다.[10]

결과에 오차가 많으면 기계를 고치기로 되어 있는 무어 스쿨 측 유지 보수 팀을 불렀다. 유지 보수 팀은 각 방정식을 해석기에 집어넣고 밴드, 샤프트, 기어, 모터 등을 확인하며 정상 작동하는지 확인했다. 느슨해진 밴드, 자리를 벗어난 기어, 망가진 와이어가 있으면 해석기의 정확도가 떨어졌고 계산된 궤도도 쓸모가 없어졌다. 전시 프로젝트를 돕기 위해 존 모클리와 함께 얼사이너스 대학교에서 온 조 채플린은 유지 보수 기술자로 채용되었는데 그는 자신의 직업을 '거대한 기계 컴퓨터 운용을 돌보는 간호사'라고 부르기도 했다.[11] 무어 스쿨의 재학생이나 최근 졸업생도 오며 가며 그를 도왔다.

컴퓨터에게 하드웨어를 수리할 책임은 없었지만 밤이 늦어 유지 보수 기술자가 부재중일 때면 케이는 귀중한 계산 시간을 낭비하기 싫다는 생각에 가끔 기계를 직접 고치기도 했다. 모터에 제대로 걸려 있지 않은 밴드는 제자리에 걸었고 망가진 줄은 해석기에 사용했던 커티 삭 cutty sark이라는 브랜드의 낚싯줄로 교체했다. 수년이 지난 후에 그녀는 동명의 커티 삭 스카치위스키를 볼 때마다 어김없이 해석기 업무를 하던 때가 떠오른다고 전했다.[12]

하지만 장력이 가해진 줄을 교체하는 작업은 해석기 운용의 다른 여러 작업과 마찬가지로 위험했다. 어느 불운한 날에는 해석기에 한 컴퓨터의 손톱이 뜯어져서 치료를 받을 수 있게 존 홀버턴이 직접 병원으로 데려가기도 했다.[13]

군에서 출입 허가를 받은 사람만 출입할 수 있다는 '제한 구역' 표지판이 문에 붙어 있었음에도 미분 해석실을 찾아오는 사람이 많았다. 미분 해석실에는 값비싼 사치품인 에어컨이 있어서였다. 직원이 아니라 해석기를 위해 설치한 것이었는데, 기어, 밴드, 와이어, 판이 정상 작동하려면 온도와 습도를 일정하게 유지해야 했다.

케이는 무어 스쿨의 많은 교직원이 그저 시원한 공기를 즐기려 군사 제한을 위반한다는 사실에 놀랐다. 무어 스쿨의 교수진이나 대학원생뿐 아니라 그 누구라도 미분 해석실에 올 적당한 핑계만 있으면 멀리 있는 지하실까지 내려와서 '수다 모임'을 열었다고 그녀

는 회상했다.[14]

✦

하지만 그걸로는 부족했다. 탁상용 계산기를 쓰는 컴퓨팅 팀, 해석
기를 쓰는 컴퓨팅 팀 모두 열심히 일했음에도 허먼은 육군이 요구하
는 사표에 필요한 수많은 궤도를 산출할 수 없었다.

1943년 초 허먼은 머리를 쥐어뜯고 있었다.

1943년 3월의 어느 날, 거대한 아날로그 전자 기계 앞에 상심한
채로 서 있는 허먼을 본 조 채플린은 그에게 조용히 다가갔다.

"위층에 있는 존 모클리라는 분과 얘기를 나눠봐요. 그분한테 문
제를 전자적으로 해결할 아이디어가 있을 거예요." 조가 말했다.

"제가 만나도 될까요?" 허먼이 물었다.

"물론이죠, 같이 가요." 조가 말했다.[15]

그들은 조의 친구인 존 모클리 박사를 만나러 위층으로 향했다.

역사가 태동하는 순간이었다.

# 분실한 메모

허먼과 존은 처음 만난 순간부터 서로 공통점이 많다는 걸 깨달았다. 둘 다 교육자였고 전쟁으로 인해 소중히 여기던 교수직을 잃었다. 허먼은 미시간 대학교 교수였고, 존은 얼사이너스 대학교의 교수였다. 두 사람 모두 수학자와 결혼했고 배우자들은 존과 허먼의 군사 프로젝트를 도왔고 심지어 일부를 지휘하기도 했다.

두 사람 다 지지부진한 상황에 처한 것도 똑같았다. 허먼은 사표를 만들어야 하는 압박감에 시달렸는데, 채용과 교육도 해보고 탁상용 계산기, 심지어 미분 해석기까지 써봤지만 상황은 반전되지 않았다. 존은 과중한 강의 업무를 감당하고 육군 레이더 프로젝트에 참여하고 있음에도 동료로부터 인정받지 못하고 있다고 느꼈다.

얼사이너스 대학교에서는 존경받는 교수였고 물리학과 학과장이었지만, 무어 스쿨에서는 '강사'였을 뿐 '교수' 직함을 받지 못했다.

게다가 존은 프로그래밍이 가능한 전전자식all-electronic 범용 컴퓨터에 관한 복안이 있었지만 무어 스쿨 교수진과 이와 관련된 대화를 나눌 기회가 없었다. 그가 구상한 컴퓨터는 전자 기계식 스위치의 거북이걸음 같은 느린 속도가 아니라 전자의 속도로 빛처럼 빠르게 작동하는 컴퓨터였다. 아날로그가 아닌 디지털 방식이었으며 범용성이 있어서 다양한 방정식과 문제를 해결할 수 있었다.

허먼은 새로운 컴퓨터에 관한 존의 아이디어에 큰 흥미를 느꼈다. 두 사람은 이 컴퓨터가 탄도 궤도를 몇 분 내로 풀 방법에 관해 논의했다. 탁상용 계산기를 사용해 손으로 계산하면 며칠이 걸리고, 미분 해석기가 문제없이 작동한다면 몇 시간이 걸리는 작업이었다.

존이 고안한 대로 특수하게 제작한 전자 장치 이삼십 개는 초당 1천 번의 곱셈을 수행할 수 있었고, 1, 2분 안에 전체 궤도를 계산할 수 있었다.[1] 존은 이런 계산 능력을 자신이 선호하는 기상 예보 분야에 활용하길 바랐다. 컴퓨터로 태풍 경로를 계산해 예상 경로의 주민들에게 조기 경보를 제공하고 싶었다(오늘날에도 슈퍼컴퓨터로 계산하는 복잡한 문제다). 하지만 그의 컴퓨터는 탄도 궤도 계산에도 유용하게 사용할 수 있었다.

허먼은 그 컴퓨터를 보자마자 비록 실현되는 날은 먼 미래일지언정 해결책이 될 것임을 직감했다.

존은 실험적인 새로운 장비가 꽤 비쌀 거라고 경고했지만 허먼은 단념하지 않았다. 전쟁 중에는 중요한 문제가 엮여 있다면 비용은 걸림돌이 되지 않았다.[2] 존은 허먼이 자신의 비전과 꿈에 흥미가 있다는 사실에 기뻐했다. 허먼은 자연스럽게 다음 질문을 던졌다. "아이디어에 관한 문서를 작성할 수 있겠어요?"

존은 "이미 작성해두었죠."라고 답했다.[3]

존은 7개월 전 무어 스쿨의 누군가로부터 똑같은 질문을 받고 오랜 고민을 거친 끝에 「고속 진공관 장치를 사용한 계산」이라는 간결하고 명료한 다섯 페이지짜리 논문을 작성해두었다.[4] 그는 비서에게 특별하게 준비해달라고 부탁했는데, 그 말인즉 당시에는 특수한 기술이었던 기계식 타자기로 작성해달라는 뜻이었다.

아직 복사기가 없던 시절이었고 전쟁 중이었기 때문에 먹지(잉크가 묻어 있어서 종이 위로 글을 쓰거나 타이핑하면 아래로 잉크가 전달되는 종이)도 부족했다. 존은 논문의 유일한 사본을 그리스트에게 줬지만 그리스트는 금세 논문을 분실해버렸다.[5]

허먼은 논문을 보러 그리스트의 사무실에 갔으나 그리스트는 분실한 논문을 찾지 못했다. 게다가 그가 논문에 큰 흥미가 없는 것도 분명했다. 무어 스쿨에는 이미 해석기가 있는데 전전자식 컴퓨터가 왜 필요하겠는가?

허먼과 존은 어찌할 바를 몰라 어떻게 해야 할지 고민하며 몇 날 며칠을 보냈다. 논문 재작성은 고통스러운 작업이겠지만 허먼은 시간을 낭비하고 싶지 않았다. 그는 존의 아이디어를 가능한 한 빨리 탄도 연구소에 보여주고 싶었다.

하루나 이틀이 지나고 존은 논문의 토대가 된 기록을 가지고 있을 만한 이를 떠올렸다. 도러시 킨제이 시슬러Dorothy Kinsey Shisler. 필라델피아에 거주하며 1941년에 얼사이너스 대학교를 졸업한,[6] 존의 논문을 타이핑했던 사람이었다. 그녀는 존의 말을 속기한 후, 즉 양식화한 약어와 기호로 존이 한 말을 적은 후 이를 종이에 타이핑했다.[7] 도러시에게 아직 그 기록이 있을까?

다행히 도러시는 논문의 속기록을 간직하고 있었다! 그리고 쉽게 다시 타이핑할 수 있다고 했다. 그 시대의 어느 컴퓨터와도 다른, 새로운 컴퓨터를 소개하는 다섯 페이지의 논문이 금세 다시 깔끔하게 만들어졌다. 이 컴퓨터는 전전자식이고 범용이었으며 프로그래밍이 가능했다. 비서로서 흠잡을 데 없는 능력을 갖춘 한 여성이 어쩌면 20세기 가장 위대한 논문을 구한 것이리라.

논문은 광범위한 작업을 수행하고 문제를 해결하는 디지털 컴퓨터에 관한 존의 구상을 보여주었다. 이 컴퓨터는 문제가 바뀔 때마다 하드웨어를 재조립할 필요가 없었고, 프로그래밍해서 사용했던 동일한 하드웨어를 새롭고 강력한 방식으로 다시 프로그래밍해서 쓸 수 있었다. 이들이 세운 목표대로 만들어진다면 이 컴퓨터는 지구상의 그 어떤 기계보다 몇 배(거의 1,000배)는 더 빠를 것이다. 이

하드웨어는 고속 컴퓨터라는 획기적인 신개념을 테스트하는 플랫폼이 될 예정이었다.[8]

허먼은 논문을 읽으며 존이 제시한 '기어와 바퀴를 전자 계수기로 대체한다'는 개념을 이해했다. 그리고 기어와 전자 기계식 스위치 대신에 당시 핵심 전자 부품이었던 진공관을 사용한다면 엄청난 속도를 낼 수 있다는 존의 아이디어를 믿었다. 탄도 연구소의 부소장인 L. S. 데드릭L. S. Dederick 박사는 허먼이 빠르게 흥미를 느낀 아이디어에 회의적인 태도를 내비치며 짧은 논문으로는 부족하니 탄도 연구소에서 더 공식적인 발표를 해야 할 거라고 했다.[9]

존은 허먼에게 발표 자료를 작성하고 새 컴퓨터를 만드는 데 도움을 줄 사람이 필요하다고 말했다. 존이 염두에 둔 사람은 겨우 스물세 살밖에 안 된 J. 프레스퍼 에커트라는 젊은 기술자로, 존이 무어 스쿨에서 전자 공학 강의를 들으며 만난 사람이었다. 모두가 '프레스'라고 부르던 이 청년은 무어 스쿨을 갓 졸업했으며 이미 특허를 여러 개 보유하고 있었다.

허먼은 존과 프레스가 논문을 바탕으로 프로젝트의 개발 단계와 비용이 포함된 공식적인 제안서를 작성한다면 공동 작업을 승낙하겠다는 조건을 걸었다. 존과 프레스는 며칠 동안 밤낮없이 매달려서 세부 사항이 포함된 제안서를 완성했다.[10]

프레스는 존보다 10살이나 어렸지만 존은 그의 천재성을 바로 알아봤다. 두 사람 모두 천생 발명가였다. 존은 초등학생 때부터 이웃집에 전자식 초인종을 설치하며 용돈을 벌었다. 존의 아버지는 물리학자였고 워싱턴 카네기 연구소에서 일하기도 했기에 존은 아버지의 뒤를 이은 '2세대 과학자'였다. 조엘 슈르킨이 남긴 기록에 따르면 존은 밤마다 책 읽기를 좋아했는데 부모님이 이런 습관을 좋게 보지 않았다. 그래서 존은 부모님을 속이려 자기가 자는 다락방으로 올라오는 계단에 다락방 조명 전원 스위치를 설치했다.

> *존은 계단에 스위치를 설치해 어머니가 존이 자는지 확인하러 올라올 때 독서등이 자동으로 꺼지게 했다. 어머니가 내려가면서 계단을 밟으면 다락방 독서등이 다시 켜졌고 존은 다시 책을 읽었다.* [11]

얼사이너스 대학교를 재직 중이던 존은 통계를 사용해 기상 현상을 더 정확하게 예측하는 아이디어에 관심이 있었다. 존은 정부의 기상 데이터에 접근하기 위해 여름이면 워싱턴에 있는 국립 표준국에서 일했고, 거기서 취득한 데이터를 얼사이너스 대학교로 가지고 와서 학생들을 고용해 통계를 계산했다.[12] 하지만 이내 중요한 방정식을 계산할 더 좋은 방법이 있어야 한다는 사실을 깨달았다. 즉, 오랜 시간 탁상용 계산기 앞에 앉아 숫자 입력, 방정식 계산, 결과 기록, 숫자 재입력 과정을 반복해야 하는 기존 계산 방식과 이러한 반복 작업에서 발생하는 무수한 오류를 극복할 방법이 필요했다.

1939년 존은 뉴욕 퀸스에서 열린 세계 박람회에서 진공관 회로를 사용해 암호화된 메시지를 전송하는 IBM 전자 암호기를 보았다.[13] 진공관은 공기와 기체를 제거한 유리관이다. 이 유리관 안에 전자를 방출하는 음극과 양극을 배치하고 전자를 한 방향으로만 흐르게 해 전류를 생성했다. 진공관은 1904년 존 앰브로즈 플레밍이 발명했고, 1939년 세계 박람회쯤에는 대량 생산되었다.[14] 크기는 다양했지만 대개 길이 13센티미터, 너비 5센티미터 정도의 긴 전구처럼 생겼으며 대다수 미국 가정집 거실에 있는 커다란 목재 라디오에서 전류를 높이거나 낮춰서 볼륨을 조절하는 용도로 사용되었다.

존은 진공관을 수천 배 빠른 빛의 속도로 수학 계산을 수행하는 용도로도 사용할 수 있을지 궁금했다.

네온관으로 전자식 계수기를 만들던 존은 자신이 진정 원하는 게 전자식 컴퓨터라는 사실을 깨달았다. 1940년 미국 수학 학회 참석차 다트머스로 갔고 거기서 MIT의 수학자 노버트 위너를 만났다. 그들은 전자식 컴퓨터가 '가야 할 길'이라는 데 동의했다.[15]

하지만 전전자식 컴퓨터는 불가능하고 불필요하다는 것이 당시의 지식, 소위 '중론'이었다.[16] 몇 초 이상 작동하려면 수많은 진공관이 필요했는데 모두가 알다시피 진공관은 불안정했다. 당시 학계 지도자들은 진공관을 기반으로 만든 정규 크기의 컴퓨터는 실패할 거라 예측했다.

존이 프레스와의 공동 작업을 원했던 건 프레스가 그러한 중론을 모르거나 혹은 알고도 무시할 만큼 젊기 때문이었다. 프레스도 존처럼 천생 발명가였다. 그는 다섯 살 때 다이얼, 스피커, 배터리와 기타 부품이 있는 거실 라디오를 자세히 그렸다. 일곱 살 때는 연필을 사용해 라디오를 만들었고 학교 책상의 금속 다리에 연결해서 심심할 때마다 들었다.[17]

십 대 초반에는 축음기용 앰프를 직접 만들어서 레코드 음량을 원하는 만큼 키워서 들었다. 아버지가 필라델피아의 부유한 사업가였던 덕에 프레스는 성장 과정에서 흔치 않은 기회를 누렸다. 집 바로 근처에는 유명한 야구 감독 코니 맥이 살았고, 아버지는 무척 유명한 야구 선수인 타이 콥과 함께 골프를 쳤으며, 프레스도 그를 만난 적이 있다. 한 번은 출장 간 아버지를 따라 더글러스 페어뱅크스와 찰리 채플린의 영화 세트장에 방문하기도 했는데, 아버지가 프레스와 꼭 함께하고 싶어 했던 일이었다.[18]

하지만 프레스의 원대한 꿈이었던 MIT 진학은 이룰 수 없는 꿈이었다. 프레스의 어머니는 외동아들이 집을 떠난다는 생각을 견딜 수 없어 아버지를 설득했고, 프레스에게는 MIT 학비와 메사추세츠주의 생활비를 감당할 형편이 안 된다고 말했다.[19] 대신 아버지는 프레스를 펜실베이니아 대학교의 훠턴 스쿨*로 진학시켰다. 하지만 지루함을 느낀 프레스는 곧장 무어 스쿨로 전과했다. 그리고 나중에 어머니가 한 일을 알게 된 프레스는 분노했다.

그럼에도 프레스는 공학에 흥미를 느꼈고 무어 스쿨 교수 칼 체임버스Carl Chambers는 프레스가 여러 외부 컨설팅 프로젝트에 참여할 기회를 줬다. 교수님과 프레스는 필라델피아 기반의 라디오 제조사와 공동으로 작업하기도 했고 새로운 텔레비전 기술을 다루는 기업과 공동 작업하기도 했다. 파트타임 업무를 하는 학생 신분이었던 프레스는 회로를 설계하면서 계산과 테스트, 두 분야 모두 준비는 물론 모든 것이 제대로 작동하는지 확인하는 과정에 많은 시간을 투자하는 것이 매우 중요하다는 걸 배웠다.[20]

무어 스쿨을 졸업할 때쯤 프레스는 자기 이름으로 등록된 몇 개의 기술 특허를 보유하고 있었고 벨 연구소와 RCA**로부터 좋은 입사 제안을 받았다. 하지만 프레스는 무어 스쿨 대학원에 가기로 결정했고 이는 그의 인생 최고의 결정이었다.

진주만 공습 전인 1941년 중반, 프레스는 육군과 무어 스쿨에서 전자 방어 훈련이라는 강의를 가르쳤다. 육군은 전자 공학적 소양

---

* 펜실베이니아 대학교의 상경 대학이다.
** 라디오 코퍼레이션 오브 아메리카(Radio Corporation of America). 1919년부터 1987년까지 존재했던 미국의 전자 회사다.

을 갖춘 병사가 더 필요하다는 생각에 물리학과 수학에 대한 배경지식이 있는 이들에게 현대 전자 공학을 가르치는 10주 과정을 고안했다.[21] 존은 현대 컴퓨팅 기기에 관해 더 배울 수 있을 것이라 기대하며 해당 과정을 들었지만 이미 얼사이너스에서 모두 배웠던 내용이라 실망했다. 새로운 내용은 없었다.

하지만 존은 이 과정을 수강함으로써 예상치 못한 수확을 거뒀다. 실습 강사였던 프레스는 전자 공학부 강의가 없을 때면 존과 함께 실험실 책상 위에 걸터앉아 관심 있는 주제로 대화를 나누었다.[22]

점차 그들은 프로그래밍 가능한 전전자식 범용 컴퓨터에 관해 논의하기 시작했다. 존은 자신의 구상을 이야기하는 동시에 당대의 지배적인 의구심에 대해서도 언급했다. 당시에는 진공관 수천 개가 함께 작동하는 게 불가능했기에 그렇게 큰 기계를 안정적으로 작동하는 것 또한 불가능하다고 생각하는 사람이 대부분이었다.

하지만 프레스의 생각은 달랐다. 그는 필라델피아의 큰 교회에서 대형 오르간을 본 적이 있는데, 키 하나당 2개씩 총 수백 개의 진공관이 달려 있었고 충분히 잘 작동했다.[23] 프레스는 존에게 "20배 많은 진공관도 운용할 수 있어요."라고 했다. 다시 말해 2,000개 또는 그 이상의 진공관을 같이 작동할 수 있다는 뜻이었다.[24]

존은 아이디어를 함께 의논한 프레스가 거대한 컴퓨터를 실현하는 데 장애물이 없다고 보았다는 사실에 안심했다. 프레스는 진공관을 정격 전류보다 10~20% 이하로 작동시켜 최대 전력 이하로 작동하는 것이 관건이라고 했다.[25] 존은 이 평가를 듣고 자신감을 얻었다. 훗날 존은 "프레스가 없었다면 저는 아마 진행할 엄두도 못 냈을 거예요."라고 털어놓았다.[26] 실습이 끝난 후 다른 학생들이 자리를 뜨면 존과 프레스는 대화를 이어갔다. 존이 구상한 전전자식 컴퓨터의 설계에 관해 논의했다. 그로부터 1년 반 동안 그들은 그때 그때 상황에 맞춰 여러 장소에서 만나 대화를 이어갔다. 에어컨 덕분에 시원한 미분 해석실이나 북적이는 무어 스쿨의 다양한 공간을 이용하기도 했고, 근처 24시간 레스토랑인 린턴에서 존은 커피를, 프레스는 아이스크림소다를 마시며 대화하기도 했다.[27] 1941년 초가을 무렵 린턴에 갈 수 있다면 30대 초반과 20대 초반의 두 남성이 머리를 맞대고 냅킨 위에 발명품을 스케치하는 모습을 볼 수 있으리라. 아무도 그들이 20세기 가장 중요한 발명가가 되리라고는 상상하지 못했다. 심지어 본인들도 마찬가지였다.

# 골드스틴에게 돈을 주게

허먼은 갓 졸업한 스물세 살짜리를 새 프로젝트의 책임 기술자로 데려오는 일에 약간 회의적이었지만, 제안서를 빠르게 완성하길 원했다. 두 사람이 함께 제안서를 쓰고 프로젝트를 진행하기 원한다면 일단은 어떻게 굴러갈지 지켜볼 생각이었다.

두 사람이 며칠간 밤낮없이 일하는 사이 허먼은 추후 상황을 의논하기 위해 존 그리스트 브레이너드를 찾아갔다. 결국 육군 컴퓨팅 부서와 레이더 프로젝트는 무어 스쿨에 자리 잡았다. 그렇다면 새로운 기계도 무어 스쿨에서 만들지 못할 이유가 없었다. 기계를 제작하려면 기술자가 필요했고 기술자라면 애버딘 성능 시험장이 있는 메릴랜드 시골 늪지대보다 무어 스쿨에 훨씬 더 많았다.

그러나 그리스트 학장은 설득하기 어려운 상대였다. 그는 아이디어의 가치를 잘 이해하지 못했고 애초에 무어 스쿨이 관여하는 것을 원하지 않았다.[1] 하지만 결국 무어 스쿨로서는 잃을 게 별로 없다는 다른 학장들의 의견에 동의했다. 프로젝트는 육군 소유이므로 혹시 실패하더라도 무어 스쿨이 아니라 탄도 연구소의 책임이었고, 그사이 육군은 무어 스쿨에 공간 사용료와 프로젝트 운영 비용을 지불할 터였다. 논의를 마친 후 그리스트는 허먼의 요청을 승인했다. 존이 요청할 때와는 사뭇 달랐다.

허먼은 상관인 폴 길런에게 제안서를 보내면 좋은 반응을 얻으리라 자신했다. 그리고 폴의 도움을 받는다면 오즈월드 베블런 소장은 쉽게 설득할 수 있었다. "베블런은 프로젝트보다는 사람을 믿었고 그는 우리가 그 일을 해낼 수 있을 거라고 확신했죠."[2]

그다음 단계로 허먼, 존, 프레스, 그리스트는 무어 스쿨에서 탄도 연구소로 보내는 공식 제안서와 발표 자료를 함께 준비했다. 그리스트는 새로운 컴퓨터를 누구나 아는 미분 해석기에 비유해서 설명하는 도입부와 개괄적인 부분을 작성했고, 존과 프레스는 기술적인 부분을 작성했다.[3]

작업은 빠르게 이루어졌고 1943년 4월 2일, 허먼과 그리스트는 탄토 연구소의 레슬리 사이먼과 폴 길런에게 제안서를 제출했다.[4] 그들은 곧바로 이 제안서에 관심을 보였다.

제안서를 제출한 후 허먼과 그리스트는 베블런의 사무실에서 열린 회의에 불려 갔다. 프린스턴 대학교 교수인 베블런은 알베르트 아인슈타인과 함께 프린스턴 고등 연구소의 회원이었고 탄도 연구소의 선임 설립자였다. 거액의 지출이 필요한 문제에는 그의 의견이 매우 중요했다.

허먼은 탄도 연구소에 있는 베블런의 사무실에서 새로운 컴퓨터에 관한 아이디어를 설명했다. 베블런은 큰 목제 의자를 뒤로 젖히고 커다란 목제 책상 위에 발을 올린 채 깊은 생각에 잠겼다. 그 앞에서는 논쟁이 벌어졌다. 20만 달러(현재 가치로 300만 달러, 한화로 약 38억 원)라는 거금이 드는 걸 걱정하는 사람도 있었고, 성공 가능성이 작아 걱정하는 사람도 있었다. 논쟁이 오간 끝에 마침내 베블런은 승낙하기로 했다.

"사이먼, 골드스틴에게 돈을 주게!" 그리고 베블런은 방에서 나갔다.[5] 하지만 계약서가 작성된 것도 아니었고 탄도 연구소로서는 조금 더 공식적인 발표가 필요했다. 일정은 1943년 4월 9일로 정해졌다. 함께 제안서를 작성한 이들이 무어 스쿨에서 애버딘 성능 시험장으로 갈 시간이었다. 다행히 허먼에게는 애버딘까지 가는 데 필요한 스튜드베이커 자동차와 배급받은 휘발유가 있었다.[6] 아침 일찍 존, 프레스, 그리스트를 각자의 집으로 태우러 가는 허먼은 속이 탔다. 베블런이 프로젝트를 지지하긴 했지만 주요 과학자와 기술 전문가들이 이 계획이 어리석으며, 진공관 만 개를 작동시킬 기계를 만들 수 있는 사람은 없다고 탄도 연구소에 말한 걸 알고 있었다.

존과 프레스의 설명이 소기의 목적을 달성할 수 있을까?

필라델피아에서 출발한 이들은 울퉁불퉁한 지방 도로를 약 한 시간 반 달린 끝에 체서피크만에 있는 애버딘 성능 시험장에 도착했다. 먼저 기지의 보안 시설을 통과한 후 탄도 연구소의 두 번째 보안 시설을 통과했다. 이곳에 여러 번 와본 허먼은 필요한 신분증과 출입증을 가지고 있었다.

탄도 연구소에 도착하자 이들은 뿔뿔이 흩어졌다. 존과 프레스는 비서와 함께 제안서를 수정하기 위해 작은 방으로 갔다.[7] 허먼과 그리스트는 담당 장교를 만나러 갔다.[8] 허먼과 그리스트가 제안서 발표를 마친 후 그리스트는 나가달라는 요청을 받았다. 곧 베블런이 나왔다. 탄도 연구소의 답변은 그대로였다. 육군은 프로그램을 입력할 수 있는 세계 최초의 전전자식 범용 컴퓨터를 무어 스쿨에서 제작하도록 자금을 지원하기로 했다. 레슬리 사이먼 대령은 이 좋은 소식을 존과 프레스에게 직접 전해주었다.[9]

장교들은 허먼, 그리스트와 함께 점심을 먹으러 애버딘 성능 시험장에 있는 멋진 장교 회관으로 갔다. 거대한 창문을 통해 체서피크만의 바다가 내려다보이는 곳이었다. 하지만 계약 세부 사항을 마무리해야 하는 존과 프레스는 남겨두고 갔다. 두 사람은 소외된 기분이 들었고, 배까지 고팠다.

하지만 이들은 맡은 임무를 완수했다. 허먼은 마무리할 일이 있어 연구소에 남았고, 다른 이들은 그리스트와 함께 기차를 타고 필라델피아로 돌아갔다.[10] 모두가 결과에 만족했고 존과 프레스는 그제야 강한 허기를 느꼈다.

그날은 프레스의 스물네 번째 생일이었다.

# 전쟁의 어두운 날들

해석실에 있던 여성들은 1층에서 평범하지 않은 무언가가 만들어지고 있다는 걸 금세 알아차렸다. 이들은 '프로젝트 X'에 관한 소문을 들었을 뿐 자세한 내용은 알지 못했다.[1]

케이는 "무어 스쿨에서 새로운 계산기가 만들어지고 있지만 우리와는 상관이 없다."는 말을 들었다.[2] 그녀는 새 기계를 위해 마련한 무어 스쿨 1층 뒤편에 있는 커다란 방에 들어갈 수 없었다. 기계는 '기밀'로 분류되었고 입구에는 승인 없이 방에 들어갈 수 없다는 안내가 붙어 있었다. 해석실과 달리 출입이 제한되었다.[3] 케이는 무시당했다고 생각하기보다 그럴 수 있다고 생각했다. 전쟁 중인 당시에는 거기 말고도 닫혀 있는 문이 많았다.

프로젝트 X가 시작된 5월 31일, 폴은 허먼, 존, 프레스, 그리스트 등이 참석한 가운데 무어 스쿨에서 열린 회의를 주재했다. 폴은 탄도 연구소 과학 자문 위원회 회원인 천문학자 릴런드 커닝햄Leland Cunningham과 함께 탄도 연구소에서 무어 스쿨로 복귀했고 프로젝트 초기 팀을 만났다.[4]

폴은 새로운 육군 계약의 역할을 개략적으로 설명했다. 그리스트는 프로젝트 관리자를 맡되 기술적인 역할은 하지 않았다. 허먼은 애버딘의 기술 연락 담당자가 되었다. 선견지명이 있는 존은 '제1의 자문 위원' 직함을 받았고 프레스는 수석 기술자가 되었다. 존과 프레스는 새로운 컴퓨터의 설계, 제작, 테스트를 공동으로 이끌기로 했다.[5]

폴은 행정적인 문제 몇 가지를 언급한 뒤 새로운 기계의 이름을 발표했다. 무어 스쿨에는 이 기계를 해석기에 빗대어 '전자식 수치 적분기'라고 부르고 싶어 하는 사람도 있었지만 폴은 '전자식 수치 적분 및 계산기Electronic Numerical Integrator and Computer, ENIAC'라고 명명했다. 즉, 에니악이 탄생한 것이다.[6] 사람들이 알고 있던 계산기나 적분기가 아닌 새로운 기계, '컴퓨터'의 탄생이었다.

폴은 계약의 핵심 조항을 공유했다. 제작을 마치고 에니악이 작동한다면 기계는 육군의 소유가 되고 애버딘 성능 시험장으로 기계를 이전한다. 그리고 존과 프레스에게는 본인들의 발명품에 특허를 취득하고 추후 상품화할 권리를 부여한다는 내용이었다.

이는 당시 육군의 표준 계약 언어였고 현재도 비슷하게 유지되는 중이다. 우선 육군은 비용을 댄 컴퓨터를 온전히 사용하고 소유할 권리를 원했다. 하지만 그와 동시에 존과 프레스가 새로운 아이디어에 대한 적절한 특허와 보호 장치를 강구해 육군의 투자와 두 사람의 발명품, 둘 다 보호하길 바랐다. 또한 이러한 연구와 개발 계약을 통해 중요한 발명품을 대중에게 공개하길 희망했다. 어쩌면 이 계약을 통해 새로운 산업이 탄생할 수 있을지도 몰랐다.

1943년 5월 17일 검토를 위해 계약서를 배부했고 6월 5일에 서명했다.[7] 7월 초에는 존과 프레스가 구성한 팀에 약 12명이 모였다. '기묘하지만 강력한 공학 인재들의 모임'이 완성되었다. 스콧 매카트니Scott McCartney는 자신의 책 『ENIAC: The Triumphs and Tragedies of the World's First Computer(ENIAC: 세계 최초 컴퓨터의 승리와 비극)』에 '이 모임에는 장난과 독창적인 설계로 사랑받은 기술자 밥 쇼Bob Shaw, 필라델피아 퀘이커 가문 출신의 논리적이고 똑똑하고 사려 깊은 기술자 카이트 샤플리스Kite Sharpless, 중국계 이민자 추안 추Chuan Chu, 밥 쇼와 재미 삼아 곡물 선물에 투자했던 태평스러운 학사 출신 잭 데이비스Jack Davis가 포함되었다'고 설명했다.[8]

젊은 기술자들을 영입할 수 있었던 건 철학 박사이자 논리학자였던 아서 버크스 <sup>Arthur Burks</sup> 덕분이었다. 아서도 존 모클리처럼 육군 전자 공학 수업을 위해 1941년에 무어 스쿨에 왔다가 머물게 된 인물이었다.

존과 프레스가 에니악을 위한 전체적인 구상과 설계 원칙은 제시했으나 개별 유닛을 설계하려면 도움이 필요했다. 두 사람은 각 기술자에게 기계의 특정 부분을 맡겼고 이들은 맡은 임무를 위해 1층의 닫힌 문 뒤로 사라졌다.

그사이 전쟁은 좋지 않은 방향으로 진행되었고 점점 미국에 가까워지는 것처럼 보였다. 스탈린그라드 전투는 1943년 2월 참혹한 대가를 치르며 승리로 끝났다. 질병과 굶주림으로 목숨을 잃은 사람이 남녀노소 할 것 없이 약 200만 명이었다.

과달카날이라는 태평양 섬에서 치른 전투 소식이 2월의 헤드라인을 장식하는 등 태평양에서 전해진 뉴스도 끔찍했다. 그 전투는 결국 미국의 승리로 끝나고 전쟁의 전환점이 되긴 했지만 미국군, 일본군 모두 잔혹한 인명 손실을 경험했다. 진주만에서 미국 전함과 부대를 파괴했던 일본군은 밀려나기 시작했고 향후 태평양에서 일어날 전투는 일본 본토로 향하고 있었다.

1943년 5월 7일 3층 컴퓨팅 팀에 좋은 소식이 전해졌다. 독일군이 마침내 북아프리카에 항복했다는 소식이었다. 말린과 팀원들은 북아프리카에 있는 포의 궤도를 신속하게 계산해야 한다는 특별한 압박감을 느끼고 있었기 때문에 승리에 조금이나마 기여했다고 느꼈고 자신들이 하는 업무에 큰 자부심을 느꼈다.[9]

1943년 태평양에서는 연합국이 좋은 성과를 착실하게 거두고 있었지만, 대서양의 분위기는 이와 달랐다. 전쟁이 목전에 다가온 느낌이었다. 무시무시한 독일 잠수함 유보트의 사정거리 내에 있다는 이유로 필라델피아는 삼엄한 경계 태세에 돌입했다. 매일 밤 필라델피아는 등화관제를 실시했고 말린이 야간 근무를 마치고 새벽 1시에 퇴근할 때면 조도를 낮춘 트램을 타고 어둑한 거리를 지나 집으로 향했다.

1년 전 대서양을 건넌 유보트는 뉴저지와 버지니아 연안에서 미국 전함을 침몰시키기 시작했다. 필라델피아는 두 지역 사이에 있었기에 전함뿐 아니라 해안가의 민간인도 공격할 수 있는 어뢰의 사정권 내에 있었다.

필라델피아 시민들과 인근 동부 해안 주민들은 암막 블라인드를 구입해 집에서 나오는 불빛을 차단하라는 지시를 받았다. 가게나 회사는 밤에 거리로 조명을 비추는 것이 금지되었다. 통행금지령으로 인해 사람들은 집에 머물러야 했고 밤에 거리에 있는 사람은 간혹 늦은 시간까지 이어진 전쟁 관련 프로젝트나 24시간 가동되는 공장에서 일하는 노동자뿐이었다.

말린으로서는 필라델피아의 캄캄한 거리를 지나 집으로 돌아오는 것이 무서웠다. 트램에서 내리면 너무 어두워서 자기 얼굴 앞까지 올린 자신의 손조차 보이지 않을 때도 있었다.[10] 거리에 있는 다른 사람도 보이지 않기는 매한가지였는데 가끔 포장도로를 뚜벅뚜벅 걸어오는 가까워지는 발소리를 들을 수 있었다. 그러면 그녀는 가만히 서서 숨을 참고 자신을 향해 오는 사람이 누구인지 확인하곤 했다. 대부분은 새어 나오는 조명과 망가진 암막 블라인드를 확인하러 밤에 해당 지역을 순찰하던 공습 감시원이었다. 그는 말린의 가족과 오랫동안 알고 지낸 사이였고 말린의 업무 일정도 잘 알고 있는 사람이었다. 시간이 맞을 때는 트램에서 그녀를 만나 필라델피아 북동 지역의 고요하고 어두운 거리를 지나 집까지 데려다주었다.[11]

그러면 말린은 숨을 내쉬며 친구와 함께 집으로 돌아갔다.

# 그렇게 큰 기계로
# 그토록 사소한 일을 한다니

모두가 'PX(Project X)'라고 부른 프로젝트 X를 위한 방은 무어 스쿨 1층 왼쪽 구석 뒤편에 자리한 커다란 연구실이었다. 가끔 느슨하기도 했던 무어 스쿨의 보안과 달리 이 방은 출입이 철저히 통제되었고 새 기계와 관련이 없는 사람은 출입할 수 없었다.

밖에 있는 사람들은 거대한 검은 금속, 수천 개의 스위치, 수만 개의 진공관, 수천 미터의 전선 등 어마어마하게 많은 양의 물자가 닫힌 문 뒤로 사라지는 걸 보았다.

1944년 2월 배선도를 완성한 에니악 팀은 새로운 컴퓨터 제작에 집중했다.[1] 매주 토요일 아침 존과 프레스는 문제를 해결하기 위해 팀 회의를 주재했다.[2] 이들은 누구나 아이디어를 말하고 공유할 수 있는 협력적인 방식으로 회의를 진행했다. 팀원이었던 아서 버크스는 "누구나 어떤 아이디어든 제시할 수 있었고 그에 대한 논의는 합리적으로 이루어졌어요."라고 회상했다.[3]

무어 스쿨의 복도는 신입으로 온 새로운 남성과 여성의 얼굴로 가득 찼고 이들은 모두 PX실의 닫힌 문으로 사라졌다. 케이는 신입 직원들을 관심 있게 지켜봤고 나중에는 배선 작업을 위해 여성들도 채용되었다.[4] 허먼은 전화 배선 경험이 있는 여성들을 채용할 생각이었다.

> 전쟁이 계속되자 사무실을 새로 여는 회사가 얼마 없었고. 정규 업무가 많지 않았던 전화 회사 노동자들이 기계 내부 배선 작업을 위해 채용되었다.[5]

임시 직원들은 왔다가 사라졌지만 이들을 감독하는 두 남성, 조지프 체데커 Joseph Chedeker와 그의 조수이자 첼로 연주가였던 솔 로즌솔 Sol Rosenthal은 계속 머물렀다.

새 컴퓨터의 유닛은 점차 늘어났다.

당연한 얘기지만 에니악은 미군이 전쟁 중에 진행한 전례 없는 여러 극비 혁신 활동 중 하나에 불과했다. 베티는 필라델피아에서 북쪽으로 약 5시간 거리에 있는 뉴욕 북부의 파인 캠프 컴퓨팅 프로젝트에 잠시 파견된 적 있었다. 그녀에게는 무척 추운 지역이었다. 지금은 포트 드럼Fort Drum이라 부르는 파인 캠프는 캐나다 바로 남쪽에 있는 육군 기지로 1908년 동계 군사 훈련을 위해 설립된 곳이었다.[6]

베티는 파인 캠프에 한 세션 동안 컴퓨팅 업무를 했다. 파인 캠프에서 진행 중인 기상 관측 기구 실험을 기반으로 일기 예보에 필요한 계산을 수행하는 탁상용 계산기 작업이었다.[7]

하지만 평범한 기상 관측 기구가 아니었고 평범한 군 기지도 아니었다. 파인 캠프는 드와이트 D. 아이젠하워 장군 휘하의 연합군이 영국의 수백만 연합군이 유럽 대륙을 침공할 시기와 장소를 숨기기 위해 정교하게 세운 기만 작전의 일환이었다.

역사상 가장 위대한 허위 정보 유포 작전 중 하나로 손꼽히는 이 작전에서 아이젠하워 장군은 조지 S. 패튼 장군에게 대규모 병력을 이끌고 영국에서 출발해서 칼레에 상륙하는 것처럼 위장하라고 명령을 내렸다. 칼레는 영국으로부터 가장 가까운 프랑스 마을이자 파도가 사나운 영국 해협을 최단 거리로 건널 수 있는 곳에 위치한 곳이었다. 이 작전의 목표는 독일이 주요 방어 병력인 가장 큰 대포와 요새를 칼레에 주둔시키게 만드는 것이었다.

오로지 독일이 칼레 상륙 작전에 대한 정보를 가로채서 읽게 할 목적으로 가짜 메시지를 보냈다. 가짜 정보를 진짜라고 믿게 하려고 가짜 '유령 군대'를 만들었다. 병사들은 고무 튜브로 만든 가짜 탱크와 포를 쓰고, 거짓 무전을 보내고, 병력 이동과 구축에 대한 오디오

녹음을 크게 재생해서 독일군이 미군의 위치와 규모를 착각하게 했다.[8]

오디오 녹음 기술과 기법 대부분은 파인 캠프에서 근무하는 육군 병력에서 나왔다. 그들은 작업을 도와주러 온 인근 벨 연구소 연구시설의 직원들과 함께 작업한 덕분에 결국 실제와 구분할 수 없을 정도로 병력이 이동하는 듯한 음향을 제작할 수 있었다.[9]

음향 기만 작전이라고 부르는 이 새로운 전술은 곧 파인 캠프를 떠나 전쟁 중인 유럽으로 갔다. 파인 캠프의 병사들은 수십 년 동안 이 프로젝트를 비밀에 부칠 것을 서약했다.

베티는 몇 년 후 자신의 그룹이 기만 작전의 일부였다는 걸 알게 되었다. 수도에 있는 다른 컴퓨터 그룹은 아이젠하워 장군의 디데이 상륙을 위한 실제 기상 방정식을 계산하고 있었으나 육군은 주의를 분산시키길 원했다. "우리는 워싱턴에서 수행되고 있는 기상 예측 작업을 위장하는 역할을 했어요."[10]

베티는 파인 캠프에서 몇 주를 보낸 후 필라델피아로 기쁘게 돌아왔다. 파인 캠프가 있던 산꼭대기에 불던 바람은 더없이 추웠기 때문이다.

그사이 무어 스쿨 지하 해석실에서는 특별한 훈련을 받은 컴퓨터로 이루어진 케이의 팀을 정기적으로 습격하는 사람들이 생겼다. 단순히 대화를 나누고 더위를 피하려고 해석실을 자주 방문하는 게 아니었다. 그들은 점심시간이나 교대 근무를 마친 후에 해석실 팀의 여성들과 데이트했고 그 외에도 많은 것을 함께 했다. "저는 앨리스 로<sup>Alice Rowe</sup>라는 멋진 여성과 함께 일했는데 해석실에 내려왔던 아서 버크스 박사가 그녀와 사랑에 빠져서 그녀를 데려갔어요." 또 다른 동료였던 마저리도 무어 스쿨의 누군가가 내려와서 그녀와 결혼해서 데려갔다.[11]

결혼했다는 이유로 컴퓨터 일을 그만둘 필요는 없었다. 케이의 동료 중에는 펜실베이니아 대학 병원의 의사와 결혼한 앨리스 스나이더<sup>Alice Snyder</sup>와 남편이 군대에 징집되어 전쟁 중 펜실베이니아 대학에 일자리를 얻은 시스 스텀프<sup>Sis Stump</sup>가 있었다.[12] 하지만 원한다면 퇴직할 수도 있었기에 일을 그만둔 이들도 많았다.

그로 인해 전쟁 중에 관리하기 까다로운 해석기를 실행할 수 있도록 신입 컴퓨터들을 재교육하려니 케이는 한숨이 절로 났다.

케이는 주간 근무를 마치고 저녁에 시간이 나면 재향 군인 병원에 가서 다친 군인들을 위문하거나 연합 서비스 조직<sup>United Service Organizations, USO</sup>(일명 미국 위문 협회) 무도회에 참석했다. 업무 때문에 시간 여유가 거의 없더라도 해야 할 일이라고 생각했다. "우리는 항상 군인들이 우리보다 끔찍할 정도로 더 많은 일을 하고 있다고 느꼈어요."[13]

해석실에서 바로 무도회장에 가는 날이면 구석에 있는 파일 캐비닛에 넣어두었던 하이힐을 꺼내 신고 폭스트롯과 스윙 댄스를 추며 저녁을 보냈다.

늦게까지 야간 근무를 해야 하는데 해석기가 문제없이 작동하고 케이 외에 나머지 두 팀원만으로도 운용할 수 있는 상황이라면 서로 책을 읽어줬다. 케이는 열아홉의 나이에 집을 떠난 젊은 남성의 이야기를 담은 토머스 울프의 첫 번째 소설 『천사여, 고향을 보라』를 팀원들에게 낭독했다.[14] 시간을 보내는 데 도움이 되었다.

그러던 어느 날 밤 존 모클리와 J. 프레스퍼 에커트가 해석실로 뛰어내려왔다. 케이는 해석실에서 수다 모임을 열곤 했던 이들을 기억하고 있었다. 남성들은 "우리가 지금까지 어떤 걸 만들었는지 와서 볼래요?"라고 물었다.[15]

여성들은 어리둥절한 채로 고개를 들었다. 늦은 밤 무어 스쿨의 고요 속에서 깊이 집중하고 있었고 프로젝트 중간에 방해받는 건 낯선 일이라 나머지 두 팀원은 케이를 바라보며 지시를 기다렸다.

두 남성이 너무 신나 보여서 거절하기가 어려웠기에 케이의 팀은 잠시 쉬기로 하고 조심스럽게 문을 잠그고 나왔다. 그들은 거의 날아가듯 계단을 뛰어오르는 존과 프레스를 따라 걸어 올라갔다.

케이는 이렇게 회상했다. "그들은 PX가 지어지고 있는 방 정면에 있는 외부와 단절된 공간으로 저희를 데리고 갔어요. 약 2.5제곱미터의 그 공간 근처에는 '고전압 주의'라고 적힌 커다란 표지판이 있었죠."[16]

거대한 금속 케이지로 둘러싸인 공간에는 두 개의 큰 유닛이 서 있었다. 각 유닛의 높이는 2.4미터 정도여서 키가 180센티미터인 존마저도 왜소해 보였다. 각 유닛의 너비는 약 60센티미터였고 전면에 스위치, 전선이 있는 부분과 상단에 격자 형태로 놓인 소형 조명 여러 개가 있는 부분을 제외하고 검은 금속이 전체를 감싸고 있었다.

"이걸 봐요." 존과 프레스가 흥분하며 말했다.[17]

두 유닛은 두꺼운 검은 전선으로 서로 연결되어 있었고 둘 중 한 명이 버튼을 눌렀다. 1초 만에 양쪽 유닛의 조명이 번개처럼 빠른 속도로 깜빡거리며 독특한 패턴으로 꺼졌다 켜지기를 반복했다. 그러다 조명이 멈추고 두 유닛 중 한쪽 꼭대기에 있는 작은 조명이 밝게 빛났다.

"뭘 봐야 하는 건데요?" 여성들이 물었다.

두 남성은 지금 보고 있는 기계가 에니악 누산기ENIAC accumulator 이며 두 유닛은 방금 5를 5,000번 더했다고 알려줬다.

"그걸 어떻게 알아요?" 케이가 물었다.

존과 프레스는 환한 미소와 함께 답했다. 두 개의 누산기는 단 1초 만에 5,000번의 덧셈을 실행했다! 계산 결과는 25,000이었고 그 값이 작은 조명이 빛나고 있는 누산기에 저장되었다고 설명했다.[18]

두 남성은 그날 밤 두 개의 누산기가 처음으로 작동된 거라고 알려줬다. 최초의 누산기 두 개가 작동하는 것으로 볼 때 존과 프레스는 나머지 에니악 설계도 작동할 거라 확신했다. 두 사람에게 그날의 일은 기념비적인 사건이었고 동시에 현대 컴퓨팅에 대한 이들의 아이디어가 실현될 거라는 '개념 증명'이기도 했다.

여성들은 특별한 장소에서 특별한 순간을 함께했다는 걸 깨닫고 그들에게 따뜻한 축하를 보냈다. 새로운 발명의 순간을 목격하는 건 영광스러운 일이었고 발명가들로부터 함께 있어 달라는 요청을 받은 건 존중의 표시였다. '두 누산기 테스트'는 케이에게 일생의 추억으로 남았다.

하지만 지하에 있는 해석실로 돌아오면서 여성들의 마음은 조금 회의적으로 돌아섰다. "그렇게 큰 기계로 그토록 사소한 일만 한다니 믿기 어려웠어요."라고 케이는 기억했다.[19]

그 후 며칠 동안 케이는 직접 본 기계를 궁금해했다. 프로젝트 X가 완성되면 어떤 형태이고 누가 사용하게 될까? 사용자는 반드시 기술자여야 할까? 꼭 남성이어야 할까?

# 키스 다리

1944년 겨울 케이와 프랜을 비롯한 월넛가 3436번지의 모든 컴퓨터 팀은 주 6일 쉬지 않고 일하며 해석기를 통해 정확한 궤도를 생산하려 최선을 다하고 있었다. 에니악의 완성은 아직 멀었고 전쟁도 끝이 보이지 않았기에 허먼와 아델은 여성 수학 전공자를 꾸준히 모집했다. 이미 샅샅이 뒤진 필라델피아와 뉴욕을 벗어나 이제는 전국에서 여성 수학 전공자를 찾아야 할 시점이었다.

하지만 대학에서 수학을 공부한 여성이 얼마나 되는지 몰랐던 허먼과 아델은 이를 파악하기 위해 한 수학 협회에 모집 편지를 보냈다. 노스웨스트 미주리 주립 사범 대학교(현 노스웨스트 미주리 주립 대학교)의 루스 레인$^{Ruth Lane}$ 박사는 그 편지를 보자마자 졸업을 앞둔 한 학생을 떠올렸다.[1] 특별한 추진력과 야망이 있는 진 제닝스였다.

레인 박사는 1944년 12월에 조기 졸업하는 진이 기회와 도전이 있는 특별한 일자리를 찾고 있다는 걸 알았다. 레인 박사는 오하이오 남부에 있는 거대한 라이트 패터슨 공군 기지Wright-Patterson Air Force Base에 근무하다가 미주리로 왔기에 당시 여성들이 민간 기업에서는 기대할 수 없는 흥미로운 기회와 도전 과제를 군이 제공한다는 것도 잘 알고 있었다. 레인은 진에게 편지를 내밀며 지원할 생각이 있는지 물었다.[2]

진은 편지를 지도 교수이자 수학과 학과장인 조지프 헤이크Joseph Hake에게 보여줬다. 그러나 그는 "갈 수는 있겠지만 필라델피아 같은 큰물에서는 작은 물고기가 되어버리고 말 것"이라며 말렸다.[3] 그 대신 그녀의 기술을 지역 사회에 유용하게 쓸 수 있는 고향 인근에 머물라고 충고했다.

하지만 진은 가족 중 누구도 해본 적 없는 새로운 일을 시도해보고 싶었다. 큰 도시에서도 방황하지 않을 것이라 생각했고 모험을 떠날 준비가 되어 있었다. 그녀의 형제 한 명도 해군에 복무 중이었고 군에서 그녀를 컴퓨터로 고용해준다면 가족과 가족 농장이 있는 미주리를 떠나 자신이 알고 있던 세계에서 1,770킬로미터 떨어진 필라델피아로 갈 생각이었다.[4]

진은 편지에 적힌 주소로 지원서를 보냈고 교육 과정을 마치며 졸업 요건을 전부 갖춰놓았다. 그리고 가족 농장에 가서 군에서 오는 소식을 기다렸다. 답이 오기까지는 오랜 시간이 걸렸다.

✦

진은 미주리주 북서쪽에 위치한 앨런서스 그로브 가족 농장에서 자랐다. 건물 몇 채와 가족 농장들이 교차하는 지점이었다. 그녀는 교실이 하나뿐인 제닝스 교사 Jennings Schoolhouse*에 다녔고 학생 대부분은 근처 농장에서 온 그녀의 형제나 사촌이었다. 한 교사가 모든 학급을 가르쳤다. 진은 자기 공부를 끝내고 나면 다른 학급의 수업 소리를 들을 수 있는 환경이 항상 귀중하다고 느꼈다.[5]

칠 남매 중 여섯째였던 진은 항상 언니, 오빠를 따라잡아야 한다고 느꼈지만 언니, 오빠가 해본 적 없는 일을 하는 건 어려웠다. 진은 수학을 매우 잘했지만 가족 모두가 수학을 잘했기에 전혀 특별한 일이 아니었다.[6]

진은 다른 가족과 마찬가지로 농장의 자질구레한 일을 도왔고 학교에 다니기 전에 이미 젖소의 젖을 짤 줄 알았다. 두 언니가 어머

---

\* 작은 마을이나 지역 사회에서 여러 학년의 아이들을 한 교실에서 가르치는 형태의 학교다.

니의 요리와 설거지를 도왔기 때문에 진은 아버지와 오빠들과 함께 밖에서 일했다.[7] 봄에는 말들과 함께 밭을 갈았고 가을에는 농작물을 수확했다.

학교 공부와 집안일이 끝나면 길 아래 할아버지 댁에 있는 닭장에서 달걀을 모았다. 달걀을 다 모으면 할머니는 두툼하게 자른 갓 구운 파운드케이크를 주면서 단둘이 앉아 가족 이야기를 들려주었다.[8] 진은 미주리 젠트리 카운티에서 농부와 교사로 일했던 가족의 오랜 역사를 전해 들었다. 종조부와 삼촌들뿐 아니라 할머니와 고모도 주립 대학교에 다녔고 제닝스 가문의 교육은 남성과 여성 모두에게 평등했다. 진은 자신이 좋은 교육을 받을 자격이 있다는 데 의문을 품은 적이 없었다.

그녀와 오빠들이 아버지를 도와 농장 일을 끝내고 나면 프레드 삼촌이 운영하는 근처 할머니 농장에 가서 삼촌을 도왔다. 진은 오빠들만큼 옥수수를 수확할 수 있다는 걸 자랑스러워했지만 노동에 대한 보상을 오빠들의 절반밖에 받지 못해 마음이 불편했다. 남자아이에게는 하루 1달러를 주었지만, 여자아이에게는 하루 50센트를 주었다.[9] 이는 평생 기억에 남을 불공평한 처사였고 그녀는 그 이후로 더 공정한 보상을 받기 위해 싸우기로 결심했다.

진은 5학년을 건너뛰고 열두 살에 고등학교에 진학했는데 고등학교에 다니려면 미주리 스탠베리로 이사해야 했다. 모든 소규모 교육 시설에서 학생들을 보내는 지역 고등학교는 10킬로미터나 떨어진 앨런서스 그로브까지 버스를 운행하지 않았기 때문이었다.[10] 그리고 학년 후반이면 미주리에 폭설이 내려서 지방 도로 통행이 불가능해지므로 마을에 있는 게 더 나았다.

진은 언니 에르마의 집으로 가서 숙식을 제공 받는 대신 언니와 형부를 위해 집을 청소했다. 그녀는 주민이 200명 남짓인 앨런서스 그로브보다 10배 많은 2,000여 명의 주민이 있는 마을에 살게 된 것이 마음에 들었다. 처음으로 가족이 아닌 지역 주민과 함께 살게 된 것이었다.

그녀는 스탠베리 고등학교를 좋아했고 동아리와 수업에 깊이 빠졌다. 나중에는 학생회장도 도맡아 했고 마을 주간 신문인 『스탠베리 헤드라이트』의 고등학교 뉴스 섹션 편집자 일도 했다. 진은 대수학, 기하학, 삼각법, 물리학 등 들을 수 있는 수학 강의, 과학 강의를 전부 수강했다.[11]

진은 배구를 비롯해 여러 스포츠를 했지만, 마을에서는 소프트볼로 유명했다. 고등학교 여자 소프트볼 팀의 선발 투수였고 거의 모든 사람이 여학생 경기를 보러 나왔다. "관중이 너무 많아서 남학생 팀은 우리와 더블헤더 경기*하는 걸 좋아했어요. 우리를 보러 오는 관중이 많았거든요."[12]

---

* 한 구장에서 같은 상대 팀과 두 경기를 이어서 하는 것이다.

진은 뛰어난 운동 능력 덕분에 어머니가 당황할 정도로 지나친 유명세를 치렀다. 어느 날은 당구장 주인이 최근 경기에 대해 진과 이야기하고 싶어 그녀에게 말을 걸어오는 걸 보고 어머니는 대화를 막으셨다. 어머니는 술집이나 당구장을 그다지 좋아하지 않았고 그런 사람이 고등학생 딸에게 경기 얘기를 하러 온다는 게 부적절하다고 느꼈다. 하지만 진은 기뻤다.[13] 사람들은 진이 누군지 알았고 그녀의 팀을 지켜보았다. 그녀의 무안타 경기는 마을의 화제였다.

진은 1941년 6월 열여섯 살의 나이에 차석으로 졸업하고[14] 가족 삼대의 발자취를 따라 약 32킬로미터 떨어진 노스웨스트 미주리 주립 사범 대학교에 입학했다. 인근에 비포장도로가 많았고 통학하기에도 너무 멀었기에 진은 캠퍼스 근처로 이사해 대학 생활을 시작했다.

그녀는 캠퍼스 근처에서 여학생 열두 명에게 방을 빌려주고 학생들끼리 어울릴 수 있는 공용 공간과 주방을 제공하는 홀트 하우스로 이사했다. 1941년 12월 7일 공용 공간에서 진과 신입생 친구들이 모여 브리지 게임을 하고 있을 때 누군가 뛰어들어와 진주만이 일본에게 폭격당했다고 알렸다. "모두가 즉시 라디오 주변에 모여서 공포에 질린 채 하와이에서 전해지는 참혹한 소식에 귀를 기울였어요."[15]

다음 날 홀트 하우스에 있던 여학생들은 캠퍼스에 있는 모든 이를 비롯한 전 국민과 함께 루스벨트 대통령이 의회에 대일 선전 포고를 요청하는 뉴스를 들었다. 사흘 후인 1941년 12월 11일 일본의 동맹국인 독일과 이탈리아는 미국에 선전 포고를 했다. 진은 이렇게 회상했다. "우리는 우리 인생이 영원히 바뀌었다는 걸 깨달았어요."[16]

봄 학기가 시작된 캠퍼스는 분위기가 완전히 달랐다. 캠퍼스를 거닐던 사람들 절반가량이 사라졌다. 남학생뿐 아니라 남성 교수진도 군으로 입대했다. 남녀 공학이던 학교의 캠퍼스가 여자 대학교처럼 변해버린 상황에 진은 행복하지 않았다.

그녀는 해외에서 싸우고 있는 친구들과 친척들이 걱정됐다.[17] 그보다 걱정의 정도가 덜하긴 했지만 수학과 물리학을 포함해서 자신이 듣고 싶어 하는 강의 대부분이 남학생들이 선호하는 수업이어서 남학생들이 없으면 강의가 없어지진 않을지 걱정했다.

다행히 그다음 학기에 캠퍼스를 장교 훈련 프로그램에 이용하기로 한 해군이 캠퍼스로 해군 400명을 데려왔다. 진이 수강하는 해석 기하학, 삼각법, 물리학 강의 수강생이 해군들로 채워졌다. 유일한 여학생일 때가 많았지만 그녀는 개의치 않았다. 강의실이 꽉 차서 신이 났고 새로운 친구들을 만나서 행복했다. 물리학 실습에서 함께 할 짝을 고를 때가 되자 그녀에게 십여 명의 해군들이 짝을 하자고 요청했다.[18] 그녀는 그들과 대화하는 게 즐거웠고 친구도 많이 사귀었다.

축구, 농구 경기와 함께 무도회도 다시 열렸고 캠퍼스는 다시 음악, 춤, 환호로 가득 찼다.

진은 곧 조지프 아마드 Joseph Amad라는 해군과 데이트를 시작했다. 그는 검고 곱슬곱슬한 머리카락이 매력적이었고 엄청나게 섹시했다. 게다가 사려 깊고 현대적인 사고를 갖춘 사람이었다. 그 덕분에 전쟁 소식으로 힘들어하던 시기에 약간의 기쁨과 낭만을 경험할 수 있었다.[19]

캠퍼스 한쪽에 있는 작고 소박한 나무다리는 두 사람이 데이트하던 장소 중 하나였다. 모든 학생은 이 다리를 '키스 다리'라고 불렀고 진과 조(조지프)는 거기에서 함께 있는 걸 좋아했다.[20]

하지만 그들이 만난 지 일 년도 채 되지 않은 1943년 12월, 조는 진에게 1300킬로미터 정도 떨어진 뉴멕시코 앨버커키로 떠나야 한다고 알렸다. 그녀는 눈물이 났지만 조가 낙담할까 봐 혼자 있을 때까지 눈물을 꼭 참았다. 당시에는 군인들이 파병되기 전에 서둘러 결혼식을 올리는 일이 꽤 흔했지만 두 사람은 그렇게 하는 게 자신들에게는 맞지 않는다는 결론에 이르렀다.[21] 두 사람 모두 미래가 불투명했지만 서로 연락은 이어가기로 했다.

이들은 조가 떠나기 전에 키스 다리에서 둘만의 시간을 보내고 싶었지만 야외에서 오래 있기에 12월의 밤은 너무 추웠다. 그 대신 이들은 누가 뭐라고 하든 신경 쓰지 않고 기차역에서 열정적으로 작별 인사를 나눴다. 자정 무렵 조가 탄 기차가 출발하는 모습을 보는 진의 뺨에는 눈물이 흘렀고 조는 창밖으로 몸을 내밀고 그녀가 시야에서 사라질 때까지 손을 흔들었다. 진은 조를 다시 보지 못할 것만 같았고[22] 실제로도 한동안 편지로만 연락을 주고받았을 뿐 그를 다시는 만나지 못했다.

조가 사라진 후 진의 삶에는 커다란 구멍이 생겼다. 그녀는 공허한 마음을 여자 친구들, 농구, 교내 골프 팀, 미적분학, 천문학 수업으로 채웠다. 하지만 3학년 봄은 힘들고 외로웠다.

1944년 6월 좋은 소식이 들려왔다. 미국은 영국에서 노르망디 해변을 통해 유럽 탈환을 시작했다. 진은 다른 국민들과 마찬가지로 수 킬로미터의 노르망디 해변 전역에서 펼쳐진 놀라운 상륙 작전에 대한 기사를 읽었고 흥분한 기자들이 전하는 라디오 뉴스 보도를 들었다. 결국 미국, 영국, 캐나다의 약 300만 병사들은 해변에 도달해 상륙 거점을 확보한 후 프랑스를 가로질러 동쪽으로 진격하는 데 성공했다.

다만 이들의 상륙 작전이 성공하려면 해변부터 차지해야 했는데 독일의 대포와 기관총이 노르망디 연안을 견고하게 지키고 있었다. 하지만 상륙 예정지를 속인 패튼 장군의 기만 작전 덕분에 치명적이고 기동력 있는 독일 기갑 부대는 연합군 상륙 지점으로부터 멀리 떨어진 칼레에 집중되어 있었다.

파도가 험한 영국 해협을 건너 유럽 대륙에 가장 먼저 상륙하는 영광은 조국 해방을 위해 돌아온 프랑스군에게 돌아갔다. 그 뒤로 수백만 병사가 뒤따르며 해안과 절벽으로 진격하며 전투를 벌였다.

연합군 병사들은 정상에 있는 독일의 대포를 무력화하려 해변 구석 구석에서 절벽을 기어오르며 싸웠고, 절벽 요새에 진을 치고 있던 독일 포병은 이런 연합군 병사들을 향해 기관총과 포를 퍼부었다. 미군과 연합군이 프랑스를 가로질러 독일을 향해 동쪽으로 향한다는 소식에 온 나라와 온 학교가 기뻐하긴 했지만, 그와 동시에 생명의 위협이 뒤따르는 어려운 전투에 대한 걱정도 여전했다. 머지않아 노르망디 시민들은 자신들을 돕기 위해 고향에서 멀리 떨어진 곳까지 와준 젊은이들에 대한 존경과 감사의 뜻으로 대규모 공동묘지를 조성한다.

1944년 여름, 전쟁을 걱정하던 진에게 재정적인 걱정도 생겼다. 대학교 1, 2학년 학비는 오하이오에서 고등학교 교장으로 지내던 그레천 이모가 대출을 받아서 지원해줬다. 진이 가장 좋아하는 이모였다. 3학년 학비는 아버지가 도와줬다. 물론 진도 일을 했다. 하지만 1944년 여름이 시작될 무렵 아버지는 4학년 학비를 그녀 스스로 감당해야 할 거라고 말했다.

진은 그해 여름 캔자스 시티에 있는 프랫 & 휘트니* 공장에서 항공기 프로펠러 뒤에 장착되는 작은 기어를 은으로 도금하는 일을 했다. 험한 업무였다. 기어를 도금하려면 기름을 제거하는 거대한 구

---

* 항공기 엔진 제조 회사다.

덩이를 가로지르는 케이블에 기어를 매달고 이를 전달받아 철 수세미로 박박 닦아야 했다. 그녀와 동료들은 사이안화은 silver cyanide 도금 욕조 안에 기어를 매달았다. 구덩이에서 나는 연기 때문에 어지러운 데다가 손과 손톱은 철 수세미에 긁혀서 상처가 났고 사이안화은이 상처에 들어가면 피부 위에서 부글부글 끓어오르며 통증을 유발했다.[23] 그리고 오후 3시부터 밤 11시까지 주 7일을 근무했다.

끔찍한 근무 환경이었지만 진은 8월 말까지 버텼다. 진이 일을 그만둘 때 그녀와 그녀의 파트너는 '다른 누구보다 더 뛰어난 기어를 만들었다'는 평을 들었다. 칭찬은 좋았지만 작업의 괴로움이 사라지는 건 아니었다. 진은 기쁜 마음으로 일을 그만두고 캠퍼스로 돌아왔다.

캠퍼스에 돌아오니 더 많은 도전이 기다리고 있었다. 그해 여름 그녀가 번 돈은 한 학기 학비밖에 되지 않았는데 졸업하기까지 22학점이 더 필요했다. 학장은 한 학기에 학점을 모두 채우기에는 역부족이라고 했다. 게다가 졸업에 필요한 수학 강의 두 개는 해군이 떠나 학생이 부족하다는 이유로 개설조차 되지 않았다.

진은 수학과 학과장 사무실로 가서 울었다. 그녀는 그 뒤에 들은 말을 결코 잊지 못했다. "헤이크 교수님은 몸을 뒤로 기댄 채로 이렇게 말씀하셨어요. '내가 명색이 수학과 학과장인데 학위 취득에 필요한 강의조차 열지 못하면 학위를 줄 자격이 있겠나.'"[24]

그는 은퇴한 교수 두 명에게 강의를 진행하되 진의 일정에 맞춰

달라고 요청했다. 그녀는 가을 학기에 22학점을 전부 이수하면서 졸업에 필요한 요건을 모두 갖췄다.

진은 곧 구직에 나섰고 미적분학 강의를 담당했던 레인 교수가 애버딘 성능 시험장에서 여성 수학 전공자를 찾는다는 편지를 막 수학 학위를 취득한 그녀에게 보여준 것도 그 무렵이었다.

지역 학교 교사이자 농부였던 아버지는 초봄에 고향으로 돌아온 그녀에게 지역 고등학교에서 수학 교사와 다른 교사도 모집한다는 정보를 거의 매일 알려줬다. 마음이 불편했지만 진은 계속 거절했다. 그녀는 군에서 자신의 지원서에 답해주는 날이 올 거라고 믿었다. 언젠가는.

지원한 지 거의 삼 개월 후인 3월 말 군에서 진에게 전보가 왔다. 스탠베리의 웨스턴 유니온 전보 배달원은 농장에 있는 진에게 연락할 방법을 몰라서 이를 에르마에게 전달했고 에르마는 진에게 전화를 걸어 전보 내용을 읽어줬다.

좋은 소식이었다! 군은 그녀를 컴퓨터로 받아들였다.[25] 진은 전화기의 두껍고 검은 수화기를 껴안고 막 초록색으로 변하고 있는 가족 농장의 풍경과 집과 농장 동물들에게 물을 공급하던 풍차를 바라보다가 멈칫했다. "미주리에 들러야만 가족을 볼 수 있겠다는 생각에 잠시 쓸쓸한 감정에 휩싸였어요."[26]

하지만 진은 돌아보지 않았다. 그녀는 그 자리에 지원했고 군은 이를 수락했다. 전보는 그녀에게 필라델피아로 즉시 와달라고 부탁했고 진은 그 말을 문자 그대로 받아들였다.[27] 동쪽으로 향하는 다음 기차는 바로 다음 날 자정에 있었다. 짐을 싸기에는 충분했지만 따뜻한 대가족과 작별 인사를 나누기에는 턱없이 부족한 시간이었다.

그녀는 에르마가 빌려준 100달러로 기차표를 샀다.[28] 그날 밤 진의 아버지는 그녀를 기차역으로 데려다줬고 두 사람은 슬픈 작별 인사를 나눴다. 앨런서스 그로브에서 가까운 거리에 살길 바랐던 아버지의 자녀들이 하나둘 둥지를 떠나고 있었다.

아버지는 자신이 필라델피아로 그녀를 보러 갈 수는 없겠지만 '네가 원하면 언제든 집에 와도 되고 당신은 항상 거기에 있을 것'이라고 했다.[29]

진은 예정대로 자정에 워배시 익스프레스Wabash Express에 탑승했다.[30] 전국을 누비는 노선과 기타와 밴조 반주가 곁들여진 홍보 음악으로 유명한 위대한 증기 기관 열차였다. 전쟁을 겪고 있는 다른 많은 이들과 마찬가지로 진 또한 자신의 새로운 역할을 찾기 위해 완전히 낯선 지역으로 향했다.

# 전기가 무서운가요?

진은 필라델피아를 향해 동쪽으로 1,600킬로미터를 달리는 기차표를 35달러에 샀고 기차 안에서 밤을 새웠다. 다음 날 아침 세인트루이스에서 기차를 갈아타고 일리노이 남부, 인디애나, 오하이오, 길고 긴 펜실베이니아를 가로지르며 다음 날 낮과 밤이 지나도록 달렸다.[1] 진은 침대칸 표에 돈을 펑펑 쓰는 건 상상할 수도 없었기에 사람들이 가득 찬 일반 칸에서 머물렀다.[2] 기차를 타고 가는 내내 필라델피아에 대해, 그리고 일자리에 지원한 후 지난겨울 조사한 내용에 대해 생각했다.

그녀의 새로운 집은 벤저민 프랭클린의 도시이자, 위, 아래, 옆, 뒤를 막아서 열이 굴뚝으로 빠져나가지 못하게 지켜주는 프랭클린

스토브, 의용 소방대, 공공 도서관 등 그의 위대한 발명품이 탄생한 도시였다. 그리고 1776년 미국 독립 선언을 작성하고 채택한 대륙 회의가 열린 곳이자 미국 독립 선언 채택을 알린 자유의 종이 보관된 곳이기도 했다. 10년 후 여러 주를 이끄는 더 강력한 중앙 정부를 비밀리에 창설하기 위해 미국 헌법을 작성하고 미국이 탄생한 곳도 필라델피아였다. 진은 이토록 많은 일이 일어난 독립 기념관을 하루빨리 보고 싶었다.

필라델피아는 스텟슨Stetson 모자*와 워너메이커스Wanamaker's 백화점**의 고향이기도 했다. 제2차 세계 대전 무렵 필라델피아의 인구는 약 250만 명에 육박했는데 가히 압도적인 수준이었다. 진이 가본 도시 중 가장 큰 도시는 캔자스시티였고 진이 그곳에서 근무했을 당시 캔자스시티 인구는 40만 명에 불과했다. 필라델피아는 이와 전혀 다른 경험이었다.

진이 필라델피아에 도착한 건 1945년 3월 30일이었다. 노스 필라델피아역에 도착한 그녀는 필라델피아 시내로 가는 택시를 탔다. 크고 오래된 도시의 건물과 사람들을 둘러보며 '여기에는 우리 가족을 아는 사람이 한 명도 없겠구나'라고 생각했다.[3]

진은 시내에 있는 YWCA(기독교 여자 청년회)에 하루 2달러에

---

* 카우보이 모자로 불리는 형태의 모자를 제조한 것으로 유명한 모자 브랜드다.
** 미국 최초의 백화점이다.

방 하나를 빌리고 짐을 풀었다. 체육 시설도 이용할 수 있었다. 곧장 택시를 타고 전보에 근무지라고 적혀 있던 펜실베이니아 대학교로 갔다. "당연한 얘기지만 제가 그렇게 빨리 왔다는 사실에 놀란 눈치였어요."[4] 전보에 서둘러 와달라고 적혀 있긴 했지만 그래도 군에서는 그녀가 도착하기까지 1~2주는 걸릴 것으로 예상하고 있었다.

육군 참모는 진에게 1945년 3월 30일 자 '전쟁부 인사 조치 통지'라는 입대 서류를 건넸다. 이 서류에는 진의 법적 이름에 따라 '수신: 베티 J. 제닝스, 발신: 탄도 연구소 랜드리 중위'라고 적혀 있었다. 직책은 컴퓨터, 직위는 SP-6이었고 채용 기간은 '전쟁 복무 무기한 임명', 초봉은 연간 2,000달러로 1942년 입대한 케이와 프랜보다 약간 더 높았다.[5] 그리고 토요일 초과 근무 수당으로 일 년에 400달러를 더 받았다.[6] 그녀는 이 문서를 소중히 간직했다.

하지만 우선 신체검사를 받아야 했고 마침 육군 참모가 추천한 의사가 펜실베이니아 대학교 근처에 있어서 진은 바로 그쪽으로 향했다. 진찰을 시작한 의사는 신체적으로 과하게 친절했다.[7] 진은 신체검사를 주말 내로 마쳐야 하니 집으로 오라는 그의 초대도 거절했다. "옛날 농장 남자아이들이 남자를 따라서 건초 보관소 같은 외딴 장소에 가면 안 된다고 잘 알려주었거든요." 그녀는 후속 진료를 위해 월요일에 그의 진료실을 다시 찾았고 그 의사는 또다시 부적절하게 행동했다. 진은 즉시 그를 신고했다. "프로젝트 관리자에게 의사의 태도가 문란했다는 걸 알리자 더 이상 그 의사를 추천하지 않았어요."[8]

진은 아델의 고급 컴퓨터 강의에 배정되었고 거기에서 허먼과 아델이 인력 모집을 위해 얼마나 노력했는지 알 수 있었다. 거기에는 캔자스에서 온 여성 두 명, 오하이오에서 온 한 명, 위스콘신에서 온 한 명, 그리고 미주리에서 온 진이 있었다.[9] 고향에서 아주 먼 필라델피아까지 온 이 다섯 여성은 친구가 되었다.

진은 강의실에 들어가자마자 아델에게 깊은 인상을 받았다. 세련된 옷차림을 하고 강한 브루클린 억양으로 수치 해석과 역보간을 수월하게 가르치는 아델은 '절대적으로 진짜 좋은 선생님'이었다.[10] 대담한 성격의 진은 강의에 적극적으로 참여하며 많은 질문을 던졌는데 아델은 그런 행동을 마음에 들어 하는 것 같았다. 아델은 진의 새로운 롤모델이었다.

진은 남학생 클럽 하우스에서 궤도를 계산하던 라일라 토드 그룹에 합류해 먼로 계산기를 배정받아 풀타임으로 일했다. 전쟁 중에는 라일라 토드를 비롯한 많은 이들이 상주하고 있었기에 궁금한 게 생길 때마다 질문할 수 있는 사람이 많았다.

가장 즐거운 건 일요일이었다. 새로 사귄 중서부 지방에서 온 친구들과 필라델피아의 명소를 돌아다니는 날이었기 때문이다.[11] 이들은 50년 된 놀이공원인 윌로 그로브 파크, 필라델피아 동물원, 필라델피아 미술관에 갔다.

YWCA의 단기 숙박 시설을 떠나 새로운 집을 구해야 했을 때 진은 난관에 봉착했다. 필라델피아에서는 전쟁으로 인한 부동산 시장 호황으로 주택 공급 부족이 심각했고 하숙집은 대부분 너무 작은 공간을 제공하거나 사생활이 잘 보장되지 않았다. 주간 근무를 나가는 사람이 야간 근무에서 돌아오는 사람에게 자리를 양보하는 방식으로 침대를 공유하는 사람들도 있었지만 진은 그런 방식을 원하지 않았다.

다행히 펜실베이니아 대학교에는 주거 문제를 도와주는 부서가 있었고 해당 부서의 직원은 진에게 아름다운 동네에 있는 3층 건물을 소개했다. 이 집을 소유한 여성은 주로 커티스 음악원 학생들에게 방을 빌려주었다.[12] 아직 스무 살밖에 되지 않은 진은 거기에 있는 학생들과 잘 어울렸고 그들은 그녀에게 아주 새로운 음악의 세계를 보여주었다. 진은 근처에서 열리는 이들의 지역 음악회와 시내에서 열리는 필라델피아 오케스트라 공연을 관람했다. 시내 공연장에서는 집주인의 사위가 호른 수석 연주자로 있는 세계적인 오케스트라의 공연도 볼 수 있었다. 진은 크게 감동했다.

진이 온 지 불과 몇 주 지나지 않은 1945년 4월 12일, 미국의 모든 국민들은 루스벨트 대통령의 사망 소식을 들었다. 다음 날『필라델피아 인콰이어러』는 '루스벨트 사망: 63세에 뇌졸중에 굴복하다'라고 보도했다.[13] 부통령 해리 S. 트루먼은 대법원장에 의해 이미 대통령으로 취임한 상태였다.

4월 13일은 금요일이었다. 모두가 일하러 갔지만 일하는 모습은 전부 슬로 모션이었다. 사람들이 길에서 공공연히 울었다. 진이 근처 식당 카운터 자리에서 점심을 먹는 사이 테이블에 앉아 있던 많은 사람이 눈물을 흘리며 테두리가 검게 둘린 신문을 읽었다.[14]

진을 비롯한 컴퓨터 대부분은 다른 대통령을 거의 기억하지 못했다. 루스벨트 대통령은 1933년 3월 4일에 취임 선서를 했고 그로부터 4선 연임했다. 루스벨트의 취임 당시 진은 겨우 아홉 살이었다.

대공황 시기에 나라가 다시 일어서도록 돕고, 전쟁 동안 믿고 따른 지도자를 잃은 까닭에 국민들은 헤어나기 어려운 상실감을 경험했다. 루스벨트 대통령이 1933년부터 1944년까지 저녁 시간에 미국 국민들과 함께 나눈 서른세 번의 노변담화 fireside chat 는 라디오 기술 사용에 혁명을 일으키고 국민들의 불안을 잠재웠다.[15]

대통령이 정기적으로 라디오를 이용해 전국의 각 가정으로 자신의 메시지를 직접 전한 건 루스벨트 대통령이 처음이었다. 벽난로 옆에 앉은 루스벨트 대통령은 각자 자기 집 거실의 벽난로 옆에서 라디오를 듣고 있는 미국 국민들에게 이야기를 들려주었다. 그는 일자리, 은행, 경제 위기부터 후일 미국이 참전하게 된 끔찍한 전쟁에 이르기까지 그날그날 당면한 어려운 문제를 차분하고 편안한 어조로 설명했다. 6,000만 명 이상의 미국인들이 루스벨트 대통령의 설명을 들었고 그토록 그들의 삶에 친밀한 유대감을 형성한 대통령은 없었다.[16]

그 후 상황은 빠르게 진행되었고 1945년 5월 7일 독일은 항복했다.

5월 8일 필라델피아를 비롯한 전국의 도시와 마을은 종전을 기념했다. 5월 9일 진과 그녀의 팀을 비롯한 모든 국민들은 자신의 일터로 돌아갔다. 하지만 다른 쪽 전선, 즉 일본과 태평양에서 벌이는 전쟁은 아직 끝난 게 아니었다.

이제 미국 병사들은 여러 섬을 오가며 일본과 어려운 전투를 치르고 있었기에 진은 날마다 태평양 섬으로 보내는 포의 궤도를 계산했다. 군이 그녀를 필요로 한다면 계속해서 군을 도울 생각이었다. 하지만 먼로 계산기로 하는 일상적인 업무가 고되다는 생각에 몇 년째 거기서 일해온 다른 여성들을 안타깝게 여겼다.

6월, 모든 것을 바꿀 메모가 컴퓨터들에게 도착했다. 애버딘 성능 시험장 측이 무어 스쿨에서 제작 중인 새로운 기계 업무를 맡을 수학 전공자들을 찾고 있었고 컴퓨터들을 면접에 초대한다는 소식이었다.[17] 진도 회의에 초대받았지만 자신보다 경력이 더 많은 컴퓨터 열두 명이 회의실에 있는 걸 보고 약간 낙담했다. 하지만 그녀는 포기하지 않았고 개별 면접 방으로 한 명씩 불려 가는 모습을 지켜봤다.

자기 차례가 되어 면접실에 들어간 그녀는 테이블에 앉아 있는 허먼 골드스틴 중위와 천문학자이자 탄도 연구소 과학 자문 위원회 위원인 릴런드 커닝햄 박사를 만났다. 허먼은 질문을 주도하며 약간의 대화를 나눈 후 이런 질문을 던졌다.

"전기에 대해 얼마나 알고 있습니까?"

"물리학 강의를 들었습니다. E=IR* 이라는 걸 압니다." 진이 대답했다.

허먼은 단호하게 대답했다. "음, 그런 뜻으로 한 질문이 아닙니다. 제가 묻고 싶은 건, 전기가 무서운가요?"

진은 웃으며 아니라고 답했다. 그녀는 전기가 무섭지 않았다.[18]

면접을 마무리할 무렵 아델이 들어와서 진을 보더니 나가기 전에 허먼을 향해 고개를 끄덕였다. 진은 그게 많은 질문을 했던 이 여학생이라면 새로운 업무를 감당할 수 있을 거라고 허먼에게 보내는 '일종의 신호' 같다고 느꼈다.

며칠 후 진은 선발된 인원이 컴퓨터 다섯 명과 예비 인력 두 명이라는 소식을 들었고 자신이 두 번째 예비 인력이라는 걸 알게 됐다. '뭐, 안 되겠네.'라고 생각했다. 하지만 애버딘 성능 시험장에서 근무하려면 여름 동안 반드시 집을 포기해야 했는데, 그걸 원치 않는다는 컴퓨터가 한 명 나타났다. 그리고 또 한 명의 컴퓨터는 이미 휴가 계획이 있다고 했다.[19]

"금요일 오후 저는 레너드 톤하임Leonard Tornheim 중위 사무실로

---

\* 옴의 법칙이다.

불려 갔어요. 남학생 클럽 하우스 컴퓨팅 부서 총괄 관리자였던 그분이 월요일에 애버딘에 갈 준비가 되었냐고 물었죠."[20]

대답은 하나뿐이었다. 진은 기쁜 마음에 거의 소리치듯 "네!"라고 대답했고 그 자리는 그녀 차지가 되었다.[21] 진은 집으로 돌아와 짐을 꾸렸다. 이번에도 예측 불허의 상황에서 기차를 타고 한 번도 가본 적 없는 곳으로 새로운 모험을 떠날 예정이었다.

# 자기만의 방식으로 배우기

유럽의 종전은 모든 미국인에게 광범위한 영향을 끼쳤다. 무어 스쿨에 있는 컴퓨터를 비롯한 많은 이들에게 1945년 봄은 기쁘고 감동적인 시기였다. 해석기를 가지고 장시간 교대 근무를 이끌어 온 케이에게 1945년 5월 7일 독일의 무조건 항복은 기념할 만한 일이었다.

"우리는 모두 환호했어요... 실제로 하루 휴가도 받았죠."[1] 다음 날 아침 5월 8일은 공식적인 유럽 전승 기념일이었고 케이, 프랜, 앨리스, 베티, 조를 비롯한 무어 스쿨의 여러 사람이 시청 근처에서 만나기로 했다. 만날 장소를 미리 정해두길 다행이었다. 수십만 명의 필라델피아 시민들이 시내로 쏟아져나와 환호하고 웃고 춤을 추었기 때문이다.

사람들이 자유롭게 다른 사람과 대화를 나누고 껴안고 소리를 지르던 장면은 케이에게 정말 재미있었던 기억으로 남았다.[2]

하지만 다음 날 케이, 프랜, 앨리스, 베티, 조를 비롯해 모두가 다시 일터로 돌아갔다. 케이의 오빠 패트릭은 여전히 미 해군 제3함대 사령관인 윌리엄 홀시 제독 함선에서 수십만 해군 병사들과 함께 싸우고 있었다.[3] 그해 2월과 3월 일본의 이오섬에서 일본군과 싸우던 병사 약 7,000명이 전사하고 20,000명이 부상을 당했다. 케이와 다른 컴퓨터들이 유럽 전승 기념일을 기념할 때조차 미국 병력은 오키나와섬에서 더욱 피비린내 나는 전투를 벌이고 있었고, 이 전투는 1945년 6월 중순이 되어서야 끝났다. 미군은 꾸준히 일본에 가까워지고 있었고 태평양에서 벌어진 전쟁은 끝날 기미가 보이지 않았으며 트루먼 대통령을 비롯한 정부 관리들은 전쟁이 수년간 이어질 수 있다고 경고했다.

비슷한 시기에 에니악은 완성을 목전에 두고 있었다. 허먼의 예측보다 약 일 년 정도 더 걸렸기에 탄도 연구소가 그리 좋아하지는 않았지만 그래도 이해할 수 있는 수준의 지연이었다. 부품은 구하기 어려웠고 기껏 받은 부품에 문제가 있어서 재주문하기도 했다. 숙련된 직원을 구하기 어려워서 존과 프레스의 팀은 몇 년처럼 느껴지는 기간 동안 종종 주 7일 근무를 불사하며 밤낮없이 일했다. 탄도 연구소는 대체로 지연을 이해하는 편이었지만 새로운 컴퓨터는 꼭 필요하다고 느꼈고 태평양으로 보낼 신형 대포의 궤도 계산 속도를 높이길 간절히 바랐다.

에니악이 거의 완성되어 애버딘 성능 시험장으로 이전할 때가 가까워지자 허먼은 에니악을 탄도 연구소로 옮긴 후에 운용하고 유지 보수할 직원을 정해야겠다고 생각했다. 그는 톤하임 중위에게 라일라 토드를 포함한 컴퓨팅 관리자 여덟 명이 참석하는 회의를 열어달라고 요청했고 이들은 함께 모여 머리를 쥐어짰다.[4]

군은 그해 여름 애버딘에서 6주 정도 머물며 에니악 고유의 부속이 아닌 IBM 카드 판독기, 카드 천공기, 도표 작성기(도표를 작성하는 사람들은 전체 크기의 백지에 카드를 인쇄하고 아코디언처럼 연결했다) 등의 작동법을 익힐 다섯 여성이 필요했다. 시간 관계상 존과 프레스는 데이터를 '입력'하고 '출력'하는 이 장비를 다시 만들 필요가 없다는 데 동의했다. 대신 에니악의 중앙 처리 장치와 프로그래밍 유닛에 집중했다. 유닛은 총 사십 개였고 각 유닛은 높이 2.4미터, 너비 60센티미터였다.

멋진 임무였다. 선택된 여성은 1945년 여름 대부분을 애버딘 성능 시험장에서 보내고 에니악이 이전된 후에는 기지로 함께 가서 기계 작동을 이어서 담당하고 다른 사람도 가르쳐야 했다. 허먼은 이 임무에 최고의 컴퓨터 여섯 명을 배치해 에니악 프로그래밍 방법을 가르치고 싶었다.[5] 어떻게든 그런 사람을 찾아야 했다.

일부 선임 관리자가 자원하려고 했지만 허먼은 이들을 말렸다. 허먼은 그들이 원활히 진행하고 있는 현재 업무를 계속하기를 원했다. 탄도 연구소는 에니악이 궤도 계산을 해주길 바랐지만, 에니악이 완성되지 않은 상황에서 기존 여성 컴퓨팅 팀은 선택의 여지없이 계산 작업을 이어가야 했다.

허먼은 각 팀 관리자에게 새 프로젝트를 위해 컴퓨터 한 명을 선발해달라고 요청했고 관리자들은 답을 해주기로 했다. 허먼과 존 홀버턴은 곧 후보자들을 만날 수 있었다.

존 홀버턴은 말린에게 관심 있는지 물었다. "존은 특별 프로젝트에 참여할 여섯 사람을 선발하는 중인데 거기 참여할 생각이 있느냐고 물었어요." 존은 그녀가 그 일을 하게 되면 3층 컴퓨팅 팀과 더 이상 일하지는 않지만 그래도 멀리 떨어지지는 않을 거라고 했다.[6]

말린은 존 모클리가 이 프로젝트에 참여한다는 걸 알고 금상첨화라고 생각했다. 말린은 전에 그와 일해본 적 있었고 그 경험이 즐거웠기 때문에 괜찮은 일이라고 생각했다.[7] 말린은 좋다고 말했다.

허먼은 자신의 규칙을 어기면서까지 몇 명의 관리자에게 접촉하기 시작했다. 어느 날에는 월넛가 3436번지에서 근무 중이던 베티를 만났다.

*어쩌다 보니 책상에 앉아 궤도를 계산하는 여성들의 관리자 자리
까지 올라갔는데 사실 그 일에 너무 지쳐가고 있었어요. 그러던
어느 날 허먼 골드스틴 중위가 와서 저희에게 이런 말을 하는 거
예요. 기밀 프로젝트여서 자세한 이야기는 해줄 수는 없지만 새
로운 기계 프로젝트에 참여할 생각이 있느냐고요. 저는 무슨 일
이든 지금 하는 일보다는 나을 것 같다고 말했죠. 제가 말한 건
그뿐이에요. 면접을 보거나 한 것도 아니었고요.* [8]

그리고 베티는 프로그래머가 되었다.

허먼은 해석실에서 교대 근무 중인 케이에게도 찾아왔다. 그해
여름 성능 시험장에서 6주 동안 지내며 IBM 카드 판독기와 카드
천공기에 대해 배울 생각이 있는지 물었다. "제가 IBM 장비에 대해
아는 건 에니악을 아는 수준과 비슷했어요. 둘 다 아는 게 없었다는
뜻이죠. 하지만 그래도 해보고 싶었어요." 케이는 후일 웃으며 말
했다. 그리고 허먼은 그녀에게 새 기계를 나중에 성능 시험장으로
옮겨올 수 있겠냐고도 물었고 케이는 동의했다. "지금 당장 달리 할
일이 있는 것도 아니니까요." 그녀의 답은 약간 모호했지만[9] 허먼
에게는 충분한 답변이었다. 그렇게 허먼이 또 한 명의 프로그래머
를 확보했다.

루스도 진처럼 컴퓨팅 팀에 공고가 돌고 있다는 걸 알았다. "전체
탄도 연구소를 대상으로 요청이 와서 기밀인 특수 기계 작동 방법을
배우는 데 관심이 있는지 질문을 받았고 선택되기 전까지는 아무에

게도 말할 수 없었어요... 호기심에 우리 중 60명 정도가 지원했고 저는 운 좋게 선발된 6명 중 한 명이었어요."[10]

루스도 프로그래머가 되었다.

진이 두 번째 대체 인력에서 다섯 번째 자리로 올라가면서 허먼의 애버딘 성능 시험장 팀이 완성됐다.

허먼은 이 팀의 여섯 번째 여성으로 염두에 둔 사람이 프랜이라는 건 밝히지 않았다. 그녀는 수학적으로나 기술적으로나 뛰어난 인재였지만, 오래 일해 온 해석실 관리자 두 명을 동시에 잃을 수는 없었다. 그래서 그는 후일 프랜을 팀에 배정하기로 했다는 사실을 나머지 다섯 여성에게 함구했다.

1945년 6월 중순 어느 월요일 아침, 다섯 여성은 24번가와 체스트넛 스트리트 브리지에 위치한 볼티모어 & 오하이오 기차역 플랫폼에서 만났다. 기차선로는 필라델피아의 스쿨킬강을 따라 윌밍턴, 델라웨어를 지나 체서피크만 입구를 끼고 이들이 내릴 메릴랜드 애버딘 남쪽까지 이어졌다.

서로 알고 있는 사이가 많았다. 말린과 루스는 물론이고 케이와 베티도 친분이 있었다. 진은 모두 처음 봤지만 모두가 그녀를 따뜻하게 환영했다. 그런데 아무리 서로의 노트를 비교해 봐도 성능 시험장에서 무슨 일을 할지 더 많이 아는 사람은 없었다. 어쨌든 이들은 그 일을 함께할 것이고 한 그룹을 이루게 되어서 기뻤다.

볼티모어 & 오하이오 기차가 도착했고 약 한 시간 삼십 분 후 성능 시험장에 내린 이들은 거대한 기지를 돌아다니는 소형 기차 셔틀로 갈아탔다. 그리고 사령부 건물이 있는 플랫폼에 내려서 사령부를 통과한 후 약 90미터 정도 걸어서 탄도 연구소 입구로 가라는 지시를 따랐다.

이들은 서류를 보여주고 기지 진입 허가를 받은 뒤 탄도 연구소로 걸어갔고 기지 내부에 있는 작은 기지를 찾았다. 이 작은 기지에는 별도의 보안 검문소가 있었다. 허먼은 이들에게 보안 승인 서류를 주었고 이들은 탄도 연구소로 진입했다. 행정 사무관들은 이들에게 새로 지은 삼층짜리 밝은 빨간 벽돌 건물에 위치한 이들의 강의실을 보여줬다. 그리고 여성들은 기지 중심부에 있는 기숙사를 찾으러 떠났다.

기숙사로 가는 도중에 거대한 녹지에서 신병 수천 명이 전투 훈련 중인 광경을 봤다. 전쟁이 진행되는 동안 기지의 인구는 병사와 군무원을 포함해 32,000명 이상으로 급증했다.[11] 이들이 도착하기 전에 두 번째 병원 막사, 네 개의 목조 예배당 등 여러 건물을 포함한 대규모 공사가 진행되었다.

다섯 명은 그들의 생활 공간이 될 일 층짜리 여성용 기숙사에 도착했다. 호텔이라기보다 막사에 가까웠고 기지 맨 끝에 있었다. 기지에서 생활하는 여성이 얼마 되지 않았기 때문에 규모가 작았다. 여기 있는 여성들은 공장에서 군수품을 제조하거나 시험장에서 중장거리포를 테스트했다.

2인 1실로 지내야 했기에 말린과 루스는 함께 방을 쓰겠다고 자원했다. 베티와 진은 함께 방을 쓰기로 했고 케이에게는 기지 다른 구역에서 일하는 완전히 낯선 사람이 배정됐다.[12]

건물에는 서른 개의 방과 손님을 맞이할 수 있는 커다란 응접실이 있었다. 세면대 8개, 샤워 시설 4개, 화장실 여러 개가 있는 거주자용 욕실이 있었다. 주방이 없어서 다른 병사들과 함께 식사를 하거나 기지 밖으로 나가서 식사해야 했다.

다섯 여성은 어떤 강의를 듣게 될지 궁금해하며 짐을 풀었다. 다음 날 아침 일어나서 씻고 옷을 입고 아침을 먹으러 성능 시험장 내 구내식당 중 하나인 매점을 찾아갔다. 식당에 들어가자마자 여성이 거의 없다는 걸 쉽게 알 수 있었다. 거의 천 명에 한 명 정도가 여성인 듯했다(실제로는 6,000:1의 비율이었다). 조금 부담스러운 느낌에 얼른 셔틀을 타고 성능 시험장을 가로질러 탄도 연구소로 돌아가서 강의실로 사라지고 싶었다.

이들은 강의실에서 존슨 병장이라는 크고 마른 강사와 '스미티'라고 부르는 키가 작은 IBM 유지 보수 기술자를 만났다.[13] 이 두 사람은 그해 여름을 이들과 함께 보내며 IBM 카드 판독기, 카드 천공기, 도표 작성기 사용법을 가르치는 데 핵심적인 역할을 했다.

베티는 이미 IBM 카드 천공기에 대해 잘 알고 있었지만 나머지 여성들은 그렇지 않았다. 베티는 『팜 저널』에서 일하던 시절, 설문 조사 결과를 확인할 때 사용했던 너비 약 18.7센티미터, 길이 약 8.3센티미터의 판지로 만든 카드의 촉감을 기억했다. 그리고 카드에 숫자를 잘못 입력해서 결과가 왜곡되기 얼마나 쉬운지도 기억하고 있었다. 이번에는 그녀가 직접 카드 사용법을 배울 기회였다.

두 남성이 다섯 여성에게 처음으로 보여준 주요 구성 요소는 IBM 카드 판독기와 카드 천공기를 제어하는 데 사용되는 12 × 18인치 패널인 배선반이었다. 배선반에는 커넥터라고 하는 구멍이 약 500개 있었고, 특정 순서로 연결되도록 배선되어 있었다. 배선된 배선반은 IBM 카드 판독기에 삽입되면 천공 카드에 입력된 데이터 포맷을 IBM 카드 판독기에 전달할 수 있도록 신호를 전달했다.[14] 예컨대 숫자의 길이가 얼마인지, 시작된 열은 어디인지 등의 정보를 전달했다. IBM 카드 천공기의 경우 배선반이 반대의 역할을 수행해 출력할 데이터를 어떤 행과 열에 인쇄할지 신호를 보냈다.

존슨 병장과 스미티는 좋은 선생님이었다. 여성들은 대개 루스와 말린, 그리고 베티, 진, 케이, 이렇게 두 팀으로 나뉘어서 배선반 연습을 했다. 후일 케이는 이렇게 회상했다. "우리는 IBM 장비에 대한 모든 것을 배웠어요... 그러는 동안 정말 즐겁기도 했어요."[15]

모든 내용이 흥미로웠다. 하지만 어느 날은 베티가 강의를 듣고 속상해했다. 가끔 세 번째 강사로 왔던 머신컵 양의 설명을 이해할 수 없어서였다. "결국 그녀가 하는 말을 하나도 이해하지 못하는 지경에 이르렀어요."[16] 기술적 세부 사항을 온전히 이해해야 만족하는 베티로서는 그런 상황이 매우 답답했다.

베티는 더 이상 견디기 힘들다는 생각에 스미티에게 도움을 청했다. 그녀는 IBM 유지 보수 설명서를 빌려달라고 했지만 스미티로서는 기지에 하나뿐인 사본을 가져가라고 허락할 수가 없었다. 그렇게 중요한 물건을 잃어버렸다가는 그가 해고될 수도 있었다. 베티 입장에서는 실망스러웠다. 그러던 어느 금요일 밤 스미티가 베티에게 와서 "저는 이번 주말에 외출해요."라며 책상 위에 기술 설명서를 두고 갈 거라고 했다.[17] 그는 월요일 아침에 그 설명서가 같은 자리에 놓여 있길 바랐다.[18]

베티는 그의 말을 소중한 설명서를 빌려준다는 암묵적인 허락으로 받아들였다. 그녀는 카드 판독기와 카드 천공기를 사용해야 하는 작업을 위해 배선반 사용법과 회로 배선 방법에 대한 궁금증이 풀릴 때까지 주말 내내 설명서를 꼼꼼히 살펴보며 설명과 도표를 공부했다. 고개 한 번 제대로 들지 않았을 정도였다.

월요일 아침 강의실에 도착한 스미티는 자기가 두고 간 자리에 그대로 설명서가 있는 걸 발견했다. 그의 얼굴에 미소가 떠올랐고 베티도 미소를 지었다. 이제 그녀는 자기 업무에 훨씬 더 자신감을 갖고 임할 수 있었다. 베티는 기술을 배우는 그녀만의 방식이 있었고 다른 사람이 가르치는 방식을 이해하지 못해서 독학하는 일은 그 이후에도 종종 있었다.

베티는 무엇이든 잘 배웠다. 루스는 후일 이렇게 말했다. "배선반 고급 기능 작동 방법을 알아낸 유일한 사람이 베티 스나이더였고 그

외에 누구도 그 방법을 알아내지 못했어요."[19]

그래도 배선반을 사용해 카드 판독기와 카드 천공기를 설정하는 방법, 카드 천공기에서 카드를 옮기고 도표 작성기를 설정해 카드를 인쇄하는 방법 같은 기본적인 작업은 모두가 익혔다. 이들은 필라델피아를 떠났을 때에 비해 많은 것을 배운 후 필라델피아로 돌아왔다.

탄도 연구소의 어떤 이들은 여성들을 여러 장소로 안내해 포를 시험하는 방법을 보여줬다. 무어 스쿨에서 궤도를 계산할 때 사용할 입력값을 제공하기 위해서였다. 이들은 소형 총기를 시험 발사하는 지하에 위치한 소규모 사격 훈련장을 보여주며 강의실에서 사이렌 소리나 크게 쾅 울리는 소리를 듣더라도 지하에서 이루어지는 시험일 뿐이니 놀라지 않아도 된다는 것도 알려줬다.

다섯 여성을 성능 시험장의 외부 사격 훈련장으로 데려가서 대형 곡사포를 비롯해 포를 시험하는 방법과 궤도 계산에 입력할 정보를 측정하는 방법을 보여준 이들도 있었다. "궤도 경로를 따라 다양한 높이와 거리에 센서가 설치되어 있었어요. 센서는 포탄이 지나가는 동안 작동하며 정확한 높이, 거리, 발사 후 경과 시간을 기록했어요."라고 진은 설명했다.[20]

어느 날 베티와 진은 배선반 작업을 연습하러 밖에 나가서 근처

들판을 거닐고 있었다. 아름다운 여름날이었고 햇빛을 맞으며 일하는 게 좋았다. "전선을 따라가고 있었던 걸로 기억해요." 베티는 작업에 너무 몰두한 나머지 성능 시험이 곧 시작된다는 호루라기 소리를 듣지 못했다고 회상했다. "갑자기 머리 바로 위를 쏘는 것처럼 발사가 시작되었고... 사방이 무너져 내리는 줄 알았어요."[21]

베티가 경기를 일으켰고 진은 빠르게 베티를 데리고 들판 밖으로 빠져나왔다. 그제야 두 사람은 성능 시험장이 진짜 어떤 곳인지 알게 되었다.

# 독수리에 둘러싸여

이들이 성능 시험장에서 일만 한 건 아니었다. 특히 진과 루스는 약간의 즐거움도 느껴보기로 했다. 진은 이렇게 기억했다. "배선반 배선 작업을 하고 있던 어느 날 두 명의 해군 병장과 한 육군 병장이 저희가 있는 방으로 와서 말을 걸었어요... 두 번째 해군 병장이 루스를 밖으로 초대했고 육군 병장은 저에게 데이트를 신청했죠."[1]

그리하여 이들은 앉아서 음식과 음료를 주문할 수 있는 부스와 「A String of Pearls(진주 목걸이)」, 「Don't Sit Under the Apple Tree(사과나무 아래 앉지 마세요)」 같은 글렌 밀러의 음악에 맞춰 춤을 출 수 있는 주크박스가 있는 부사관 회관에서 즐거운 데이트를 이어갔다.

다른 운동과 달리 춤 추는 건 그리 좋아한 적 없었던 진도 한동안은 몇 시간 정도 춤을 조금 추면서 편하게 이야기하는 걸 즐겼다.

하지만 이 둘은 곧 데이트가 어렵다는 걸 깨달았다. 군인의 규모가 위협적이었기 때문이었다.[2] 시험장에 있는 27,000명의 군인 대부분은 징집된 젊은 남성이었는데 다섯 여성이 가는 거의 모든 곳에 그들이 있었다. 탄도 연구소와 기숙사만 예외였다. 이들은 시선을 받는 대상이었고 때로 추파의 대상이 되기도 했다. 젊은 남성들과 함께한다는 즐거움은 점점 사라졌다. 이들이 그 당시 느낀 감정을 진은 이렇게 회고했다. "어느 곳을 가든 마치 독수리에게 둘러싸인 고깃덩이가 된 느낌이었어요."[3]

대신 이들은 서로를 의지하며 동료애와 우정을 쌓았다. 기숙사에는 취사 시설이 없었기에 기지 바깥에서 저녁을 먹을 조용한 곳을 선택했다. 이들은 노트를 방에 갖다 놓고 셔틀을 타고 정문 근처로 갔다. 좋아하는 식당을 발견했고 자그마한 기차에 몸을 싣고 기지에서 애버딘 시내로 나와 오로지 다섯 명이서 오랜 시간 조용히 대화를 나누며 저녁을 보냈다.[4] 길고 여유로운 식사 시간을 보내고 기숙사로 돌아온 후에도 이들은 옳고 그름에 대한 아이디어와 의견, 전쟁 중 국가가 취한 조치, 각자 가정 환경, 필라델피아로 돌아갔을 때 프로젝트 X에서 어떤 일을 할지 등 온갖 이야기를 나눴다.

한방씩 돌아가며 함께 모여 대화를 나눌 때면 베티가 집에서 가져온 블렌더로 만든 프로즌 다이키리 칵테일을 나눠 마셨다.

"우리는 서로에게 완전히 매료되었어요." 진은 말했다.[5] 이들은 밤늦게까지 길고 긴 대화를 나눴고, 베티는 이를 '자유 토론'이라고 불렀다.[6] 다섯 명은 가정 환경이나 종교 면에서 꽤 다양한 배경을 가진 편이었다. 케이, 말린, 루스는 이민자 가정 출신이었고, 베티와 진의 가족은 미국에 정착한 지 한 세기가 넘었다. 종교 또한 다양해서 케이의 종교는 가톨릭교, 말린과 루스는 유대교, 베티는 퀘이커교, 진은 장로교였다. 케이는 이 모든 상황이 마음에 들었다. "우리는 모든 걸 토론했어요. 우리는 그 자체로 매우 완벽한 팀이었죠."라고 회고했다.[7]

전시 산업에 풀타임으로 종사하는 많은 여성을 위해 볼티모어의 백화점이 늦게까지 문을 여는 목요일 밤이면 가끔 이들은 기차를 타고 남쪽으로 48킬로미터를 가서 저녁을 먹고 쇼핑했다. 진은 볼티모어에 가보기 전까지는 바닷가재를 본 적도 먹은 적도 없었다. 그녀는 턱받이를 착용하고 호두까기와 작은 포크를 사용해 발라낸 바닷가재 살을 버터에 찍어 먹는 걸 대단히 좋아했다. 진은 이렇게 말했다. "그 작고 이국적인 다리를 야금야금 뜯어 먹다가 그 맛에 아주 푹 빠졌죠."[8] 물론 진 옆에 앉은 나머지 네 명도 진과 마찬가지로 그 경험을 신나게 즐겼다.

다음으로 진에게 동부 해안가의 경이로움을 보여줄 차례였다. 어느 주말 루스는 그녀를 데리고 뉴욕으로 향했다. 진은 당시 전 세계에서 가장 높은 건물이던 102층짜리 엠파이어 스테이트 빌딩을 보고 있는 자기 눈을 믿을 수가 없었다. 두 사람은 한 블록 전체를 덮고 있는 유명 레스토랑인 브래스 레일에서 술을 마시고 로케츠 공연을 보러 라디오 시티 뮤직홀에 갔다.[9] 스탠베리에는 이처럼 6,000명을 수용할 수 있는 공연장이 없었다. 그날의 모험을 마치면 이들은 지하철을 타고 파 로커웨이로 가서 루스의 부모님과 오랜 시간 대화를 나눴는데 그럴 때마다 진은 매우 환영받는다고 느꼈다.

그다음은 말린이 가이드가 되어 진을 워싱턴 D.C.로 데려갔다. 이들은 국회 의사당, 제퍼슨 기념관, 링컨 기념관, 워싱턴 기념탑 같은 중요한 장소는 모두 둘러봤다. 워싱턴 기념탑 꼭대기에 올라가고 싶었으나 전쟁 중에는 문이 닫혀 있었다. 이들은 알링턴 국립 묘지에도 갔는데 진은 직선으로 줄지어 늘어선 하얀 무덤을 보고 깊은 감명을 받았다. 그녀는 군 복무 중인 자신의 형제, 처남, 매부, 사촌, 친구, 그리고 조를 떠올리며 제발 그들이 이곳에 묻히지 않게 해달라고 기도했다.[10]

어느 주말 케이와 베티는 진을 데리고 자기 집으로 갔다. 맥널티 가에 도착한 진은 케이가 집에 들어가자마자 거의 알아듣지 못할 정도로 심한 아일랜드 사투리를 쓰는 걸 보고 깜짝 놀랐다. 베티의 가족이 그랬듯이 케이의 가족도 국토 절반을 가로질러 온 이 젊은 여성을 따뜻하게 맞이했다.

7월 말 성능 시험장을 떠날 무렵 다섯 여성은 더 현명해지고 성숙해졌다. 이들은 궤도 계산이 포 테스트와 사용이라는 더 큰 그림에서 어떤 역할을 하는지, 그리고 전장에서 포와 화염에 둘러싸인 병사들이 어떤 소음과 공포를 마주하는지 더 잘 이해하게 되었다.

다섯 명 모두 IBM 카드 판독기, 카드 천공기, 분류기, 도표 작성기 사용법을 배운다는 임무를 완수하고 돌아올 준비를 마쳤다.

그중에서도 진은 한 가지 임무를 더 완수했다. 그녀는 군에서 지급한 생활비와 급여를 저축해 언니와 그레천 이모에게 빌린 돈을 모두 갚았다.[11]

그 여름 이들이 형성한 유대감은 강력했다. 각자 개인으로 왔던 다섯 명의 여성은 한 팀이 되어 성능 시험장을 떠났다.

# 학장실의 대기실

1945년 7월 말 다섯 여성은 IBM 기계에 대한 새로운 지식을 갖추고 애버딘에서 의기양양하게 돌아왔다. 하지만 프로젝트 X로 넘어갈 생각에 신나서 돌아온 이들을 맞이한 건 침묵이었다. 허먼도 존 홀버턴도 그 누구도 이들에게 다음 임무를 주지 않았다.

"저희를 어떻게 활용해야 할지 정말 모르는 것 같았어요."라고 진은 회상했다.[1] 이들은 머리를 써서 여전히 군 프로젝트로 꽉 채워진 무어 스쿨에서 앉아 있을 수 있는 유일한 공간을 찾아냈다. 당시 '전실'이라고 부르던 학장실에 딸린 대기실을 차지하고 책상을 갖다 둔 것이다.

케이와 베티는 1942년부터, 말린과 루스는 1943년부터 육군 컴퓨팅 프로젝트를 위해 주 6일 일해온 데다 중요한 프로젝트가 기다리고 있는 상황인데 아무런 지침이나 안내가 없다는 게 조금 당혹스러웠다. 적어도 아직까지는 아무 이야기도 없었다.

하지만 육군 프로젝트를 신속히 수행하는 건 이들의 임무가 아니었고 자신들이 필요해지면 소식이 올 것이라 생각했다. 이제 이들이 해야 할 일은 기다림이었다. 이미 한 달이나 지연된 에니악을 마무리하려고 열심히 노력하는 사람들이 있다는 걸 이들은 알 길이 없었다. 필요한 물자 수급이 어렵다는 점도 지연의 원인이었다.

사람들이 학장을 만나기 위해 대기실을 드나드는 와중에 여성들이 도착한 지 며칠 후, 처음 보는 남성 두 명이 방문했다. 여성들은 인사를 건넸고 두 남성은 멈춰서 답했다. 케이는 이렇게 말했다. "그분들은 스탠리 프랭클Stanley Frankel 박사, 니컬러스 메트로폴리스Nicholas Metropolis 박사라고 소개했어요. 하지만 그 외에는 아무 말도 해주지 않았어요."[2] 당시에는 군사 기밀이 너무 많았기에 묻지 않아야 한다는 걸 그들도 알고 있었다.

이들이 기다리는 동안 국가도 기다렸다. 7월 말부터 8월 첫째 주까지 일본 본토 공격의 시작을 온 나라가 숨죽여 기다렸다. 해군 함정을 타고 하와이에서 출발한 미군은 양측 모두에게 끔찍한 손실을 입힌 몇 년간의 전투 끝에 태평양을 가로질러 떠오르는 태양의 나라 문 앞에 다다랐다.

7월 31일과 8월 1일 『필라델피아 인콰이어러』는 미 고위 군 관계자가 일본의 해안가 열두 도시에 미국의 폭격기가 도착하기 전 시민들을 대피시키라고 경고했고[3] 도쿄에서 불과 128킬로미터 거리에 있는 긴 해안에 불을 질렀다고[4] 보도했다. 종전은 분명히 가까워지고 있었지만 정확히 언제인지는 아무도 몰랐다.

다섯 여성도 대다수의 국민들처럼 매일 신문을 읽고 라디오 뉴스 방송에 귀를 기울였다. '항복하지 않으면 죽음뿐'이라던 미군의 경고는 8월 5일 일요일 일본 도시에서 일본 전역으로 확대되었다.[5]

일본 침공을 위해 미군이 대규모로 집결한 것은 사실이나[6] 그 과정이 쉬우리라 생각하는 사람은 아무도 없었고 일본은 항복할 기미를 전혀 보이지 않았다. 8월 5일 미국 국민은 일본의 강경한 공식 답변을 받았다.

> 고국에 엄청난 양의 전투기와 전함의 폭탄과 포탄이 쌓였음에도 도쿄는 미국의 공군력에 절대 무릎 꿇지 않을 것이며 연합군의 침공에 맞설 준비가 되어 있다.[7]

미군이 입수한 보고서에 따르면 일본은 남녀노소 가리지 않고 민간인이 스스로를 지킬 수 있게 훈련하는 동시에 일본 관리들이 철통같다고 선언한 방어 시설을 전국에 구축하고 있었다. 대중의 눈에는 일본 침공으로 인해 미국이나 일본 모두 인명 측면에서 매우 큰 대가를 치르게 될 것임이 분명해 보였다. 하지만 미군이 내부적으로 미군 사상자 백만 명, 일본 민간인 사상자 수백만 명을 추산하고

있다는 걸 대중은 몰랐다.[8]

케이는 대기실에 앉아 패트릭 오빠를 걱정했다. 진과 베티도 형제를 걱정했다. 말린과 프랜은 다른 가족, 친구, 모든 미군 병사들을 걱정했다. 온 나라가 기다리고 있었다.

그리고 8월 6일 아침, 모든 미국 국민은 경악할 뉴스를 접했다. 그날 미군은 일본 히로시마 중심부에 비밀 무기 원자 폭탄을 떨어뜨렸다. 『필라델피아 인콰이어러』는 세상을 뒤바꿀 사건을 헤드라인으로 알렸다. '세계에서 가장 치명적인 무기 원자 폭탄이 일본을 폭파하다: 미국의 비밀 무기가 전쟁의 새로운 시대를 열다'[9] 35만 명이 사는 도시, 히로시마 시내 1.6제곱킬로미터의 면적이 파괴되었다.

일본이 즉시 항복할 거라 예측한 사람이 많았지만 그런 일은 일어나지 않았다. 8월 9일 뉴스와 라디오 방송은 또 다른 끔찍한 폭격 소식을 전했다. 『필라델피아 인콰이어러』 1면은 '인간이 발명한 가장 파괴적인 폭발물, 세계 두 번째 원자 폭탄이 오늘 정오 규슈섬 서부에 있는 전략적 요충지 나가사키에 투하되었다.'라고 전했다.[10] 일본은 항복했다.

다섯 여성은 안도하는 동시에 몸서리를 쳤다. 한편으로는 전쟁이 마침내 끝나서 병사들이 집으로 돌아올 수 있게 되었고 양국에서 수백만 명의 목숨을 구했다. 다른 한편으로는 그토록 끔찍한 무기의 표적이 왜 민간인이어야 했는지 이해할 수 없었다. 케이는 이를

'끔찍하디끔찍한 결말'이라고 생각했다.

> *폭탄을 쓸 거라면 왜 해군 강국인 일본 소유의 온갖 거대 해군*
> *시설에 쓰지 않은 걸까요? ... 왜 해군 시설을 파괴하지 않은 거*
> *죠?*[11]

진은 히로시마에서만 8만에서 20만 명의 사상자가 발생한 원자 폭탄의 참혹성에 충격을 받았다. 그녀는 후일 이렇게 술회했다. "원자 폭탄의 실상은 상상할 수 없는 공포였어요. 원자 폭탄을 투하한 게 미국이었음에도 제가 아는 필라델피아 시민들은 그 놀랍고 끔찍한 위력을 두려워했어요."[12] 그녀는 해리스 S. 트루먼 대통령이 투하 결정을 내린 후 숙면을 취했다는 이야기를 듣고 분노했다.

베티는 몹시 괴로워했다. 퀘이커 교도로서 특히 여성과 어린이를 향한 파괴의 규모와 범위를 직면한다는 게 괴로웠다. 트루먼 대통령과는 달리 그녀는 며칠이나 잠을 이루지 못했다.

일본은 히로히토 천황의 왕위를 유지한다는 한 가지 단서를 달고 무조건 항복에 동의했다. 8월 14일 히로히토 천황은 최초로 라디오 연설을 방송했다.* 그는 국민들에게 "적이 위력을 실로 헤아릴 수 없는 매우 잔혹한 신형 폭탄을 사용해서 수많은 무고한 생명을

---

\* 미국 동부 기준으로는 8월 14일 오후 11시, 우리나라 기준으로는 8월 15일 정오에 방송 됐다.

앗아갔다."고 말했다. 그는 일본이 항복하지 않고 계속 싸운다면 일본 국가의 궁극적인 붕괴와 소멸을 초래할 뿐 아니라 인류 문명의 완전한 멸종으로 이어질 것이라고 예측했다.[13]

일본 국민들이 천황의 목소리를 들은 건 이때가 처음이었다. 국민들은 그들의 천황과 마찬가지로 연합군에 무조건 항복하고 연합군 최고 사령관으로 임명된 더글러스 맥아더 장군의 명령을 따르기로 했다. 기나긴 전쟁에 마침내 종지부를 찍었다.

8월 15일 필라델피아 신문들은 헤드라인에 'PEACE(평화)'라는 단 한 단어만 실었다.[14] 필라델피아를 비롯한 미국 전역의 거리에서 대일본 전승 기념일을 기념하는 축하 행사가 열렸다. 대기실에 있던 다섯 여성도 다른 컴퓨터들, 그리고 필라델피아의 수십만 시민과 함께 축하 행렬에 동참했다.

존 홀버턴, 케이, 그리고 케이의 새언니이자 패트릭의 아내인 앨마는 시내에서 함께 승리를 기념했다. "열렬한 함성, 노래, 춤, 웃음소리가 거리를 메웠어요. 모두가 서로를 붙잡고 키스를 퍼부었어요. 마침내 전쟁이 끝났다는 사실에 모두 너무 행복해했어요. 모두가 기뻐서 제정신이 아니었죠."[15]

군중이 사방에서 모이고 남녀 할 것 없이 거리에서 춤을 추고 남성들은 트럼펫을 연주했다. 사람들이 너무 많아 트램과 차가 통행하지 못할 정도였다. 진주만 공습으로부터 4년 반이 지난 시점에야 병사들이 고향으로 돌아오고, 삶이 정상으로 되돌아갈 수 있게

됐다. 자신이 아끼던 직장을 잃게 될까 많은 여성이 걱정했지만 다섯 여성은 다음 임무가 무엇인지 정확히 몰랐음에도 자신들의 일자리가 안전하다고 느꼈다.

대일본 전승 기념일 이후 무어 스쿨의 분위기는 빠르게 바뀌었다. 전시 업무를 마친 다른 컴퓨터들은 자기 짐을 싸서 집으로 돌아가거나 필라델피아나 다른 곳에서 새로운 일자리를 구할 준비를 했다. 루스는 룸메이트였던 글로리아 고든에게 작별 인사를 했다. 글로리아는 브루클린 해군 공창에서 일하기 위해 뉴욕에 있는 집으로 돌아갔다. 베티의 컴퓨팅 팀에 있다가 미분 해석기 팀으로 왔던 마리 베어스타인은 애버딘 성능 시험장으로 가서 탄도 연구소 해석기 업무를 하기로 했다.[16]

얼마 지나지 않아 남은 여성은 에니악과 관련된 이들뿐이었고 무어 스쿨은 매우 조용해졌다.[17] 하지만 다섯 여성은 해고되거나 재배치되지 않았다. 새로운 전후 활동으로 옮겨간 다른 국민들과 달리 다섯 여성은 여전히 기다렸다.

마침내 8월의 어느 날 아서 버크스가 대기실에 나타났다. 해석실의 같은 팀에 근무했던 앨리스 로의 남편이기에 케이는 그를 알고 있었지만, 나머지 사람들은 그를 몰랐다. 아서는 전자 공학 쪽 재능을 타고난 논리학 박사였다. 그는 육군의 전시 업무를 도우러 왔다가 에니악 팀에 합류했다.

그의 손에는 기다란 관처럼 말아온 커다란 백지가 가득했다. 아

서는 어서 이들과 대화하고 싶었지만 대형 다이어그램을 펼칠 공간
이 필요했다.

　다섯 여성은 신나서 서로를 바라봤다. 그들이 드디어 그토록 기
다린 다음 임무가 바로 이것일까?

# 새 프로젝트

케이, 말린, 루스, 베티, 진은 아서와 함께 2층으로 올라가 커다란 나무 책상이 있는 빈 강의실을 찾아 그가 에니악이라고 부른 몹시 거대한 컴퓨터의 '청사진, 배선도, 블록 다이어그램'을 펼쳤다.

아서는 프로젝트 X가 에니악 제작 프로젝트의 여러 이름 중 하나였다고 설명했다. 그는 에니악(ENIAC)을 단음 'e'로 발음했고 'Electronic Numerical Integrator and Computer(전자식 수치 적분 및 계산기)'의 약자라고 알려줬다. 무어 스쿨 1층 뒤쪽에 있는 제한 구역 표지판이 달린 실험실에서 제작 중인 컴퓨터의 이름이었다. 존 모클리 박사, J. 프레스퍼 에커트가 에니악의 엔지니어링 팀을 이끌었고 케이 일행이 복도에서 보았던 여러 젊은 엔지니어들처럼 아서도 그 팀의 소속이었다.

아서는 에니악 하드웨어뿐 아니라 에니악을 작동하는 탄도 궤도 프로그램도 함께 제공해야 한다는 탄도 연구소와 무어 스쿨 사이의 계약에 관해서도 설명했다. 이제부터 이 다섯 여성이 해야 할 일이 탄도 궤도 프로그램 작업이었고, 에니악은 존과 프레스가 탄도 연구소에 한 약속을 지킬 수 있도록 매우 빠른 속도로 궤도를 계산해야 했다.

어쨌든 탄도 연구소가 엄청난 시간, 돈, 자원을 쏟아부은 목적은 사표 제작 시간을 극적으로 줄이기 위해서였지 현대 컴퓨터를 만들기 위해서는 아니었다. 전쟁이 끝났다고 해서 탄도 연구소가 무어 스쿨에서 완전히 철수한 것은 아니었다. 베블런의 궤도 계산은 제1차 세계 대전과 제2차 세계 대전 사이에도 계속되었다. 아무도 더 이상의 전쟁을 원하지는 않았지만 탄도 연구소의 임무는 계속되었다. 육군에서 새로운 포를 만들면 탄도 연구소는 사표를 제공할 것이고 만약 에니악이 제대로 작동한다면 탄도 연구소의 미래에 핵심적인 역할을 할 예정이었다.

다섯 여성은 귀를 쫑긋 세우고 새로운 프로젝트를 제대로 이해하려 노력했다. 아직 테스트 단계에 있는 이 컴퓨터의 '승인 테스트(인수 검사)'가 될 '에니악을 위한 탄도 궤도 프로그램을 준비하는 것'이 이들의 임무였다고 진은 회고했다.[1]

전쟁이 이미 끝난 데다 다소 놀라운 프로젝트였음에도 다섯 여성 중 누구도 이 임무를 거절할 생각이 없었다. 첫째, 이들은 여전히 전시 모드를 벗어나지 못했다. 군이 필요로 하는 한 이들은 보탬이 될 생각이었다. 둘째, 이들이 이 임무를 맡는 건 일리가 있었다. 다섯 여성은 모두 탄도 연구소 궤도 방정식의 전문가였다. 탄도 연구소는 많은 시간을 들여 이들에게 대학원 수준의 수치 해석과 궤도 계산 방법을 교육했고 다년간의 경험을 갖춘 상태였다. 허먼과 존 홀버턴이 이들을 에니악 팀에 합류시키는 건 매우 일리 있는 일이었다.

다섯 여성은 세계 최초의 프로그래밍이 가능한 전전자식 범용 컴퓨터의 프로그래밍을 배우라는, 아직 누구도 해보지 않은 일을 하라는 요청을 받았지만 망설이지 않았다. 케이는 후일 이렇게 말했다. "그때는 평범하지 않은 일을 하는 사람이 많았어요."[2]

당시 케이 일행은 컴퓨터로서 자신들이 했던 노력이 큰 성공을 거뒀다는 사실을 몰랐다. 제2차 세계 대전 동안 미국 포병은 매우 정확하고 치명적인 것으로 유명했다. 제2차 세계 대전 종군 기자로 이름을 알린 어니 파일Ernie Pyle은 1944년에 이렇게 썼다. "독일군은 미국 포병을 그 어떤 것보다도 두려워했다."[3] 탄도 연구소는 에니악을 통해 탄도 방정식 계산과 정확한 사표 생산을 이어나감으로써 이런 우위를 유지하고자 했다.

우선 에니악 작동 방식을 배우기 위해 아서가 가져온 다이어그램부터 꼼꼼히 살펴봐야 했다. 그 이후로도 아서는 더 많은 엔지니어링 다이어그램을 가지고 왔다. 물론 그가 프로그래밍 설명서를 가져왔다면 이해하기 더 쉬웠을 것이다. 아델 골드스틴이 설명서를 작성하고 있었지만, 다섯 여성은 아직 볼 수 없었고 그나마도 이듬해 1946년 6월이 되어야 발간될 예정이었다.[4] 진은 그 상황을 이렇게 기억했다. "책은 고사하고 우리를 가르칠 자료가 아무것도 없다는 사실에 약간 놀랐어요."[5]

아서는 회로도를 펼치며 엔지니어를 위한 도면이라고 설명했다. 케이는 회로도를 통해 한 진공관이 다른 진공관을 어떻게 활성화하고 그 진공관이 또 다른 진공관을 어떻게 활성화하는지 배웠다.[6] 아서는 진공관이 에니악의 핵심 전자 부품이라고 설명했다. 또한 에니악에는 18,000개의 진공관이 있고 진공관이 타버릴 때도 종종 있다고 털어놓았다.

회로도는 어렵지만 흥미로운 자료였다. 베티는 회로에 에너지가 들어오는 좌측 하단부터 여러 게이트를 통과하는 에너지를 따라 우측까지 훑으며 청사진 다이어그램 읽는 법을 배웠다. 게이트 중 일부는 에너지가 흘러가게 했고 일부는 에너지를 멈추게 했다.[7]

아서는 그다음으로 블록 다이어그램이라고 부르는 두 번째 다이어그램을 꺼내며 설명을 이어갔다. 이들은 블록 다이어그램이 회로도와 다르다는 걸 배웠다. 이 다이어그램은 유닛이나 시스템의 기능이 어떻게 연결되는지 보여줬다. 베티는 배운 내용을 다음과 같이 설명했다. "블록 다이어그램은 엔지니어나 기계를 배선하는 사람이 사용하는 게 아니라 대체로 컴퓨터 제작이 완료된 후에 사용되었어요. 한 단계 높은 수준의 학습이었죠."[8]

마지막으로 아서는 논리 다이어그램이라고 부르는 자료를 펼쳤다. 이 다이어그램은 에니악 유닛 전면을 나타내고 있었다. 다섯 여성은 몸을 앞으로 기울여 에니악 유닛 전면에 있는 다이얼, 스위치, 플러그, 케이블의 위치를 확인했다. 아서는 스위치와 플러그를 통해 원하는 작동을 유닛에 지시하고 에니악의 다른 유닛과 통신하도록 설정할 수 있다고 간략히 설명했다. 케이는 이 다이어그램이 전체 기계의 바탕이 된 '논리의 핵심'이라고 보았다.[9]

케이는 에니악을 개략적으로 이해하는 데 도움이 되었다며 세 가지 다이어그램을 높이 평가했다. "우리는 뒤에서부터 거꾸로 배운 셈이에요. 우선 진공관에 대해 배운 다음, 돌아와서 유닛 전면의 기능을 배웠으니까요."[10]

하지만 아서는 에니악이 있는 방으로 서둘러 돌아가야 했다. 에니악을 소개하는 데 그의 모든 여유 시간을 썼기에 이제 자기 자리로 돌아가서 에니악을 계속 테스트해야 했다. 케이 일행은 에니악 유닛 40개의 작동 방식과 프로그래밍 방법을 그들끼리 알아내야 했다.

아서는 지나가는 말로 안타깝게도 다섯 여성이 아직 에니악이 있는 방에 들어갈 수 있는 보안 허가를 받지 못했다고 언급했다(이들이 컴퓨터로서 받은 허가나 케이가 해석실 출입을 위해 추가로 받은 허가와는 다른 보안 허가였다). 복도에서 아서를 마주쳤을 때는 자유롭게 질문할 수 있었지만 에니악을 보거나 엔지니어들에게 질문하기 위해 에니악이 있는 방에 들어가는 건 불가능했다.

그 대신 아서는 다이어그램을 다시 한번 가리키며 연구해보라고 강력히 권하며 떠났고[11] 덩그러니 남은 다섯 여성은 입 밖에 내지 못한 질문 백만 개를 가슴에 품은 채 고개만 저었다.

다섯 여성은 곤란한 상황에 처했다고 느꼈다. "볼 수 있는 문서가 이렇게 적을 줄 몰랐어요."[12] 케이는 길을 잃은 느낌이었다.

진도 똑같이 느꼈다. "우리가 받은 거라곤 거대한 블록 다이어그램뿐이었어요. 우리는 에니악을 프로그래밍할 방법과 작동 방식을 연구를 통해 알아내야 했어요. 뭐, 우리가 뭘 하고 있는 건지 전혀 모르겠더라고요."[13]

하지만 말린은 나머지 여성들과 함께 어떻게든 그걸 알아낼 수 있을 거라는 느낌이 들었다.[14] 결국 그녀의 예감이 맞았다.

# 분할과 정복

강의실에 남은 여성들은 자료를 꼼꼼히 살펴봤다. 누산기, 고속 곱셈기, 나눗셈기, 제곱근 계산기, 시작 유닛, 순환 유닛 등 참 이상한 이름이 많았다. 이들은 짝을 지어 유닛을 나눠서 공부한 후 서로 가르쳐주기로 했다. 분할 정복 방식이었다.

각자 어떤 유닛을 공부하길 원했을까? 진과 베티는 누산기부터 맡겠다고 했다. 케이는 고속 곱셈기 유닛을 맡았다.[1] 아마 말린과 루스가 수학 연산 전용 세 번째 유닛인 나눗셈기와 제곱근 계산기를 맡았을 것이다.

짝을 지은 사람끼리 맡은 유닛의 다이어그램을 들고 빈 공간을 찾아 흩어졌다. 종전과 함께 무어 스쿨 구석구석을 차지하던 육군 프로젝트가 사라져서 이제는 여유 공간이 훨씬 더 많았다. 베티와 진은 위층 공사 때문에 약간 시끄러운 2층의 비어 있는 강의실을 찾았다.[2] 말린과 루스는 라일라 토드의 컴퓨팅 팀이 떠난 후 지금은 조용해진 32번가와 월넛가의 오래된 남학생 클럽 하우스에 자리를 잡았다. 케이는 대기실에 남아 테이블 하나를 차지했고 손님을 맞이하며 일했다.[3]

갑자기 대기실로 케이의 오랜 친구 프랜이 들어왔다. 케이는 깜짝 놀란 동시에 행복했다. 허먼과 존 홀버턴이 두 관리자를 동시에 잃을 수 없다고 생각한 까닭에 프랜은 케이가 성능 시험장으로 떠난 후에도 해석기 업무를 계속했다. 하지만 허먼과 홀버턴은 프랜이 에니악 팀에 합류하길 원했다. 그녀가 작업 결과물과 궤도 관련 기밀문서를 탄도 연구소로 보내고 무어 스쿨로 아날로그 기계를 반환하는 등 해석기 업무를 마무리하자 그들은 프랜에게 육군의 새 프로젝트 업무에 합류할 생각이 있는지 물었다. 프랜은 좋다고 했고 허먼과 홀버턴은 그녀를 에니악 팀으로 보냈다.

케이는 프랜에게 애버딘에서 보낸 여름 이야기와 아서에게 배운 에니악 다이어그램을 읽는 방법을 빠르게 전했다. 두 사람은 고속 곱셈기를 연구하고 작동 방법을 알아내기 위해 머리를 맞댔다. 가장 친한 두 친구가 다시 뭉친 것이다.

이들은 고속 곱셈기의 메인 패널을 응시했다. 세 개의 곱셈기 유닛 각 중앙부에는 8개 스위치가 5열로 깔끔하게 정리되어 있었고 그 아래 작고 둥근 커넥터 플러그가 있었다. 모든 것의 작동 원리를 알아내고 싶었다.

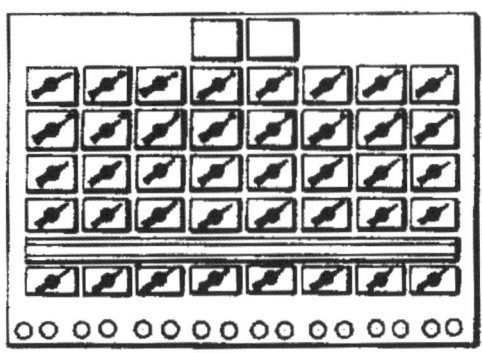

▶ 고속 곱셈기 전면 패널 중앙에 있는 스위치 40개
에니악 특허 번호 3,120,606, 37번 시트[4]

그사이 말린과 루스도 남학생 클럽 하우스에서 그들이 맡은 부분을 이해하기 위해 노력했지만 해답은 쉽사리 나오지 않았다. "원하는 방식으로 답을 얻을 수 없어서 답답했어요. 하지만 적어도 새롭고 실험적인 기계라는 건 인식하고 있었어요. 인내심을 발휘해야 했죠."[5]

진과 베티도 2층 강의실에 앉아 누산기 다이어그램을 연구하며[6] 누산기 후면에 있는 청사진과 배선도를 가볍게 훑어보았다. 하지만 이들의 관심을 끈 건 전면에 있는 다이어그램이었다. 블록 다이어그램과 논리 다이어그램에는 4개의 메인 섹션이 있는 긴 직사각형 유닛이 표시되어 있었다.

맨 위에는 10 × 10 그리드가 있었고 그 아래에는 크고 넓은 직사각형 헤드가 있는 와이어를 꽂는 장치가 있는 듯했다. 전면 패널 중앙 부분에는 스위치 20개가 3열로 있었다. 1열에 스위치 4개, 2열과 3열에 각각 스위치 8개가 있었다.[7] 스위치 아래에는 특수 연결에 쓰일 것 같은 작고 둥근 커넥터 플러그 20개가 있었다.

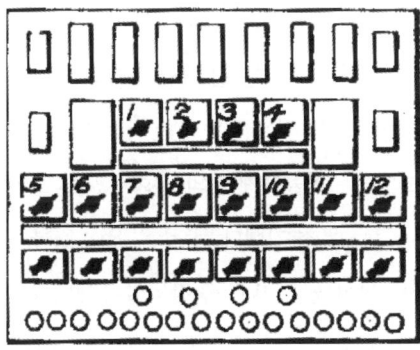

▶ 누산기 전면 패널 중앙 스위치
  에니악 특허 번호 3,120,606, 25번 시트

한동안 이들은 다이어그램을 두고 머리를 쥐어짰다. 그사이 무어 스쿨 3층 증축 공사 현장에서 신나게 울려대는 착암기의 소음은 귀가 먹먹해질 정도로 커졌다.[8] 덥고 습한 8월이었지만 두 사람은 창문을 여는 게 더 나은지 분간하기조차 어려웠다. 어떻게 해도 무척 시끄러웠다.

이들은 펼쳐진 시트를 골똘히 살펴보며 의미를 어떻게든 알아내려 했다. 팔걸이에 작은 책상이 달린 대학교 의자에 앉아 두 책상 사이에 다이어그램을 펼치고 서로 머리를 가까이 모은 채 모든 걸 알아내려 노력했다.[9]

착암기가 쿵쿵거리고 머리 위로 먼지가 쌓이던 어느 날 이들이 있던 강의실에 키가 크고 마른, 안경을 쓴 남성이 들어와서 천장을 뚫어져라 살펴보며 걸어 다녔다. 그는 강의실에 다른 사람이 있는 줄 모르고 있다가 잠시 후에 깨닫고는 웃으며 자신을 소개했다. 그의 이름은 존 모클리였고 천장이 내려앉는 건 아닌지 확인하러 온 거였다.[10] 진도 베티도 그를 만나본 적은 없었지만 어떤 사람인지는 알고 있었다. 존이나 프레스는 이들에게 거의 '신화적인 인물'이나 다름없었기에 그를 만나고는 무척 기뻤다.[11] 존은 무어 스쿨이 짓고 있는 3층이 무너진다면 여성들이 있던 2층 강의실이 에니악이 제작되고 있는 1층으로 무너질 수 있다고 설명했다. 존은 천장이 잘 버티고 있다는 사실에 만족한 듯 보였다.

기회를 놓칠 리 없는 두 여성은 자신들이 살펴보던 다이어그램에 대해 몇 가지 질문을 해도 괜찮을지 물어봤다. 타고난 교육자였던 존은 얼마든지 물어보라며 흔쾌히 수락했고, 누산기의 몇 가지 고급 기능을 배울 수 있게 도와줬다.

누산기 20개에는 단순한 덧셈, 뺄셈 이상의 기능이 있었다. 진이 배운 바에 따르면 20개의 누산기 각각은 열 자리 숫자를 받아서 저장할 수 있었고, 양수와 음수 부호 둘 다 처리할 수 있었다.[12] 전쟁 내내 탁상용 계산기로 계산한 결과를 모두 적어놨다가 다음 계산을 위해 다시 탁상용 계산기에 입력하느라 많은 시간을 허비했던 베티로서는 이 기능이 매우 유용해 보였다. 이제 에니악에서는 계산 중간 결과를 누산기에 임시 저장했다가 나중에 프로그램에 필요할 때 사용할 수 있다는 뜻이었다.

존 모클리도 강의 일정과 에니악 테스트 감독 일정으로 아서처럼 잠시만 머물 수 있었다. 하지만 그는 옆방에서 존 홀버턴과 한 사무실을 쓰고 있다고 그녀들에게 알려줬고, 자기가 자리에 있을 때는 질문에 기꺼이 답해주겠다고 했다.

약 2주 후 여섯 명의 여성은 각자 다이어그램에서 배운 것을 공유하기 위해 다시 모였다. 이들은 다시 모여 기뻤다. 우선 케이가 모두에게 프랜을 소개했고 나머지 네 여성은 그녀를 따뜻하게 맞이했다. 허먼이 배정한 대로 프랜은 이제 프로그래밍 팀의 영구적인 일원이었다. 그리고 여섯 여성은 소매를 걷어붙이고 에니악 유닛을 서로 가르치기 시작했다.

첫 모임에서 이들은 '산술 유닛', 즉 수학 함수 전용 기계를 파악했다. 베티와 진은 누산기로 덧셈, 뺄셈, 임시 저장하는 방법을 가르쳤다. 케이와 프랜은 고속 곱셈기로 큰 수를 곱하는 방법을 가르쳤다.

정확한 기록은 없지만 짐작해보자면 루스와 말린은 에니악의 세 번째 산술 유닛인 나눗셈기와 제곱근 계산기에 관해 논했을 것이다. 그랬다면 이들은 유닛 전면 패널 중앙에는 스위치 8개가 4열로 배치되어 있고 나눗셈을 위한 분자와 분모, 또는 제곱근을 구할 수 있는 숫자인 근호 속의 숫자를 받도록 설정해야 한다는 사실을 공유했을 것이다. 진과 베티는 누산기에 임시 결과를 저장하는 유용한 기능이 있다는 걸 알게 되었다고 공유했다. 하지만 저장 공간은 매우 제한적이었다. 누산기가 20개밖에 없었으므로 한 번에 임시 저장할 수 있는 숫자는 최대 20개가 고작이었다.

첫 공동 작업치고 나쁘지 않았다. 새로운 지식과 프로세스를 기념해야 할 시점이었다. 우들런드 애비뉴에 있는 리도 레스토랑이 딱 좋은 장소였다. "우리는 약간 어둡고 항상 축제 분위기로 붐비는 이 이탤리언 레스토랑의 한 부스에 끼어 앉았어요."[13] 이들은 다시 모여 즐거웠다.

다섯 여성은 프랜이 대화에 편하게 끼어들 수 있게 도와주려고 했지만 그녀는 조용히 케이 옆에 붙어 있었다. 말린은 프랜을 더 잘 알고 싶었지만 과한 관심이 수줍음 많은 사람에게 얼마나 불편할지 잘 알았기에 프랜이 지키고 싶어 하는 거리를 존중했다.

*프랜은 매우 조용했어요. 그녀는 남들보다 더 내향적이었고 묵묵히 해야 할 일을 했죠. 다른 사람과 그렇게 잘 어울리는 편은 아니었어요. 자기 얘기를 잘하지 않고 말수가 아주 적었어요.* [14]

다음 날 이들은 업무를 재개했다. 숫자 저장, 전원 온오프, 프로그램 실행 시 컴퓨터에 순환하는 펄스를 제어하는 유닛 등 배워야 할 에니악 유닛이 아직 많았다.

베티와 진은 다음으로 함수표를 배워 가르치기로 했다. 이 특이한 유닛에는 다이얼로 가득한 정사각형 면 2개가 있었다. 각 면에는 스위치 28개가 26열로 배치되어 있어서 한 면당 스위치 728개, 유닛 하나당 스위치 1,456개가 있었다.

베티와 진은 이 유닛을 더 배우고 싶어서 복도를 지나가던 밥 쇼를 붙잡았다. 함수표를 설계하고 제작한 기술자가 그였기에 함수표를 이해할 수 있게 도와주리라 생각했다.[15] 에니악 방 출입은 금지였지만 밖에 있는 사람을 붙잡고 물어보는 걸 금지하는 규칙은 없었다. 장난을 좋아하는 따뜻한 사람이었던 밥은 기꺼이 이들을 도왔다.

진과 베티는 에니악 탄도 궤도 계산에서 함수표의 특수한 역할을 배웠다. 궤도 방정식에는 계산을 위해 고정된 값인 '상수'가 많았고 함수표는 그 수치를 저장했다. 함수표의 여러 스위치를 0부터 9까지 돌려서 각 자릿수의 숫자를 설정해 원하는 수치를 저장할 수 있었다.

오늘날에는 함수표를 'ROM[read-only memory](고정 기억 장치)'이라 부른다. 스위치에 한 번 설정한 수치는 프로그램이 실행되는 도중에 변경할 수 없기 때문이다. 드디어 진과 베티는 진전이 있다고 느꼈고, 배운 내용을 한시바삐 팀원들에게 알려주고 싶었다.

시간이 지나자 여섯 여성은 네 가지 유형의 유닛을 알게 되었다.

1. 산술 유닛: 덧셈, 뺄셈을 수행하는 누산기, 곱셈을 수행하는 고속 곱셈기, 나눗셈을 수행하는 나눗셈기, 제곱근을 수행하는 제곱근 계산기

2. 고정 기억 장치를 위한 함수표, 임시 저장을 위한 누산기

3. 다른 유닛을 제어하는 관리 유닛: 나머지 유닛의 전원을 켜고 끄는 시작 유닛, 다른 유닛 작동을 시작하기 위해 프로그램 펄스를 내보내는 순환 유닛

4. 여성들이 아주 잘 알고 있는 IBM 장치와 함께 작동하는 에니악의 입력, 출력 유닛: 에니악의 상수 송신기[constant transmitter] 유닛은 계산을 위해 천공 카드에서 데이터를 읽고 이를 다른 유닛으로 보내기 위해 IBM 카드 판독기와 짝을

이룬다. 에니악의 인쇄기 printer 유닛은 IBM 카드 천공기와 짝을 이루며 에니악 계산 결과를 전송해 카드에 구멍으로 표시한다. 이런 카드는 IBM 도표 작성기로 가져가서 사람들이 읽을 수 있게 아코디언처럼 생긴 종이에 인쇄할 수 있었다.[16]

여성들은 특히 순환 유닛을 흥미로워했다. 순환 유닛은 에니악의 다른 유닛에 '시작!' 스위치 역할을 하는 펄스를 내보내 또 다른 유닛을 작동시켰다. 순환 유닛이 규칙적으로 내보내는 펄스는 위대한 에니악의 심장 박동이었다.[17]

9월 말이 되자 필라델피아는 일상으로 돌아왔다. 가게들이 신선한 농산물을 팔기 시작하면서 향기로운 펜실베이니아 가을 사과가 진열대를 가득 채웠다. 차고에는 충분한 휘발유와 새 타이어가 채워졌다. 여섯 여성은 몇 번이고 다시 모여 각자 연구한 내용을 공유했다. 모임을 거듭할수록 이들의 자신감은 커졌다. 독학으로, 그리고 서로를 통해 새로운 유닛을 배우면서 한 팀으로 성장했다.

전쟁에서 돌아온 남성들이 공장과 들판에서 다시 일하기 시작하자 1945년 가을, 정부는 귀환병의 자리를 마련할 수 있도록 여성들에게 직장을 떠나라고 장려하는 캠페인을 펼쳤다. 다시 가정으로 돌아올 수 있어 기뻐하는 여성들도 있었지만, 직장 생활과 그로 인한 수입에 만족하던 여성들은 울며 겨자 먹기로 직장을 그만뒀다. 하지만 에니악과 함께한 여섯 명의 여성 '에니악 6인'은 달랐다. 이들이 갖춘 기술을 가졌거나 대체할 수 있는 귀환병은 없었다.

여전히 '마스터 프로그래머' 유닛 두 개의 역할은 오리무중이었다. 각 유닛 중앙에 있는 메인 패널에는 어지러울 정도로 스위치가 많았다. 맨 위 열에는 스위치 4개, 다음 6열에는 스위치가 10개씩, 맨 아래 열에는 스위치 5개가 있었다. 맨 아래 열 스위치 밑에는 특수 연결용으로 보이는 작고 둥근 원 55개가 있었다. 하지만 이런 특수 유닛을 이해하려면 아직 시간이 더 필요했다.

이들은 에니악 유닛 대부분이 어떤 역할을 하는지 알았고 이제 다음 임무로 넘어갈 시간이었다. 에니악 각 유닛은 한 가지 또는 그 이상의 역할을 잘 수행했다. 그렇다면 모든 유닛을 함께 작동하려면 어떻게 해야 할까?

# 문제의 순서

여섯 여성은 인간의 문제를 복잡한 컴퓨터에 전달할 방법을 알아내
야 했다. 전시 프로젝트들이 마무리되어 무어 스쿨에 더 공간적인
여유가 생겼고 존 홀버턴은 2층에 이들을 위한 사무실을 마련했다.
함께 일할 공간이 생기자 작업은 더 수월했다. 한자리에 모인 여섯
명은 에니악에 문제를 프로그래밍하는 방법을 고민하고 있었다.

오늘날에는 책이나 강의, 온라인 수업 등을 통해 프로그래밍을
배우며 현대 프로그래머들은 프로그래밍 언어, 운영 체제, 컴파일
러 같은 도구도 사용한다. 하지만 1945년 가을에는 이러한 강의나
도구가 존재하지 않았다.[1]

무어 스쿨에서는 아무도 이들을 가르치지 않았다. 여섯 여성은

아서가 남긴 도면에서 단서를 찾아야 했다. 베티는 당시 상황을 이렇게 표현했다. "우리가 프로그래밍을 어떻게 배웠는지 전 잘 모르겠어요... 우리 스스로 생각해내야 했거든요."[2]

케이의 기억에 따르면 그 과정은 몇 단계의 귀납적 추론을 통해 이루어졌다. 유닛 전면을 담은 다이어그램을 고려할 때 "우리는 기계에 문제를 입력하고 원하는 작업을 시키는 방법을 파악해야 했어요. 전면에서 스위치를 설정하고 플러그를 꽂는 등의 절차를 통해서요."[3]

여섯 여성은 곱셈, 나눗셈 등의 연산을 위해 한 유닛에서 다른 유닛으로 수를 전달하려면 에니악 유닛을 서로 연결해야 한다는 걸 깨달았다. 에니악에서는 수치를 숫자의 집합으로 표현했고 10자리 수는 '숫자 와이어'와 '숫자 트레이'를 통해 다른 유닛으로 전달되었다.

연산을 시작하려면 순환 유닛(에니악의 '시작!' 스위치)의 프로그램 펄스도 다른 유닛으로 이동시켜야 했다. 순환 유닛 펄스는 유닛 뒷면을 따라 흘렀고, 프로그래머는 펄스를 사용해서 프로그램의 다음 단계를 위해 하나 또는 여러 유닛을 작동시켰다. 한 유닛이 작동을 마치면 다른 유닛으로 보낼 수 있는 자체 프로그램 펄스를 내보내 다음 유닛이 다음 연산을 시작하게 만들었다.

베티는 자신들의 발견을 요약하자면 "에니악 프로그래밍을 배운다는 건 '기계를 서로 연결해서 순서를 부여해야 한다'는 뜻이었다."

고 했다. 프로그램의 논리적, 물리적 단계를 어느 하나 빠짐없이 처리하고 '문제의 전체 순서'를 준비하는 건 전적으로 이들의 책임이었다.[4]

훗날 『월 스트리트 저널』의 톰 페칭어는 에니악 6인을 '에니악의 운영 체제'라고 불렀다.

*에니악을 실행하려면 다이얼 수십 개를 설정하고, 무겁고 검은 케이블 다발을 기계 전면에 꽂아야 했는데 문제에 따라 설정은 달라졌다... 모든 데이터와 명령은 의존하는 작업 시간에 맞춰서 1/5,000초 내에 수정 위치에 도달해야 했다.*[5]

몇 년 후 탄도 연구소에서 일한 작가들도 비슷한 용어를 사용했다. 이를 '펄스, 스위치, 케이블을 이용한 프로그래밍'[6] 방법이라고 부르는 사람도 있었고, '직접 프로그래밍'[7]이라고 부르는 사람도 있었다. 최초의 직접 프로그래밍 방법은 오늘날까지도 컴퓨터 과학자들을 매료하고 있다.[8]

에니악에 대해 알아내야 할 세부 사항이 훨씬 더 많았지만 이들은 유닛의 작동 방법과 문제를 해결하기 위해 유닛을 연결하는 기본 체계뿐만 아니라 미묘한 측면까지도 잘 알아가는 중이었다. 분명한 건 탄도 궤도 방정식을 위한 에니악 프로그래밍은 '이루기 어려운 업적'이라는 점이었다.[9]

유닛끼리 어떻게 상호 작용하는지 알아보려 도면을 면밀히 검토하던 케이는 갑자기 무언가를 깨달았다. 마스터 프로그래머 유닛의 핵심 기능이 루프$^{\text{loop}}$* 실행임을 깨달은 것이다. 두 유닛에는 계산을 여러 차례 실행하도록 설정할 수 있는 스위치가 있었다. 예를 들어 스위치 하나를 설정하면 와이어와 스위치가 포함된 일련의 실행 과정을 다섯 번 반복하며 계산할 수 있었다. 각 계산은 이전에 계산한 결과를 이용할 수 있었다.

오늘날 프로그래머들은 이 프로세스를 '루프'라고 부르며, 여기에는 코드 재사용이 수반된다. 에니악에서는 마스터 프로그래머 루프 덕분에 에니악 6인이 이전에 설정한 와이어와 스위치를 재사용할 수 있었다. "케이는 무척 창의적이었어요. 루프 기법이 얼마나 강력한지 처음 알려준 사람이 그녀"였다고 진은 기억했다.[10] 이는 에니악 6인에게 중요한 사건이었다.

이때까지도 이들은 여전히 에니악을 한 번도 본 적이 없었고, 에니악 방에는 언제 들어갈 수 있을지 궁금했다.

---

* 프로그래밍 언어에서는 같은 개념을 '반복문'이라고 번역하지만 에니악은 텍스트로 프로그래밍을 하지 않으므로 '루프(loop)' 그대로 음차해 표기했다.

에니악 유닛과 직접 프로그래밍 방법을 배운 에니악 6인은 탄도 궤도 프로그램을 고민하기 시작했다. 절차는 어떻게 나눌 수 있을까? 어떤 단계가 필요할까?

케이는 머지않아 이 프로세스가 빠르게 중단되었다고 했다.

*탄도 궤도 프로그래밍에 필요한 만큼 기계에 대한 지식을 충분히 갖췄다고 생각할 무렵, 기계에 문제를 입력하러 두 남성이 로스 앨러모스에서 온다는 말을 들었어요.*[11]

11월 중순의 어느 날 허먼이 갑자기 여섯 여성의 사무실 문 앞에 나타났다. 표정이 심각했다. 명령을 내리려는 게 분명했다. 그는 "날 따라오게. 에니악 방에 제군들이 필요해."라고 했다.

언젠가는 다시 돌아와 탄도 궤도 업무를 재개할 거였다. 하지만 지금은 이들이 맡아야 할 더 시급한 문제가 있었다.

케이 일행은 상기된 얼굴로 서로를 쳐다봤다. 그들이 지금껏 기다려 온 순간이었다. 에니악 방으로부터의 추방이 끝났다. 이들은 환한 미소와 함께 허먼을 따라나섰다.

# 엄청나게 큰 것

케이가 해석기 팀원들과 함께 누산기 두 대의 테스트를 참관한 이후, 여섯 여성은 처음으로 에니악을 보았다. 케이가 일 년 반 전에 봤던 모습과 완전히 다른 모습이었다. 에니악은 이제 높이 2.4미터, 너비 2.4미터였고 커다란 방의 형태에 맞춰서 거대한 U자 형태로 배열되어 있었다. 왼쪽에 우뚝 서 있는 16개의 유닛, 오른쪽에 마찬가지로 서 있는 16개의 유닛, 이들 맞은편 중앙에는 8개의 유닛이 서 있었다. 사람들이 유닛 앞뒤로 접근할 수 있도록 벽으로부터 조금씩 떨어져 있었다.

방 안에 다른 사람들도 있었지만 여섯 여성의 눈에 처음 들어온 건 에니악뿐이었다. 에니악은 이들의 관심을 완전히 사로잡았다.

말린은 생각했다. '와, 이걸로는 아무것도 할 수 없겠는데? 너무 커.'[1]

진은 감격했다. 에니악은 그녀가 상상했던 것보다 더 거대하고 위압적이었다.[2]

베티는 에니악이 약간 불길하다고 생각했다. "에니악은 엄청나게 컸어요... 큰 방을 꽉 채웠고 검고 어두웠어요."[3]

루스는 18,000개라는 진공관의 개수와 인상적인 방의 크기가 경이로웠다.[4]

여섯 여성이 느낀 감정을 가장 잘 요약해서 얘기한 사람은 케이였다. "전부 조립된 상태는 한 번도 본 적이 없었는데 크고 검은 유닛 40개가 우리를 바라보고 있었어요... 무척 기뻤죠."[5]

이들은 유닛 주변을 걸어 다니며 고속 곱셈기, 나눗셈기, 제곱근 계산기, 많은 누산기 등의 유닛을 하나씩 살펴봤다. 꼼꼼히 공부했던 다이어그램 속 기계가 눈앞에 실제로 서 있었다. 평생 기억에 남을 순간이었다.

허먼은 잠시 시간을 줬다가 목청을 가다듬으며 공상에 잠긴 이들을 현실로 데려왔다.

그제야 여섯 여성은 방 안에 있던 다른 이들의 존재를 깨달았다. 허먼뿐 아니라 아델, 존 모클리, 프레스퍼 에커트, 아서 버크스, 밥 쇼를 비롯해 복도에서 봤던 젊은 에니악 기술자들이 있었다.

7월 말 대기실에서 잠시 만났던 뉴멕시코에서 온 두 남성도 그 방에 있었다. 최근 원자 폭탄이 만들어진 장소로 일반에게 공개된 뉴 멕시코의 육군 로스앨러모스 과학 연구소에서 온 니컬러스(닉) 메트로폴리스 박사, 스탠리(스탠) 프랭클 박사였다. 여성들은 고개를 끄덕이며 심호흡했다. 이제 이들은 두 남성이 누구인지 알았다.

닉과 스탠은 여섯 여성이 에니악으로 계산할 문제를 로스앨러모스에서 가져왔지만, 내용이 극비여서 이야기할 수 없다고 했다.[6] 여성들은 나중에 알게 된 사실이지만, 존과 프레스는 이 시점에서의 에니악 사용을 반대했었다. 2년간 탄도 연구소의 장교들은 계약을 완료하고 정상 작동하는 컴퓨터 에니악과 탄도 궤도 프로그램을 함께 제공하라고 끊임없이 존과 프레스를 압박했다. 에니악이 완성되어 성능 시험장에 영구히 배치되었을 때 탄도 연구소가 사용하길 원하고 계획했던 건 탄도 궤도 프로그램이었다. 존과 프레스는 로스앨러모스 측의 개입으로 인해 계약했던 결과물의 납품이 지연될까 두려웠다. 탄도 연구소 장교들도 존과 프레스의 의견에 공감하긴 했지만 최종적으로는 기각했다. 로스앨러모스가 원하는 거라면 그게 무엇이든 우선시되었다.

루스의 기억에 따르면 닉과 스탠이 여섯 여성에게 이렇게 말했다고 한다. "여러분에게 문제에 관해 더 자세히 설명해드릴 수 없어 죄송합니다. 대신 카드와 기계를 어떻게 작동하는지 보여드리겠습니다."[7]

두 과학자는 미리 준비한 작은 카드를 에니악 유닛 전면에 있는 구멍에 밀어 넣었다. 각 카드에는 해당 유닛의 스위치와 와이어 설정이 적혀 있었다. 닉과 스탠의 문제를 에니악에 입력하려면 스위치를 설정하고 와이어를 연결하는 추가 인력이 필요했는데 이를 위해 여성들을 부른 것이 분명했다.

남성과 여성이 방 안에 흩어져 있었고 허먼이 위대한 지휘자 역할을 했다. 그는 카드를 참고하며 에니악 이곳저곳의 배선 작업을 지휘했다. 길고 두꺼운 숫자 케이블과 얇고 검은 프로그램 펄스 와이어 각 끝에 사람들을 배치한 상태에서 지시를 내렸다.

허먼이 외쳤다. "준비! 누산기 1! 프로그램 라인 입력 A−0을 5번 스위치로, 알파로부터 수신하도록 설정!" 그리고 "누산기 2, 프로그램 라인 입력 A−0을 5번 스위치로, 알파로 추가하도록 설정, 프로그램 펄스는 라인 A−1으로 출력!"이라고 명령하자 그가 지휘하는 여성과 남성들이 누산기 1과 2를 설정하러 뛰어갔다.[8]

허먼이 명령을 내릴 때마다 사람들은 숫자 케이블과 프로그램 펄스 와이어를 연결하고 수천 개의 스위치를 설정하며 실행에 옮겼다. 여성들은 하드웨어 팀 구성원들과 함께 길고 검고 무거운 숫자 케이블을 들어 올렸고 더 얇은 프로그램 펄스 케이블을 배선했다. 그리고 조심스레 각 유닛에 있는 수십 개의 스위치를 카드에 있는 설정에 따라 설정했고 함수표에서 수백 개의 스위치를 설정했다.

이들은 동시에 조화를 이루며 일했다. 허먼이 추가 인력을 필요로 했던 건 당연한 일이었다.

여섯 여성은 마침내 컴퓨터를 직접 조작한다는 사실에 감격했다. 진은 그때의 감정을 이렇게 표현했다. "스위치를 볼 수 있다니! 그리고 돌릴 수 있다니!" 그녀에게는 마치 천국 같았다. "물리적 경험인 동시에 지적이고 논리적인 경험이었어요."[9]

하지만 약간 만화 같기도 했다. 훗날 진은 크게 웃으며 그때의 기억을 떠올렸다. "〈루니 툰〉* 같은 장면이 펼쳐졌어요. 허먼이 '준비!'라고 외치면 각자 자기 스위치를 설정했거든요."[10]

진지한 순간이기도 했다. 모두가 자신이 역사적 현장에 있다는 느낌을 받았다. 에니악이 작동하며 누산기의 표시등이 반짝이기 시작하면 여섯 여성은 약간 감상에 젖기도 했다. 에니악 다음으로 어떤 종류의 컴퓨터가 등장할지, 얼마나 클지, 프로그래밍에 얼마나 많은 사람이 동원될지 이들로서는 알 수 없었다. 하지만 이것이 세상을 바꿀 새로운 무언가의 시작이라는 건 분명했다.

여섯 여성은 로스앨러모스 과학자들, 존, 프레스, 에니악 하드웨어

---

* 〈루니 툰〉은 미국 애니메이션의 황금기 중 1930년부터 1969년까지 워너 브라더스에서 제작한 코미디 단편 애니메이션 영화다.

팀과 함께 일하며 에니악 방에 몇 주 동안 머물렀다. 매일매일이 흥미진진했다.

당시 이들은 자신들이 작업 중인 문제에 대한 자세한 이야기를 듣지 못했다. 몇 년이 지난 후에야 에니악으로 수소 폭탄 폭파 장치를 위한 대략적인 계산을 도왔다는 걸 알게 되었다.[11] 원자 폭탄의 아버지라 불리는 로버트 오펜하이머와 일부의 반대에도 불구하고 로스앨러모스는 비밀리에 원자 폭탄보다 천 배 더 강력한 수소 폭탄을 개발하기 시작했다. 하지만 로스앨러모스 과학자와 수학자는 수소 폭탄의 폭파 장치 설계에 난항을 겪는 중이었고 답을 찾는 데 도움이 될 무언가가 필요했다. 세계적으로 유명한 물리학자이자 수학자였던 존 폰 노이만 박사는 로스앨러모스의 자문이자 객원 연구원이었고, 동시에 탄도 연구소의 고문이기도 했다. 그는 두 프로젝트를 모두 알고 있었고 로스앨러모스 과학자들에게 도움이 필요하다는 얘기를 듣고 탄도 연구소에 에니악 사용을 요청한 것이었다.

존과 프레스는 적절치 않은 시점이라고 반대했지만 로스앨러모스에서 온 이 과제는 매우 중요한 게 분명했고 존 폰 노이만은 이를 허용해달라고 탄도 연구소의 레슬리 사이먼과 폴 길런을 설득했다. 두 공동 발명가에게는 선택의 여지가 없었다. 그렇게 에니악은 로스앨러모스의 실험 대상이 되었다.[12]

✦

제한 구역이었던 에니악 방은 로스앨러모스 과학자들이 온 후로 더더욱 기밀 공간이 되었다. 아무도 이들의 데이터를 봐서는 안 되었으므로 스탠과 닉은 로스앨러모스에서 수백만 장의 천공 카드를 미리 만들어서 가지고 왔다.[13] 여섯 여성은 기밀 테스트 프로그램에서 천공 카드의 실행을 도왔다. 여섯 여성에게 주어진 매우 중요한 임무는 그들에게도 의외였다.

케이와 프랜은 닉과 함께 주간 근무를 하고, 베티와 진은 스탠과 함께 야간 근무를 하는 편이었다. 말린과 루스는 필요에 따라 주간, 야간 근무를 모두 도왔다. 존과 프레스는 아직 테스트 중인 에니악을 지키는 어미 닭처럼 항상 방에 있었다. 케이는 이렇게 기억했다. "그들은 컴퓨터 곁에 밤낮으로 머물며 문제가 생기면 바로 고치러 들어갔어요."[14]

프레스는 낮에 일하는 편이었고 존은 야간 근무를 하는 편이었지만 정기적인 교대 근무가 된 적은 없었고 낮 근무가 밤까지 이어지곤 했다. "프레스와 함께 30번가에 있는 역까지 여섯 블록을 뛰어가서 교외로 향하는 막차에 올라타곤 기차에서 곤히 잠든 밤이 많았죠."라고 케이는 회상했다.[15]

프로그램이 천공 카드를 생성하면 여성들은 도표 작성기를 통해 카드를 출력했다. 닉과 스탠은 계산 결과가 담긴 아코디언 종이 출력물을 안전하게 보관하기 위해 처음에는 잠금장치가 있는 서류 가방에, 나중에는 금고에 넣었다.[16] 어느 날 닉은 프레스와 함께 잠시 들렀던 근처 약국에 서류 가방을 두고 나온 적이 있었다. 가방을 깜빡했다는 걸 깨달은 두 남자는 부리나케 되돌아가 점원에게 가방을 돌려받고 안도의 한숨을 쉬었다. 스콧 매카트니는 이 일화를 두고 이렇게 농담했다. "그 안에 귀중품이 들어 있었다면 아마 잃어버렸을 테지만 종이라서 되찾을 수 있었을 거예요."[17] 당시 그만큼 철저히 비밀에 부친 프로젝트는 없었고 오늘날까지도 관련 문서가 일급비밀로 유지되고 있다. 에니악 팀에 속한 사람들도 자신들이 계산한 방정식의 실체를 몇 년 동안 알지 못했다.

　로스앨러모스 프로젝트에 전념하며 몇 주를 보낸 케이와 프랜은 닉과 스탠과 함께 남아 로스앨러모스 업무를 계속하기로 했다. 이들은 두 남성을 잘 알게 되었고 케이는 그 후로도 몇 년간 이들과 연락하며 지냈다.

# 프로그램과 페달링 시트

진과 베티가 2층 사무실로 먼저 돌아왔다. 에니악을 직접 조작했다는 자신감 덕에 궤도 프로그래밍이라는 도전에 더 깊이 파고들 준비가 되어 있었다. 두 여성은 다른 작업을 할 때와 마찬가지로 더 쉽게 관리할 수 있도록 작업을 나눴다. 처음에는 작업을 간단하게 나눴다. "진이 수학을 맡고, 전 로직을 맡았어요." 베티가 자랑스럽게 이야기했다.[1] 수학 전공인 진은 복잡한 탄도 궤도 방정식을 작은 조각으로 나눴고, 논리학자인 베티는 이를 에니악이 처리할 수 있는 더 작고 점진적인 단계로 나눴다.

컴퓨터로 일할 당시, 이들은 자신들의 직관, 지식, 전문성에 의존했다. 하지만 에니악에는 그런 속성이 없었고 자신이 컴퓨터로서

했던 일과 에니악이 해야 할 일이 크게 다르다는 걸 깨달았다. 예를 들어 987,643에 495,145를 더할 때 컴퓨터의 임무는 987643이라는 숫자의 집합을 먼로 탁상용 계산기에 입력하고 다음 작업을 수행해야 했다.

1. 더하기 버튼(+)을 누른다.
2. 계산기에 495145라는 숫자 집합을 입력한다.
3. 더하기 버튼을 다시 누른다.
4. 작은 바퀴가 돌아가는 걸 지켜보고 계산기 상단에 있는 바 아래쪽 작은 창에 나타나는 합계를 확인해 길고 하얀 궤도표에 적는다.

하지만 에니악은 이런 과정을 하나도 몰랐다. 에니악은 프로그래머가 신중하게 계획하고 준비한 작업만 수행했다. 에니악이 앞선 두 숫자를 더하려면 다음과 같이 여러 단계를 거쳐야 했다.

1. 누산기 4가 다음 단계에서 필요한 이전 계산 결과(여기에서는 987,643)를 저장하고 있다고 하자.
2. 누산기 4의 연산 스위치를 소문자 '알파'로 설정해 프로그래밍 스위치 위에 있는 '알파' 숫자 입력 커넥터에서 해당 숫자를 수신하도록 한다.

3. 누산기 6의 연산 스위치를 'A'로 설정하고 'A' 숫자 출력 커넥터를 통해 저장된 수치(여기에서는 495,145)를 누산기 4에 전송하고 더한다.

4. 누산기 6의 전송을 시작해 누산기 4가 동일한 프로그램 펄스로 수신하게 한다.

5. 나중에 프로그램에서 필요할 때까지 계산 결과를 누산기 4에 보관한다.


대규모 탄도 궤도 프로그램에 필요한 정보의 범위와 폭을 고려할 때 베티와 진은 탄도 궤도 프로그램의 모든 수학적, 논리적 단계와 물리적 세부 사항을 포착할 수 있는 표기 체계가 필요하다는 걸 깨달았다. 이들은 표기 체계를 직접 만들기로 했고 어디에서 시작하면 좋을지도 알았다. 커다란 백지였다.

베티와 진은 익숙한 백지를 펼치고 맨 위에 27개의 열을 그렸다. 맨 왼쪽 열부터 이름을 적었다. 마스터 프로그래머master programmer를 뜻하는 'M.P.', 누산기accumulator 1, 2를 뜻하는 'Acc 1', 'Acc 2', 나눗셈기와 제곱근 계산기를 뜻하는 'Divider', 'Acc 3'부터, 'Acc 10'까지, 고속 곱셈기high-speed multiplier를 뜻하는 'HSM' 등 에니악 유닛 대부분을 적어나갔다.[2]

시트 왼쪽 아래에는 프로그램의 각 단계를 점진적으로 나타내는

16개의 행을 그렸다. 앞으로 완성될 탄도 궤도 프로그램의 여러 단계를 위해 훨씬 더 많은 시트를 만들게 될 거라고 생각했다. 열과 행의 교차점에는 숫자 와이어, 프로그램 펄스 케이블, 스위치 설정 등 프로그램 단계의 모든 세부 사항으로 채울 작고 깔끔한 사각형 450개가 이들을 기다리고 있었다.

베티는 색을 사용해 더 많은 정보를 추가했다. 그녀가 가지고 있던 노르마^norma 4색 펜으로 컴퓨터의 펄스, 스위치, 케이블 순서를 표시했다.[3] 그 덕분에 컴퓨터에서 데이터가 어떻게 흐르는지 한눈에 확인할 수 있었다.[4]

이렇게 종이로 하는 작업의 핵심은 한 번에 한 단계씩 내려가는 것이었다. 베티는 이 과정이 마치 자전거 페달을 한 번에 하나씩 밟는 것 같아 이 종이에 '페달링 시트 pedaling sheet'라는 이름을 붙였다. 진도 열렬히 동의했다.[5]

두 사람은 탄도 궤도 프로그램의 수학적, 논리적, 물리적 세부 사항으로 페달링 시트를 채우는 작업에 착수했다. 베티는 "기계의 덧셈 주기 하나마다 한 행씩 사용하는 것이 우리가 생각한 순서도의 형태"였다고 자랑스럽게 설명했고 그녀는 진과 함께 이 시트를 발명했다.[6]

그렇게 뇌를 혹사시키는 날들이 이어지는 동안 베티와 진은 거의 서로의 집에서 지냈다. 베티가 여전히 부모님과 함께 살고 있었기에 진은 베티 가족과 많은 시간을 보냈다. "베티의 집은 나버스에 있었고 전 일주일에 2~3일 밤을 그 집에서 지내곤 했어요." 진은 베티의 남동생과 배드민턴을 쳤고, 학교 선생님이자 천문학자로서 그녀가 항상 우러러봤던 베티의 아버지와 대화를 나눴다. 베티의 어머니가 그녀를 입양이라도 한 것 같았다. "베티 어머니는 요리를 아주 잘하셨어요. 성격도 아주 쾌활하셨고 훌륭한 어머니셨죠."[7] 진은 그 집에서 언제나 좋은 시간을 보냈다.

진의 룸메이트가 집을 비우는 날이면 두 사람은 진의 집에 머물렀다. "베티가 필라델피아로 와서 저희 집에서 지내곤 했어요." 두 사람은 함께 시내에 나가 도시를 탐험했다. 진은 에니악 업무를 함께 시작한 때부터 베티와 '한 팀'이라 느꼈고, 베티를 그녀의 '첫 번째 완벽한 파트너'라고 칭했다.[8]

베티는 마스터 프로그래머 유닛이 궁금했다. 지난가을 케이는 마스터 프로그래머가 '루프'를 실행하고 이전에 설정한 케이블과 스위치를 재사용할 수 있다는 걸 알아냈다. 여전히 훌륭한 통찰이었다고 평가했지만 다른 비밀이 더 있을 것만 같았다. 베티는 새로운 무언가를 발견하기 위해 마스터 프로그래머 다이어그램을 다시 살펴봤다.

베티는 마스터 프로그래머가 루프 외에도 특정 상황에서 특정 로직을 실행해 특정 조건이 충족되는지 확인할 수 있다는 걸 깨달았다. 조건이 충족되면 프로그램이 특정한 방향으로 진행되고, 충족되지 않으면 다른 일련의 단계를 실행했다.[9] 마스터 프로그래머는 에니악을 궤도 계산에 필요한 유연성을 갖춘 프로그래밍이 가능한 범용 컴퓨터로 만드는 확실한 열쇠였다. 프로그래머는 계산 결과가 0인지 확인하고 싶을 때, 즉 포탄이 비행을 마치고 땅에 떨어졌는지 확인할 수 있었다. 비행이 끝났다면 프로그래머는 탄도 궤도 프로그램을 마지막 단계로 보낼 수 있었고, 비행이 끝나지 않았다면 계속 계산할 수 있었다.[10]

베티의 분석력이 빛을 발하는 순간이었다. "저는 마스터 프로그래머를 독학으로 배웠어요." 그녀는 그 성능에 감명을 받았고 IF 문은 컴퓨터에 시킬 수 있는 아주 어려운 일 중 하나였다고 회상했다.[11]

매우 흥미로운 기능이었고 그 기능을 사용하려면 마스터 프로그래머가 꽤 복잡해졌지만 꿀단지에 들러붙은 파리처럼 베티는 그 일에 달라붙었다. IF-THEN 문은 프로그래밍의 기본 조건문 요소로 오늘날에도 남아 있는 개념이다.[12]

베티는 존 모클리와 마스터 프로그래머에 대해 이야기를 나누기로 했고 진도 여기에 동참했다. 대화를 시작하자마자 존의 얼굴이 환해지는 걸 보고 베티와 진은 존이 마스터 프로그래머를 만든 사람이라는 걸 깨달았다. 마스터 프로그래머는 그가 가장 좋아하는 유닛이자 그의 창조물이었고 '에니악의 영혼'이었다.[13] 사실 그 유닛이 세계 최초의 프로그래밍이 가능한 전전자식 범용 컴퓨터, 에니악에 대해 존이 품은 구상의 핵심이었다.

존은 베티가 자신과 비슷하게 생각하며 상호 보완적인 탁월한 지성을 지닌 사람이라는 걸 깨달았다. 존과 베티는 마스터 프로그래머에 대한 애정과 범용 컴퓨팅에 대한 깊은 관심에서 동지애를 느꼈다. 베티는 프로그래밍의 다재다능한 능력에 논리가 더해지면 거의 모든 걸 프로그래밍할 수 있다는 걸 알았다.

진의 입장에서도 존과의 대화가 즐거웠다. 그녀는 존이 열심히 상대를 호응해주는 사람이라고 느꼈다. 그는 남녀 구분 없이 상대의 말을 주의 깊게 들었고 상대가 하고자 하는 바를 잘 따라주었다. 만약 진이 노래를 부른다면 존은 함께 노래할 것이고, 『이상한 나라의 앨리스』의 한 구절을 인용한다면 그 뒷부분을 이어서 말해줄 사람이었다.[14]

# 벤치 테스트와 단짝 친구

1945년 11월 말부터 12월 초까지 케이와 프랜은 계속해서 로스앨러모스 프로젝트 진행을 도왔고 베티와 진은 탄도 궤도 프로그램에 진전을 보였다. 하지만 작업 도중 베티와 진에게 매우 중요한 질문이 떠올랐다. 탄도 궤도 프로그램이 제대로 작동하는지는 어떻게 확인할 수 있을까?

허먼과 존 홀버턴은 말린과 루스에게 답을 찾으라고 요청했다. 두 여성은 베티, 진과 함께 에니악이 어떤 단계를 거치며 궤도를 계산하는지 배운 후, 똑같은 단계를 따르되 다른 방법으로 답을 계산하기로 했다.[1] 베티와 진은 페달링 시트의 단계를 공유했고 이 네 명의 여성은 테스트를 위해 포, 포탄, 기온, 측풍, 습도, 목표물까지의 거리 등 탄도 연구소를 위한 샘플 궤도를 실행하는 데 필요한 데이터를 받았다.

말린과 루스는 다시 한번 탁상용 계산기를 쓸 수 있는 조용한 업무 공간을 찾아 나섰다. 해야 할 일이 엄청나게 많았다. 수많은 덧셈, 뺄셈, 곱셈, 나눗셈, 제곱근 계산을 수행해야 했다. 시간이 매우 오래 걸리는 어렵고 고된 작업이었지만 두 사람은 어려운 임무의 적임자였다. 루스는 정확하고 뛰어난 업무 완수로 평판이 자자한 존경받는 컴퓨터였고 말린 또한 탁월한 능력으로 인정받는 사람이었다. 말린은 무어 스쿨 책상에 앉아 계산을 하며 보낸 수천 시간 내내 실수를 한 번도 하지 않는 것으로 유명했다. 존 모클리도 레이더 프로젝트에서 그녀가 얼마나 훌륭히 업무를 수행했는지 언급할 정도였다.

*존의 밑에서 일하는 동안 말린은 한 번도 실수한 적이 없었다... 그녀의 업무는 완벽의 경지에 도달한 수준이었고 존은 그런 사람을 본 적이 없었다. 말린은 자질이 뛰어난 최고의 컴퓨터였다.*[2]

그리고 결국 이들은 해냈다. 말린과 루스는 탄도 궤도 프로그램 단계마다 누산기에 어떤 수치가 저장되어야 하고 IBM 천공 카드에 어떤 수치를 인쇄해야 할지 알아냈다. 마침내 다시 에니악을 접하게 되었을 때 베티와 진은 탄도 궤도 프로그램을 어느 단계에서든 일시 중지시켜서 누산기 상단에 있는 표시등을 검사하고 임시 저장된 수치가 말린과 루스가 계산한 수치와 일치하는지 확인할 수 있었다.

두 수치가 일치한다면 프로그램이 제대로 작동하는 것이므로 작업을 이어나갈 수 있었다. 일치하지 않는다면 작업을 멈추고 프로그램의 로직, 와이어, 스위치에 발생한 오류를 찾아야 했다. 오늘날에도 프로그래머들은 프로그램을 테스트할 때 별도의 계산을 수행하며 이를 '벤치 테스트bench test'라고 부른다.

벤치 테스트 계산 과정에서 말린과 루스는 더 친해졌다. 이들의 우정은 3층 컴퓨팅 팀에서 시작되었고 성능 시험장에서 더 끈끈해졌다. 이제 둘도 베티와 진처럼 업무 시간 이후에도 함께 시간을 보냈고 더욱 가까워졌다.

말린은 여전히 조용하고 내성적인 편이었지만, 매우 명랑하고 거침없이 말하는 베티와 함께 있는 게 즐거웠다.[3] 루스가 혼자 사는 유대계 여성에게 주거 공간을 제공하는 리베카 그라츠 클럽으로 이사한 후 말린은 그녀 집에 자주 방문했다. 모두가 피아노 옆에 모여 노래하고 휴게실에서 카드 게임을 하며 여학생 클럽 특유의 우정을 나누던 멋진 곳이었다.[4]

이들은 가끔 시내로 나갔다. "우린 시간이 나면 영화나 콘서트, 공연을 함께 보러 다녔어요." 전쟁이 끝난 후 점점 더 많은 행사가 열렸고 이들에게는 그런 행사를 즐길 시간적, 금전적 여유가 있었다. 말린은 루스에게도 매우 조용한 면이 있다는 걸 알았는데, 조금 조용히 지내고 싶을 때는 이들을 따뜻하게 맞이하는 말린 가족이 있는 웨스코프가로 가서 함께 시간을 보냈다.[5]

말린의 아버지는 세상을 떠났지만 어머니가 여전히 따스하게 이들을 맞이했다. 어머니는 요리 솜씨가 좋았고 손님이 오는 걸 좋아해서 집에서 멀리 떨어져 사는 루스가 오는 걸 기쁘게 반겼다. 말린은 루스가 "저녁을 먹으러 자주 왔다."고 기억했다.[6] 말린의 이모도 자주 방문하던 그 집에는 항상 음악, 동유럽 전통 음식인 브리스킷과 쿠겔, 그리고 온기가 흘러넘쳤다.[7]

이들은 뉴욕까지 기차를 타고 롱아일랜드를 지나 파 로커웨이에 살고 있는 루스의 부모님도 몇 차례 만났다.[8] 대서양을 따라 이어지는 아름답고 긴 해변으로 유명한 파 로커웨이는 뉴욕 시민들의 놀이터였고 루스의 부모님이 은퇴하여 살고 있는 멋진 곳이었다. 말린이 수십 년 동안 간직한 이 시절 사진 속에는 수영복과 가운을 입은 두 젊은 여성이 활짝 웃고 있다(사진 3).* 단짝 친구와 함께 햇빛을 즐기는 건 기분 좋은 일이었다.

---

* 421페이지의 사진집을 참고하자.

# 병렬 프로그래밍

그사이 베티와 진은 프로그램 테스트를 이어갔다. 이들은 프로그램과 함께 살아 숨 쉬었다. 로스앨러모스 문제와 얽혀 있는 까닭에 여전히 에니악에 접근할 수는 없었지만 서로의 로직을 확인하고 검토했으며 서로의 작업에 의문을 제기했다. 이들은 프로그램의 모든 논리적, 물리적 세부 사항을 살펴보는 평범치 않은 업무 관계를 맺고 있었다.

> 우리는 서로가 하는 일에서 결점을 찾으려 노력했어요. 상대가 결점을 찾았을 때는 화를 내기보다 기뻐했죠. 프로그램에 오류가 남지 않는다는 뜻이었으니까요.[1]

하지만 한 가지 문제가 더 있었다. 프로그램이 너무 느렸다. 베티와 진은 에니악의 궤도 계산 속도가 탄도 연구소의 승인을 받아낼 핵심 요소라는 걸 알았다. 베티는 한순간도 낭비하고 싶지 않았다.

에니악이 한 번에 여러 단계를 실행하도록 설정할 수 있다면 어떨까? 수십 년 동안 대다수의 컴퓨터가 직렬 프로세서 또는 순차 프로세서로 한 번에 한 단계만 실행해온 오늘날의 관점에서는 말도 안 되는 이야기처럼 들릴 수 있다. 하지만 에니악은 병렬 프로세서였고 여러 연산을 한 번에 실행할 수 있었다.[2] 단, 프로그래머가 매우 신중하고 똑똑하게 작업해야 했다.

개념은 간단했다. 하나의 프로그램 펄스를 하나 이상의 유닛에 동시에 전달한다. 그러므로 누산기가 덧셈을 시작하는 바로 그 순간에 고속 곱셈기도 곱셈을 시작할 수 있다.

하지만 타이밍이 문제였다. 누산기의 실행 속도는 곱셈기보다 열 배 빨랐다. 누산기는 덧셈을 초당 5,000번 실행했고 곱셈기는 곱셈을 초당 500번(당시에는 이 정도도 매우 빠른 속도였다) 실행했다. 프로그램의 다음 단계에는 누산기와 곱셈기의 결과가 모두 필요했기 때문에 프로그래머는 다음 단계에 돌입하기 전 곱셈기가 계산을 끝낼 수 있도록 충분한 시간적 여유를 둬야 했다.

그렇지 못한다면 후일 진이 배꼽 빠지게 웃으며 이야기한 것처럼 모든 단계가 다시 동기화되도록 타이밍을 조정해야 했다.[3] 에니악의 병렬 프로그래밍은 어려웠다.

베티는 도전을 받아들였다. "직렬로 프로그래밍할 수도 있었지만 백만분의 1초도 낭비할 수 없었어요. 그래서 모든 걸 병렬로 프로그래밍했어요."[4] 하지만 병렬로 생각하는 건 어려웠다. 베티는 이 방식이 어려웠던 이유를 고심한 끝에 이런 결론을 내렸다.

*인간은 병렬로 생각하지 않아요. 직렬로 생각하죠. 여러분은 책을 순차적으로 읽어요. 글도 순차적으로 쓰고요... 모든 걸 병렬로 해야 한다면 자신이 하는 일에 새로운 논리를 적용해야 해요. 시간 면에서 모든 것을 압축해야 하죠.[5]*

그녀는 나중에 에니악 프로그래밍이 아마 그녀가 해본 가장 어려운 일 중 하나일 것이라고 했다.[6] 오늘날까지도 병렬 프로그래밍은 프로그래머가 접하는 가장 어려운 과제의 하나로 손꼽힌다.

베티와 진은 최대한 많은 탄도 궤도 프로그램을 병렬로 실행하는 작업에 착수했고 1945년 늦겨울이었던 이즈음에는 다행히 케이와 프랜이 에니악 팀으로 복귀했다. 닉과 스탠은 로스앨러모스에 제출할 대략적인 답변을 얻었고[7] 잠시 동안 에니악 프로그램을 더 유지했지만 대규모 팀에 대한 필요성은 점점 줄어들었다.

에니악 6인으로 돌아온 케이는 열정적으로 참여했다. 그녀는 병렬 프로그래밍이 얼마나 복잡한지, 그리고 프로그램 속도를 높이는 데 얼마나 큰 역할을 하는지 제대로 이해했고 베티와 진의 복잡한 업무를 도왔다.[8] 이들은 함께 병렬 궤도 프로그램을 에니악에 적

합하게 수정하는 작업을 마무리했다. 케이는 나중에 이렇게 표현했다. "모든 작업을 동시에 처리하기 위해 약간 압축해서 넣는 특별한 방법이 있었어요."[9]

여섯 여성은 행복했다. 이들은 수시로 기술자들에게 질문했다. 에니악 방의 출입 금지가 풀렸기에 유닛 제어 스위치나 플러그를 직접 보고 싶거나 기술자에게 질문이 있을 때면 에니악 방에 언제든지 방문할 수 있었다. 더 이상 약속의 땅에서 추방된 존재가 아니었다.

이들은 머지않아 에니악 팀의 일원이 되었고 존, 프레스를 비롯한 기술자들과 점심, 저녁을 함께 먹었다. 하지만 여전히 여섯이 함께 있는 걸 좋아했고 시간이 날 때마다 리도 레스토랑이나 아서 스테이크하우스의 둥근 테이블에 둘러앉아 딱 알맞게 익혀서 나오는 스테이크를 즐기며 함께 즐거운 시간을 보냈다.[10]

시간이 지나 케이는 따뜻한 미소를 지으며 이렇게 회상했다. "전 에니악 프로그래머로 일했던 여성들과 함께 일하는 게 정말 즐거웠어요."

1945년 12월의 성탄절 연휴는 여섯 여성뿐 아니라 필라델피아 시민과 전 국민에게 기쁘고 흥겨운 시간이었다. 군인 대부분이 가족, 친구와 함께하기 위해 집으로 돌아왔다. 독일과 일본에 남은 이들에게도 총성은 들리지 않았고 전투는 끝났다.

1945년 성탄절, 『필라델피아 인콰이어러』는 워싱턴 전함이 유럽에서 집으로 돌아오는 1,626명의 군인과 함께 뉴욕항에 도착했다는 기쁜 소식, 그리고 패튼 장군이 딱 일 년 전 오늘, 함께 전투에 임했던 벨기에 아르덴의 걸쭉하고 붉은 진흙탕 아래 제3군의 전사자들을 따라 군장의 예를 갖추어 영면에 들었다는 슬픈 소식을 전했다.[11]

하지만 에니악 6인의 연휴는 순식간에 지나갔다. 업무에 몰두하느라 연휴를 제대로 즐기지 못했다. 이들은 여전히 추운 1946년 1월까지 탄도 궤도 프로그램을 마무리하고 개선하는 작업을 계속했다.

그리고 중요한 질문 하나를 계속해서 스스로에게 던졌다. 언제쯤 에니악에서 프로그램을 실행해볼 수 있을까?

# 사진을 찍다

에니악 6인이 근무하는 사무실 바깥은 활기가 넘쳤다. 1946년 1월 육군은 에니악의 존재를 세상에 공개하기로 결정했다. 탄도 연구소는 큰 위험을 감수하며 많은 이들이 실패를 점쳤던 기술을 후원했다. 탄도 연구소가 후원한 총액은 486,804.22달러(오늘날 가치로 690만 달러, 한화로 약 90억 원)였고 이들의 모험은 훌륭하게 성공했다.[1] 에니악은 세계 최초의 프로그래밍이 가능한 전전자식 범용 컴퓨터였고 당시 지구상에 있는 어느 컴퓨터보다 최소 천 배 이상 빨랐다.[2] 탄도 연구소는 공로를 인정받고 성과를 기념하고 싶었고, 펜실베이니아 대학교와 무어 스쿨도 같은 마음이었다.

　허먼은 전쟁부의 홍보국과 긴밀히 협력했다. 그들은 두 날짜를 골라서 2월 1일에는 과학, 기술 관련 기자들에게, 2월 15일에는 미국 내 과학 기술 커뮤니티 리더들에게 에니악 방을 공개하기로 했다.

육군은 2월 1일을 위해 미국 과학 작가 협회National Association of Science Writers와 유명 잡지 기자들에게 초청장을 보냈다. 그리고 허먼, 존, 프레스는 컴퓨팅의 역사, 범용 컴퓨터의 장점, 에니악에 대한 상세한 설명, 미래에 산업, 과학 분야뿐 아니라 군사적 목적으로 어떻게 쓰일지에 대한 전망을 상세히 적은 문서를 작성하기 시작했다. 이 보도 자료는 기자들이 기사를 작성하기 위해 자세한 정보가 필요할 때가 오면 가이드가 될 예정이었다.

허먼은 '에니악의 군사적 적용 설명서'라는 보도 자료를 쓰기 시작했고, 존은 '고속 범용 컴퓨팅 기계의 필요성'이라는 글의 초안을 작성했다. 존은 그 글에서 미래에는 에니악 같은 컴퓨터 덕분에 '수리 물리학과 공학의 진보가 크게 앞당겨질 것'이라 예측했다. 프레스는 '물리적 측면에서 살펴본 에니악의 작동 방법'이라는 글을 주도적으로 작성했다.[3] 그리고 이들은 서로의 글을 편집하고 추가 문서를 작성했다.[4]

하지만 이들의 협력은 거기까지였다. '에니악 개발 담당자 프로필'이라는 보도 자료를 작성하는 시점이 되자[5] 허먼은 자신을 개발자라고 적었다. 존은 그 말에 동의하지 않고 문서를 다시 작성했고 허먼의 약력을 적을 공간을 적당히 남겨두었다.[6] 하지만 결국 목록의 첫 번째 자리에는 진급해서 대령이 된 폴 길런이 긴 약력과 함께 이름을 올렸다. 그다음 자리는 허먼이 차지하며 수많은 약력과 함께 이름을 올렸고, 그 뒤로는 존 그리스트 브레이너드가 이 프로젝트를 위해 무어 스쿨의 행정적인 문제를 처리한 공로를 인정받았다. 마지막으로 세 번째 페이지에 존의 약력이 '에니악 개발로 이어진 전자식 범용 디지털 계산기에 대한 아이디어를 창안한 사람'으로 실렸다. 프레스의 약력과 '에니악 프로젝트 수석 엔지니어이자 팀의 지도자'라는 설명은 네 번째 페이지에 깊이 숨겨져 있었다.[7]

그 뒤로 해럴드 펜더, 에니악 엔지니어 몇 명, 아델이 짧게 언급되었지만 여섯 여성은 한 번도 언급되지 않았다. 베티, 진, 케이, 프랜, 루스, 말린의 이름은 자료 어디에도 없었다.

전쟁부 홍보국 직원들은 이들이 작성한 모든 글을 가져와 긴 종이에 깔끔하게 타이핑한 뒤 기자들을 위해 한 부씩 준비했다. 단, 각 글 상단에 이런 경고가 적혀 있었다.

*1946년 2월 16일 토요일 조간신문 발표. 1946년 2월 15일 동부 표준시 오후 7시 이후 라디오 방송.*[8]

기자들은 2월 1일에 에니악을 볼 수 있었지만, 이번 방문에 대한 기사를 공개하는 건 2주 후에야 허용되었다. 육군의 이러한 뉴스 엠바고는 2월 15일 펼쳐질 시연과 동시에 언론에서 더 큰 반향을 불러일으키기 위한 장치였다. 덕분에 기자들에게는 보도 자료를 찬찬히 읽어볼 시간도 생겼다.

언론 배포용 자료가 마무리되자 허먼은 언론 공개일에 시연할 활동을 설계했다. 그는 아델, 아서 버크스와 함께 덧셈, 곱셈, 제곱, 세제곱, 사인, 코사인 같은 기본적인 수학 계산을 수행하는 에니악의 능력을 보여주는 짧은 프로그램 시리즈를 준비하는 작업에 돌입했다.[9]

그사이 육군 사진사가 보도 자료에 넣을 에니악 사진을 찍으러 왔다. 커다란 컴퓨터의 사진을 찍는 건 쉬운 일이 아니었다. 컴퓨터의 크고 검은 금속 패널이 플래시의 빛을 흡수하는 까닭에[10] 특별한 조명을 설치했다. 사진사는 에니악 방을 조감하고 거대한 U자 형태 전체를 포착할 수 있게 사다리도 가져왔다.

그리고 존, 프레스, 허먼, 루스, 진, 프랜과 에니악 팀의 다른 구성원도 에니악 주변에 세우고 사진을 찍었다(사진 10).

유명한 사진 속에서 프레스는 웃으며 함수표 스위치를 켜는 척하고, 존은 중앙 기둥에 기댄 모습으로 방 중앙에 서 있다. 진은 뒤편 우측 끝에서 다른 함수표 스위치를 돌리고 루스는 전면 우측 하단에서 카메라를 마주하고 있는 유닛 몇 개 앞에 서 있다. 허먼은 두 사람 사이에 제복을 입고 짧은 케이블에 손을 올리고 있다. 호머 스펜스Homer Spence 일병이 제복을 입고 뒤편 좌측에 서 있다.[11]

에니악 유닛 5개만 보이도록 근접 촬영한 사진에서는 진이 왼쪽에, 프랜이 오른쪽에 서서 컴퓨터 쪽으로 얼굴을 향하고 있다(사진 9).[12] 카드 판독기에 카드를 넣는 프랜의 옆모습을 사진사가 줌 인해 여성과 기계를 포착한 다른 사진도 있다. 사진 왼쪽 끝에 진이 서 있지만 카메라의 초점은 명확히 프랜에게 맞춰져 있었다.[13]

모든 사진은 흑백이고 시대를 초월한다. 사진은 기자 배포용 자료를 위해, 그리고 후세의 사람들에게 영감을 주기 위해 광택지에 인화되었다. 높이 솟은 유닛 때문에 사람들이 왜소해 보이긴 하지만 이들은 거대하고 새로운 컴퓨터 앞에 차분하고 자신감 있는 전문가의 모습이다. 사진가가 의도했든 아니든 발명가, 육군, 그리고 여성들까지, 에니악 업무에 참여한 매우 귀중한 세 그룹을 보여주는 사진이었다.

마지막 준비 시점이었던 1월 말, 허먼은 여성들에게 행사 준비를 위해 에니악 방으로 모이라고 알렸다. 그들은 프로그래머가 아닌 '접대원'으로서 참석하는 것이었다.[14]

1946년 2월 1일 금요일 오전 11시, 동부 해안 전역의 기자들이 무어 스쿨에 도착했다. 필라델피아의 여러 지역 신문, 뉴욕 타임스, 다양한 과학 관련 출판물을 대표하는 이들이었다. 그들은 무어 스쿨 2층 강의실에서 소개를 들은 후 에니악 방으로 향했다.

그곳에서 에니악, 즉 그 거대한 U자를 보았다. 존, 프레스, 그리스트, 허먼, 글래디언 반스Gladeon Barnes 소장이 먼저 발언한 뒤에 허먼과 아서가 발표를 시작했다. 덧셈부터 곱셈, 제곱과 세제곱표, 사인, 코사인 표까지 계획했던 대로 에니악을 실행했다.[15]

허먼은 기밀이어서 설명할 수는 없지만 프로그램(로스앨러모스 프로그램) 일부를 에니악에서 실행할 것이라 발표했고 그것이 '길고 복잡한 계산의 예'라고 확언했다.[16] 기자들은 약간 혼란스러운 상태로 행사장을 떠났다.

행사가 끝난 후 기자의 질문에 답하기 위해 몇 사람이 남았고 루스는 질문하는 기자들에게 유닛의 기능을 설명하라는 요청을 받았다.[17]

베티와 케이는 참석자를 위해 준비한 점심 제공을 돕기 위해 프랭클린 과학 박물관으로 향했다.[18] 필라델피아의 기술과 혁신을 도모하기 위해 지어진 프랭클린 과학 박물관이 장소를 제공해주었다.

허먼이 기자들에게 베티와 케이를 제대로 소개했다면 기자들이 방금 자신들이 본 기계의 이해를 도와줄 에니악 전문가와 함께 있다는 걸 알았을 것이다. 하지만 허먼은 베티와 케이에게 남성 손님에게 커피를 따라주는 접대원 역할을 맡겼고[19] 두 여성은 크게 실망했다.

베티는 프랭클린 과학 박물관 홍보 담당자 옆에 앉았고, 케이는 다른 테이블에 당시 주요 일간지였던『필라델피아 불러틴Philadelphia Bulletin』의 주요 과학 저술가 옆에, 펜실베이니아 대학교의 학장 근처에 앉았다. 케이는 옆에 앉은 두 사람이 에니악의 진정한 의미를 하나도 이해하지 못한 채 에니악 행사장을 떠났다는 걸 알게 되었다.[20] 그날 커피를 따라준 이들이 누구였는지만 알았다면 그 후 몇 주간 신문에 어떤 이야기가 실렸을지는 누구라도 쉽게 상상할 수 있으리라.

기자들이 떠난 후 허먼, 아델, 아서를 비롯한 이들은 행사가 목표를 달성하지 못했고 행사에 참석하지 않았던 진에게 나중에 누군가 말했듯이 실망스러웠다.[21] 하지만 이건 시운전에 불과했다. 2월 15일에 탄도 연구소 고위 장교, 미국의 뛰어난 과학자, 기술 전문가 일부를 위해 진행할 대규모 시연이 예정되어 있었다. 허먼에게는 청중의 관심을 사로잡을 더 크고 대담한 무언가가 필요했고, 준비할 시간은 2주 남짓뿐이었다.

하루 이틀 정도 후 허먼과 아델은 베티와 진을 자신들의 아파트로 초대해 함께 차를 마셨다.[22] 컴퓨터들과 절대 어울린 적이 없는 두 사람이 이들을 초대한 건 특이한 일이었다. 진과 베티는 그들의 집까지 가는 여정을 즐거워했고 만남의 목적이 무엇인지 궁금했다.

아델은 거실에서 차를 대접했고, 커다란 페르시안 고양이가 무릎에 앉아 있으려 했다고 베티는 기억했다.[23] 고양이를 엄청나게 좋아하는 건 아니었지만 대화에 너무 푹 빠져서 미처 쫓을 겨를이 없었다.

베티는 허먼이 조금 갑작스럽게 이렇게 물었다고 했다. "에니악에 궤도를 넣을 수 있습니까? 그럴 준비가 된 겁니까?"

베티와 진은 답했다. "물론이죠."

그는 "그럼 시연을 준비해줄 수 있습니까?"라고 물었고 두 사람은 "물론입니다. 할 수 있어요."라고 답했다.[24]

베티와 진은 신나서 서로를 쳐다봤다. "우리는 에니악을 직접 조작해보고 싶어서 안달이 났었거든요."[25] 이들은 한시바삐 탄도 궤도 프로그램을 실행해보고 싶었다.

허먼과 아델은 궤도가 어느 정도로 완벽한지, 진과 베티가 에니악을 설정하고 디버그하고 시연일에 실행할 수 있을지 연이어 질문했다.

베티와 진은 할 수 있다고 장담했다.[26] 이미 자신들이 만든 프로그램을 여러 차례 확인해온 터였다.

"좋아요. 그럼 여러분이 시연을 맡으세요." 허먼은 지시했다.[27] 이들은 바로 다음 날부터 에니악에 프로그램을 넣기 시작했다.

아파트를 떠나는 베티와 진은 쌀쌀한 2월의 공기 속으로 발을 내디뎠다. "우리는 너무 신났어요. 꼭 꿈이 실현되는 것 같았죠."[28]

# 에니악 방을 차지하다!

다음 날 아침 페달링 시트와 벤치 테스트를 양팔 가득 든 베티, 진, 말린, 루스, 케이, 프랜은 고개를 높이 들고 에니악 방으로 향했다. 이들은 일생일대의 업무를 시작할 준비가 되어 있었다.

계획은 간단했다. 에니악에 탄도 궤도 프로그램을 설정하고 샘플 궤도를 실행하고 그 결과를 말린과 루스의 벤치 테스트와 비교하는 것이었다. 간단하지만 쉽지만은 않았다.

이들은 우선 프로그램에 필요한 숫자 와이어, 프로그램 펄스 케이블을 비롯한 장치 목록을 작성했다. 루스는 장치가 충분한지 확인하는 일을 맡았는데 와이어가 충분하지 않다는 걸 확인했다. 이들에게 필요한 매우 긴 와이어 하나가 아예 없었다. 그래서 루스는 전선 전문가인 클렘에게 와이어 제작을 부탁했다.[1] 에니악에 사용하는 장치들은 모두 에니악을 위해 특별 제작한 것이어서 인근 철물점에서 숫자 와이어나 프로그램 펄스 케이블을 사는 건 불가능했다.

와이어를 배치하고 사용할 준비가 되자 루스가 다음 단계도 이끌었다. 닉과 스탠이 로스앨러모스 문제를 해결했듯이 루스도 에니악 유닛을 위한 각 스위치와 와이어 설정을 정리한 작은 카드를 준비했다.[2] 그녀는 아름다운 손 글씨로 카드를 작성했고 에니악 유닛 전면에 위치한 카드 홀더 안에 카드를 밀어 넣었다.

그리고 여성들은 에니악 설정 작업을 시작했다. 즉, 와이어를 연결하고 다이얼을 설정했다. 단, 이번에는 허먼의 지휘가 아닌 이들이 직접 진행했고 모두가 함께했다. "실행 순서를 맞추기 위해 누산기를 프로그램 트레이에 연결해야 했어요." 베티는 그날의 즐거움을 회상하며 말했다.

*건축가 역할과 건설 기술자 역할, 두 가지를 다 해야 했어요. 레고 부품이나 조립 완구 부품처럼 온갖 부품이 모두 눈앞에 펼쳐져 있었기 때문이죠.[3]*

이들은 카드를 따라 모든 걸 결합했다. 누산기, 곱셈기, 나눗셈기, 제곱근 계산기를 탄도 궤도 프로그램 순서대로 연결했다.

23킬로그램짜리 숫자 트레이를 매다는 힘든 작업도 했다. 숫자 트레이는 길이가 2.4미터, 너비가 60센티미터인 검은색 금속 상자로, 에니악 유닛 4개를 동시에 실행하도록 설계되었고 숫자 와이어 10개에 해당하는 수치를 표현했다. 숫자를 실행하려면 23킬로그램짜리 숫자 트레이를 에니악 유닛 높이의 ⅔ 지점에 두어야 했다. 무거운 숫자 트레이를 팀원들과 함께 들어 올리려니 진은 아버지, 오빠들과 함께 건초 뭉치를 매달던 때가 떠올랐다.[4] 그다음에는 파트너와 함께 몸을 낮추고 23킬로그램짜리 프로그램 펄스 트레이를 프로그램 펄스가 실행되는 유닛 바닥을 따라 배치했다.

이들은 루스의 카드를 따라서 나눗셈기와 제곱근 계산기의 다이얼을 신중하게 설정했다. 나눗셈 연산의 분자와 분모를 설정하고 누산기로 보내 덧셈, 뺄셈을 수행할 수치를 정했으며 추가 계산을 위해 고속 곱셈기로 보내야 할 결과를 정했다.

또한 수백 개의 스위치를 설정해 샘플 궤도 계산에 필요한 함수표의 상수를 맞춰 두었다. 그리고 이들이 보지 않을 때 누군가 스위치를 돌리지 않기를 바랐다.

여섯 여성이 에니악에 탄도 궤도 프로그램을 설정하는 데 3일 정도가 걸렸고 신중하게 작업을 진행했다. 그리고 다음 단계인 프로그램 디버깅으로 넘어갔다. 로직이 올바른지, 각 와이어와 스위치가 올바르게 설정되었는지 확인하는 과정이었다.

베티와 진은 말린과 루스와 긴밀하게 작업하며 문제를 해결했다. 베티와 진이 페달링 시트를 맡고 말린과 루스가 벤치 테스트를 수행했다.

　이들은 존과 프레스가 창조한 특별한 도구를 들고 에니악의 거대한 U자 한가운데 서 있었다. 여기서 말하는 특별한 도구는 검은색 플라스틱으로 만든 리모컨으로, 길고 얇은 검은 와이어로 컴퓨터에 연결되어 있고 버튼 네 개가 달려 있었다. 드렉설 대학교의 컴퓨터 과학과의 브라이언 스튜어트 Brian Stuart 교수는 나중에 이를 '휴대용 제어 스테이션'이라고 설명했고 기계 전체 주변을 돌아다녀도 될 정도로 긴 케이블이 달려 있었다.[5] 디버깅을 위한 완벽한 도구였다.

여성들이 특정 버튼을 클릭하면 'ADD 시간 하나'만큼 에니악이 진행됐다.[6] 에니악이 덧셈 하나만큼, 혹은 오천 분의 일초만큼 앞으로 나아갔다는 뜻이었다. 이러한 원격 조작 장치를 통해 이들은 위대한 컴퓨터의 점진적인 각 단계를 제어했다.

　누산기가 계산을 마치거나 처리해야 할 수치가 다른 유닛에서 누산기로 전달될 때마다 베티와 진은 원격 조작 장치를 누르던 걸 멈추고 방금 사용된 누산기의 임시 저장 공간에 저장된 결과를 살펴봤다. 누산기 상단에 있는 작은 표시등 10 × 10 그리드에서 그 순간 누산기에 저장된 수의 각 자리에 해당하는 0부터 9까지의 작은 전구 몇 개가 반짝이는 걸 볼 수 있었다. 이들은 말린과 루스에게 그 숫자를 읽어 그녀들이 주의 깊게 계산한 테스트 결과와 대조할 수

있게 했다.[7]

결과가 일치하면 여성들은 미소를 지으며 프로그램 다음 단계로 넘어갔다. 결과가 일치하지 않으면 잠시 작동을 멈추고 해당 프로그램 단계와 관련 있는 모든 유닛과 연결된 각 스위치 설정, 각 숫자 와이어, 프로그램 펄스 케이블을 재확인했다. 이들은 다시 배선하거나 설정해야 할 모든 걸 고쳤다. 그리고 해당 단계로 돌아와 누산기를 확인할 때까지 ADD 시간 하나씩 프로그램을 재실행했고 결과가 일치하면 다음 단계로 넘어갔다. 이 과정을 현재는 '디버깅'이라 부른다. 오늘날 모든 프로그래머가 디버깅을 통해 프로그램을 확인한다.

이들은 긴 탄도 궤도 프로그램을 점진적으로 진행했다. 하지만 프로그램의 깊숙한 단계로 들어온 시점에는 한 ADD 시간씩 프로그램을 진행하는 것이 더 이상 의미가 없었다. 이제부터는 리모컨의 다른 버튼을 사용해 전체 프로그램을 끝까지 실행하기로 했다.

그때 베티에게 한 가지 아이디어가 떠올랐다. 그녀는 방정식의 마지막 단계에서 사용하던 누산기로 가서 그 누산기를 다음 단계로 연결하던 프로그램 펄스 케이블을 뽑아서 빼냈다.[8] 그리고 베티는 리모컨의 다른 버튼을 눌렀다. 이번에는 프로그램 전체를 실행하는 버튼이었다. 에니악은 거의 빛의 속도로 프로그램의 모든 단계를 거쳐서 베티가 보고 싶었던 단계에 이르렀고 정확히 그 단계에서 멈췄다.

프로그램을 다음 단계로 진행시킬 프로그램 펄스가 사라지자 계산이 멈췄고 베티가 펄스를 중단시킨 누산기 꼭대기에 있는 표시등이 반짝거렸다. 베티와 진은 말린과 루스에게 결과를 읽어주고 디버깅 작업을 이어갔다.

베티는 자신이 만든 이 기법을 '특정한 시점에서 중단시키기breaking the point'라고 명명했고 오늘날까지도 쓰이는 그 용어를 만든 공을 기쁘게 주장했다. "중단점이라는 단어가 거기에서 온 거예요... 우리는 실제로 그 지점에서 중단시켜 버렸거든요." 그녀는 웃으며 말했다.[9]

중단점breakpoint이라는 용어는 오늘날 디버깅에서도 프로그램을 멈추고 프로그래머가 보기 원하는 단계의 중간 결과를 보기 위해 여전히 사용된다.[10]

프로그램의 주요 부분을 진행하던 에니악 6인은 이상한 점을 발견했다. 이미 테스트하고 디버깅한 프로그램 일부가 더 이상 제대로 작동하지 않았다. 어느 날에는 작동했던 탄도 궤도 프로그램 단계가 다음 날에는 작동하지 않는다니 이상한 일이었다. 무엇이 문제였을까?

그리고 에니악 방의 보안이 철저하지 않다는 걸 알아챘다. 가끔 무어 스쿨 교수들이 거대한 컴퓨터를 보여주러 손님을 데리고 들어오는 걸 보았는데, 그들은 그러면 안 된다는 걸 확실히 알면서도 간혹 스위치를 돌리거나 케이블을 움직였다.[11]

말린과 루스는 에니악 스위치, 케이블 설정을 확인하는 데 익숙했다. 매일 방에 들어올 때마다 전날 밤 지정한 설정에서 밤새 무엇이 바뀌었는지, 특히 사람의 눈과 팔 높이 위주로 빠르게 확인했다.[12] 이들은 허가 없이 들어온 사람들이 에니악에 손을 대지 않기를 바랐다.

탄도 궤도 프로그램이 마무리를 향해 감에 따라 또 다른 오류가 나타났다. 전날 작동했던 프로그램 일부가 다음 날 작동하지 않았던 것이다. 말린과 루스가 스위치와 와이어는 제대로 설정되어 있다고 확인해주었다.

시간이 조금 걸렸지만 이들이 만든 프로그램이나 에니악 전면에 있는 스위치, 와이어 때문이 아닌 다른 무언가로 인해 문제가 생겼다는 걸 깨달았다. 에니악에 있는 18,000개의 진공관 중 하나가 터진 것이었다. 말린은 이렇게 말했다. "만약 한 유닛에서 진공관 하나가 망가지면 그걸 찾아야 했어요. 유닛의 출력 결과가 정확하지 않을 테니 계산도 정확할 수 없기 때문이었죠."[13]

하지만 터진 진공관을 어떻게 찾을 것인가? 에니악은 거대했고 게다가 유닛 뒷면을 건드리는 건 이들에게 허용되지 않았다. 이들의 영역은 에니악 전면이었고 에니악 뒷면에 있는 전자 장치와 배선은 기술자의 영역이었다.

대신 이들은 진단에 집중했다. 이들은 새로운 오류가 발생하는 지점까지 프로그램을 한 ADD 시간씩 실행했다.[14] 해당 위치가 문제의 진공관이 있는 유닛일 확률이 높았다.

처음에 기술자들은 각자 하던 일을 멈추고 이들을 돕는 걸 꺼렸지만 여성들이 하드웨어를 진공관 수준까지 디버깅할 수 있다는 걸 깨닫자 완전히 매료되었다.[15] 에니악 6인은 18,000개의 진공관 중에서 어떤 진공관을 교체해야 할지 알았고 에니악 팀 전체에 도움이 되는 일이었다. 진은 이렇게 회상했다. "우리가 더 훌륭하게 에니악을 디버깅할 수 있다는 걸 깨달은 기술자들은 기쁘게 우리에게 그 일을 맡겼어요."[16]

사실 남성들은 오늘날 '하드웨어 문제'라고 부르는, 진공관 문제를 진단하기 위해 여성들에게 의존하기 시작했다. 다시 말해 여성들이 진단 프로그래밍의 한 형태를 만든 것이었다.

에니악 6인은 열심히 일하는 모습, 그리고 복잡한 탄도 궤도 프로그램을 오류 없이 실행하고 오류가 발생하는 구성 요소를 진단하는 능력 덕분에 주변 사람들에게 인정을 받았다.[17] "기술자들은 대단한 존경심을 가지고 우리를 대했어요."라고 진은 말했다.[18]

존경은 곧 우정이 되었다. 며칠 동안 가로 9미터, 세로 15미터의 방 안에서 젊은 기술자들과 함께 일하면서 여성들은 그중 몇 명을 만났고 다른 이들에 대해서도 더 알게 되었다. 아서 버스크도 함께 근무했고 중국에서 이민 온 추안 추,[19] 따뜻한 유머 감각을 지닌 삼십 대 후반의 무어 스쿨 졸업생 카이트 샤플리스,[20] 농담을 좋아하는 잭 데이비스도 있었다. 진과 베티와 이미 알고 지내던 밥 쇼도 만났고 모두가 그를 좋아했다. "진짜 다재다능한 사람이었어요. 훌륭한 기술자, 좋은 작가였고 대화하고 싶은 사람이었죠."[21] 거친 유머 감각을 지닌 알비노였던 그는 시력이 좋지 않아서 뜨거운 진공관에 얼굴을 항상 가까이 대고 있었고 모두가 그 사람이나 그가 들고 있는 종이에 불에 붙을 거라고 생각했다.[22] 존과 프레스는 모두가 큰 행사를 준비하는 동안 테스트를 돕기 위해 밤낮으로 계속 모니터링했다.

여성과 남성을 포함한 에니악 팀 전체는 함께 시간을 보내곤 했다. 가끔 늦게까지 일할 때면 저녁을 먹으러 슬그머니 자리를 비웠다. 프랜, 케이, 말린, 루스, 진, 베티와 몇몇 기술자가 함께했고 존도 여러 번 이들과 동행했다. 이들은 저녁을 주문하고 기다리는 동안 컴퓨터에 대해 이야기했다.

진의 기억에 따르면 서로 이런 질문을 던졌다고 한다. "컴퓨터가 어떻게 쓰일 수 있을까요? 우리가 에니악을 어떻게 쓰고 있는 건가요? 앞으로는 어떻게 될까요?"[23]

기술 전문가라면 누구나 그렇듯이 이들은 냅킨에다가 다가올 컴퓨팅의 비전, 이들이 돕고 있는 새로운 미래가 담긴 다이어그램을 그려나갔다.

# 시연일 전 마지막 버그

마침내 프로그램이 작동하고 실행되어 벤치 테스트와 일치하는 결과를 생산했다. 에니악 6인이 작성한 프로그램은 성공적이었고 손으로 계산할 때 30~40시간 정도 걸리던 궤도 계산을 에니악이 약 20초만에 계산해냈다. 이들의 병렬 프로그래밍은 효과가 있었다. 프로그램의 단 1마이크로초도 허투루 사용하지 않았다.

시연일 하루 전이던 밸런타인데이 아침, 베티와 진은 마지막 버그를 두고 고민 중이었다. 남은 버그는 딱 두 가지였다. 하나는 출력물이 깨끗하게 나오지 않는 버그였다. 궤도 점이 1, 2, 3, 4 같은 정수가 아니라 0.8, 1.8, 2.8, 3.8 같은 소수로 출력됐다.[1] 베티를 괴롭히는 오류였다.

오전 11시, 몇 명의 방문자와 함께 시운전을 진행했다. 베티와 진은 궤도를 실행했고 루스는 천공 카드를 도표 작성기로 가져가 출력물을 뽑은 후 일부 방문자에게 건넸다. 방문자 중 한 명이 물었다. "왜 0.8을 출력하는 거죠?" 베티가 한숨을 쉬었다. 그 문제는 내일이 되기 전 이들이 고쳐야 하는 버그였다.

두 번째 버그는 진이 발견했다. 진은 출력물에서 궤도가 작은 구덩이를 파고 있는 걸 발견했는데[2] 어떤 이유에서인지 포탄이 목표물이나 땅을 명중한 후에도 프로그램이 멈추지 않고 조금 더 진행됐다. 원인이 뭘까?

진과 베티는 두 가지 버그를 해결하는 작업에 착수했다. 시연일이 당장 내일이었다! 이들은 에니악과 페달링 시트를 제외한 모든 걸 잊은 채 세부 사항을 확인하고 또 확인했다.

얼마나 집중하고 있었는지 해럴드가 와서 어떻게 진행되고 있는지 물었을 때 깜짝 놀랐다. 진과 베티는 잘 지내고 있다고 말했지만 해럴드는 이들이 얼마나 열심히 일하고 있는지 알 수 있었다. 그의 손에는 작은 갈색 봉투가 들려 있었다. 잠시 이들과 대화를 나눈 후 그는 들고 온 봉투를 테이블 위에 놓고 방 밖으로 나갔다.

그는 방을 떠나며 이렇게 말했다.[3] "힘내요. 계속 열심히 하세요."[4]

봉투를 열자 그 안에는 도수가 높은 술 한 병이 들어 있었고 진과 베티는 "꺅"하고 소리를 질렀다.[5] 이들은 가끔 칵테일을 마시는 정도였고 평소 독한 술을 마시지 않았다.

좀 이상한 선물이었지만 불과 며칠 전에 존 모클리도 비슷한 선물을 두고 갔었다. 그는 살구 브랜디 한 병과 두 여성이 마실 수 있게 작은 잔을 가져왔다. 진은 이렇게 회상했다. "처음 마셔보는 것이었지만 맛있었어요."

그 두 선물은 여성들에게 큰 의미로 다가왔다. "존 모클리의 선물처럼 해럴드 펜더 학장님의 선물은 저희에게 감동을 주었고 덕분에 그가 우리의 성공을 얼마나 바라는지, 이 행사가 펜실베이니아 대학교에 얼마나 큰 의미를 지니는지 이해할 수 있었어요."[6]

곧 열릴 행사에 이들이 얼마나 중요한 역할이었는지 새롭게 알게 된 여성들은 계속 업무에 정진했다. 출력물 문제는 해결했지만, 그날 밤늦은 시간이 될 때까지 궤도가 판 작은 구덩이는 아직 해결하지 못했다. 이들은 자정 무렵까지 있었지만 베티는 나버스 지역으로 향하는 막차를 타야 했다. 진은 이렇게 기억했다. "우리는 그쯤에서 포기해야겠다고 생각하며 불을 끄고 집으로 향했어요."[7]

하지만 다음 날 이들은 아침 7시 45분경 시연일에 걸맞은 전문가다운 복장을 차려입고 일찍 도착했다. 진은 베티의 모습을 보고 무언가 변했다는 걸 깨달았다. 베티의 눈빛은 결연했고 태도는 자신감이 넘쳤다.

진은 베티가 마스터 프로그래머의 여러 스위치 중 하나로 당당하게 걸어가서 한 단계를 높이고 프로그램이 끝났다고 선언하는 걸 지켜봤다. 진은 대단히 놀랐다.

베티는 꿈속에서 에니악의 모든 스위치, 와이어를 살펴보고 에니악에 있는 3,000개의 스위치 중 정확히 어떤 것을 재설정해야 할지, 어떤 위치로 설정해야 할지 알아낸 거였다.[8] 진에 따르면 그 후 몇 년 동안 베티는 다른 사람들이 깨어 있는 동안 해결한 것보다 더 많은 프로그래밍 문제를 자는 동안 해결했다.[9]

베티는 겸손하게 이야기했다. 사실 베티는 0이라는 수치가 마스터 프로그래머에서 땅을 의미한다는 걸 잊고 있었다.[10] 그 사실을 기억해낸 그녀는 루프를 적절한 시점에 종료하려면 마스터 프로그래머의 스위치 중 하나를 1에서 0으로 재설정해야 한다는 걸 깨달았다. 베티는 그게 '자신의 첫 번째 루프 오류'였다고 인정했다.[11] 오늘날 거의 모든 프로그래머가 이와 비슷한 경험을 할 것이다. 그 후 베티는 항상 도구를 사용하는 동안 프로그래머들이 쉽게 범할 수 있는 실수를 유념했다.

여성들은 탄도 궤도 프로그램을 재실행했다. "우린 열광했어요. 프로그램은 완벽하게 작동했고 우리는 시작할 준비가 되어 있었죠."[12] 진과 베티는 이제 완벽한 궤도를 그리는 마지막 천공 카드 뭉치를 가져와 케이, 말린, 루스, 프랜에게 건넸다. 이들은 도표 작성기의 아코디언 종이로 출력물을 만들었다. 행사가 끝났을 때 손님들이 집에 가져갈 궤도 기념품이었다.[13]

그리고 여섯 여성은 서로를 바라보고 에니악 시연을 위한 마지막 준비를 시작했다. 시연은 오전 11시에 진행할 예정이었다.

# 1946년 2월 15일, 시연일

사람들이 기차와 트램을 타고 도착할 무렵 무어 스쿨은 만반의 준비가 된 상태였다. 존과 프레스뿐 아니라 기술자들과 펜실베이니아 대학교의 학장과 교수들은 가장 좋은 정장을 입었고 육군 장교들은 빛나는 훈장이 달린 제복을 입었다. 에니악 6인은 전문가다운 치마 정장과 원피스를 입었다.

케이와 프랜은 무어 스쿨 정문에서 속속 도착하는 과학자와 기술 전문가를 따뜻하게 맞이했다. 가장 멀리 보스턴에서 온 이들도 있었다. 케이와 프랜은 방문객에게 각자 입고 온 무거운 겨울 코트를 무어 스쿨 직원이 가져다 둔 이동식 코트 걸이에 걸어달라고 부탁했다. 그리고 복도를 지나 모퉁이 근처에 있는 에니악 방으로 방문객을 안내했다.

시연이 시작될 오전 11시 직전, 케이와 프랜이 에니악 방으로 달려왔다.

케이와 프랜이 방 뒤편으로 슬며시 들어갔을 때는 모든 준비가 끝나있었다. 거대한 에니악 U자 앞쪽으로 연사 몇 명을 위한 공간, 의자 몇 줄, 초대한 손님과 에니악 팀원들이 서 있을 수 있는 널찍한 공간이 마련되어 있었다. 건너편 뒤쪽에는 말린, 베티, 진이 서 있었고 이들은 서로를 향해 미소 지었다. 일생일대의 순간이 막 펼쳐지려 했다. 루스는 늦게 도착한 이들에게 길을 안내하기 위해 밖을 지키고 있었다.

사람들로 꽉 들어찬 방은 에니악을 처음으로 보는 이들의 기대와 경이감으로 가득 찼다.

시연은 글래디언 반스 소장의 소개로 시작됐다. 반스 소장은 탄도 연구소 장교와 무어 스쿨 학장을 소개한 후 존과 프레스를 공동 발명가로 소개했다. 그리고 아서가 앞으로 나와 자신을 에니악 행사의 진행자라고 소개했고 손에 든 리모컨으로 프로그램 다섯 개를 차례대로 실행할 예정이라고 알렸다.

첫 번째 프로그램은 덧셈이었다. 아서가 버튼 하나를 누르자 에니악은 윙윙 소리를 내며 작동했다. 그리고 아서는 곱셈을 실행했다. 전문가로 이루어진 청중은 에니악이 전 세계 다른 어떤 기계보다도 몇 배 빠르게 계산하고 있다는 걸 알았다. 그다음으로 제곱표와 세제곱표, 사인과 코사인을 실행했다. 그때까지는 2주 전에 시연한 과정과 동일했고 수준 높은 청중이 보기에는 꽤 지루한 발표였다.

하지만 아서의 시연은 이제 막 시작이었고 곧 드라마가 펼쳐질 예정이었다. 그는 이제 에니악으로 탄도 궤도 계산을 세 번 실행하겠다고 말했다.

아서가 버튼을 눌러 첫 번째 궤도 계산을 실행했다. 베티는 궤도가 '아름답게 실행'되었다고 기억했다. 그리고 이번에는 천공 카드를 인쇄하지 않는 궤도 계산을 다시 실행했고 에니악은 훨씬 더 빠르게 작동했다. 사실 천공 카드는 작동을 조금 늦추는 원인이었다.

그리고 아서는 덧셈기 상단에 있는 작은 표시등 그리드를 가리키며 참석자들에게 이제 마지막 계산을 실행할 테니 그리드를 자세히 봐달라고 했다. 벽에 기대어 서 있던 프레스에게 아서가 고개를 끄덕이자 프레스가 갑자기 조명을 껐다. 캄캄해진 방에서 에니악 유닛의 상태 표시등 몇 개만 반짝였고 모든 건 어둠에 잠겼다.

아서가 버튼을 누르자 에니악이 살아났다. 눈부신 20초 동안 에니악에 빛이 들어왔다. 덧셈기를 자세히 살펴보던 사람들은 100개의 작은 표시등이 순식간에 움직이며 반짝이는 걸 봤다. 처음에 포탄이 하늘로 올라갈 때 위로 올라갔다가 포탄이 속도를 높이며 지상으로 돌아올 때 내려오면서 조명은 쉴 새 없이 변하며 반짝였다. 그 20초가 순간이자 영원처럼 느껴졌다.

이윽고 에니악이 작동을 마치자 방이 다시 어둠에 휩싸였다. 잠시 기다렸다가 프레스가 조명을 켰고 아서는 방금 에니악이 포탄이 포구를 떠나 목표물을 명중하는 것보다 더 빨리 궤도 계산을 마쳤다고 극적으로 발표했다. 다들 숨이 멎은 듯했다.[1]

20초도 채 걸리지 않았다. 그 자리에 모인 과학자, 기술자, 공학자, 수학자 들은 미분 방정식을 손으로 계산하면 시간이 얼마나 오래 걸리는지 알고 있었다. 에니악이 일주일 치 작업 분량을 20초도 안 걸려 계산했고, 세상이 바뀌었다는 걸 알았다.

클라이맥스가 마무리되자 방 안에 있는 모두가 환하게 웃었다. 육군 장교들의 모험은 훌륭한 결실을 거뒀고 에니악 기술자들은 하드웨어를 성공적으로 완성시켰다. 무어 스쿨 학장은 더 이상 창피를 당할까 걱정할 필요가 없었다. 그리고 에니악 프로그래머의 궤도는 완벽하게 작동했다. 수년에 걸쳐 쏟아부은 그들의 수고와 노력, 독창성, 창의력이 순수한 혁신의 20초를 일궈냈다.

후일 이 순간을 '전기 컴퓨팅 혁명'의 탄생이라고 부른 사람도 있었고,[2] 정보화 시대의 탄생이라고 부른 사람도 있었다. 귀중한 20초 이후에는 아무도 전기 기계식 컴퓨터 마크 I[Mark I]이나 미분 해석기를 쳐다보지 않았다. 시연일 이후 미국은 프로그래밍이 가능한 전전자식 범용 컴퓨터를 그들의 다음 경로로 명확하게 설정했다. 다른 경로도, 다른 미래도 없었다.

존, 프레스, 허먼과 몇몇 기술자가 손님들의 질문을 받은 후 공식 세션을 마쳤다. 하지만 자리를 뜨고 싶어 하는 사람은 없었고 존, 프레스, 아서, 해럴드 주변으로 사람들이 몰렸다.[3]

에니악 6인은 장내를 돌아다녔다. 이들은 번갈아 가며 도표 작성기를 통해 천공 카드를 실행했고 각자 궤도 인쇄물 뭉치를 들고 방안을 돌아다니며 사람들에게 나눠줬다.[4] 참석자들은 방금 자신이 목격한 멋진 순간의 기념품인 궤도 종이를 받아 들고 기뻐했다.

하지만 여성들에게 축하의 인사를 건네는 이는 아무도 없었다. 이들이 무엇을 했는지 아는 손님은 단 한 명도 없었다. 육군 장교, 무어 스쿨 학자, 에니악 발명가를 소개할 때 프로그래머는 빠져 있었다. "그날 우리 중 누구도 그 프로젝트의 참여자로 소개되지 않았어요."라고 케이는 훗날 이야기했다.[5]

탄도 궤도를 프로그래밍한 젊은 여섯 여성의 이름을 언급할 생각을 아무도 하지 않았기에 청중은 수천 시간을 들여서 에니악 유닛을 배우고, 직접 프로그래밍하는 방법을 연구하고, 탄도 궤도를 개별 단계로 나누고, 탄도 궤도 프로그램을 위해 상세한 페달링 시트를 작성하고, 에니악에 프로그램을 설정하고, 에니악을 진공관 수준까지 학습한 이들의 업적을 알지 못했다.[6] 나중에 진은 에니악 팀으로부터 칭찬을 많이 받았다고 말했지만[7] 당시 그곳에 모인 손님들은 이들의 존재조차 몰랐다.

하지만 그 순간에는 그 사실이 중요하지 않았다. 여섯 여성이 이날 신경 쓴 건 에니악의 성공과 팀의 성공이었고 그날의 성공에 하나의 역할, 중요한 역할을 수행했다는 사실이었다. 역사에 남을 날이었고 에니악 6인은 그 현장에 있었으며 매우 귀중한 역할을 했다.

손님들이 에니악 방을 떠나기 시작하자 프랜과 케이는 무어 스쿨 앞으로 달려가 손님들이 코트와 모자, 장갑, 목도리를 찾을 수 있게 도왔다. 필라델피아의 2월 날씨는 여전히 추웠고 따뜻하게 껴입고 온 사람이 많았다.

손님들이 모두 떠나자 여섯 여성은 다시 모였다. 그날 일어났던 사건부터 저명한 수학자, 과학자를 만난 얘기까지 서로 나눌 이야기가 많았다.

전날 밤 존과 프레스가 에니악의 외형을 꾸민 이야기도 언급했다. 그 둘은 반으로 자른 하얀 탁구공을 표시등 위에 붙이고 모두가 읽을 수 있게 그 위에 숫자를 적었다. 꾸미는 데 반나절이나 걸렸지만 효과는 탁월했다. 작은 표시등이 춤추듯 어두운 방을 밝히는 모습이 마치 라스베이거스의 공연 같았다.[8]

여성들은 성공적이었던 시연, 그리고 이상하게도 자신들이 소개되지 않았다는 사실에 대해서도 이야기했다. 여섯 여성의 반응은 각기 달랐다.

진과 베티는 행사에서 배타주의를 느꼈다. 진은 남녀가 함께한 작업인데 발표가 '남성들의 쇼'가 되었다고 느꼈고[9] 베티도 같은 인상을 받았다. 그날 소개되지 않은 것을 두고 그녀는 이렇게 말했다. "예상했던 바예요. 당시에는 여성이 전혀 인정받지 못했거든요. 그건 그냥 흔한 일이었어요."[10]

말린은 여섯 여성이 수천 시간을 들인 기초 작업이 언급되지 않는 한 참석자들이 자신들을 '기계를 조작하는 사람일 뿐'이라 생각할 것임을 알았다.[11]

물론 케이도 자신이 간과되는 게 마음에 들지는 않았다. 하지만 소개가 왜 그렇게 이루어졌는지는 이해했다. 자금 조달, 에니악 납품 지연 등의 문제로 수년간 싸워온 것을 고려할 때 지금은 남성들이 하나가 될 시간이었다.

*저는 그날이 무어 스쿨의 날이었다고 생각해요. 다시 말해 프레스퍼 에커트, 존 모클리를 비롯한 다른 기술자들을 기념하는 날이었어요. 그리고 투기에 가까웠던 일에 돈을 투자했던, 말하자면 애버딘의 진취적인 자금 지원도 기념했겠죠.[12]*

"우리 여섯 여성은 무어 스쿨 소속이 아니라서 잊혀진 거였어요. 우린 한낱 프로그래머였던 거죠. 육군 고위직이 보기엔 그저 컴퓨터에 불과했고요."[13] 한낱 프로그래머라니.

하지만 그렇다고 해도 케이는 여성들이 그날 행사에 얼마나 가치 있고 고유한 기여를 했는지 단 한 순간도 의심하지 않았다.

*돌이켜보면 우리는 전투기 조종사 같았어요. 에니악은 위대한 기계였잖아요. 아무 평범한 조종사나 데려다가 전투기 조종을 시키며 "잘해보라고!"라고 말할 수 없거든요. 에니악도 아무나에게나 조작을 맡긴 건 아니었다는 말이죠.* [14]

세상에서 몇 안 되는 사람들만 받을 수 있는 훈련을 받았고, 소수의 인원만 할 수 있는 일을 했다. 여섯 여성 모두 알고 있는 사실이었다.

이들은 오랫동안 대화를 나누면서 물건을 정리한 후 하루를 마치고 집으로 갔다. 그날 밤 이어지는 행사가 있었지만 어디에도 초대받지 않았다고 말린은 회상했다.[15] 일찍 해가 지는 필라델피아의 추운 겨울밤, 서로 작별 인사를 하고 헤어졌다.

"아마도 그날보다 더한 짜릿한 도취감과 깊은 우울감을 동시에 경험한 날은 없었을 거예요. 베티도 저랑 같은 기분이었죠."라고 진이 말했다.[16] 매우 지친 몸을 이끌고 매서운 추위를 가르며 터덜터덜 집으로 향하던 베티와 진은 한껏 고양된 후에 찾아온 실망감을 느꼈다.[17] 곧 진은 트램, 베티는 교외로 가는 기차를 타기 위해 헤어질 시간이었다. 이들 모두 각자의 상념에 빠져들었다.

그날 밤 펜실베이니아 대학교는 학생회관인 휴스턴 홀의 대연회장에서[18] 육군, 학장, 그날의 초대 손님을 위해 '최신 기술 개발의 무한한 과학적 미래'인 에니악을 기념하는 성대한 만찬을 열었다.[19] 주빈은 벨 연구소 소장이자 미국 국립 과학 아카데미 회장인 프랭크 주잇Frank Jewett 박사였다. 애초에 허먼은 아이젠하워 대통령을 원했으나 주잇 학회장으로 만족하기로 했다.

주잇은 에니악에 대해 잘 몰랐지만 에니악이 '주목할 만한 과학적 발전을 위한 도구'라고 언급했다.[20] 펜실베이니아 대학교 총장인 조지 매크렐런드George McClelland는 주잇과 함께 저녁 행사를 진행하며 펜실베이니아 대학교의 선견지명을 치하했다.

반스 소장은 존과 프레스의 성과를 축하했고 자금을 댄 육군의 역할에 주목했다. 그는 미국 과학자들이 제시할 수많은 문제를 해결하기 위해 에니악을 곧 성능 시험장에 배치할 거라고 했다.[21] 탄도 연구소는 군사적, 비군사적 문제를 해결하기 위해 에니악을 사용할 계획을 이미 세워둔 상태였다.

그날 밤 행사장을 떠나기 전 여섯 여성은 성대한 저녁 만찬이 열릴 것이고 여성은 한 명도 초대되지 않았다는 걸, 심지어 아델도 마찬가지라는 걸 알고 있었다. 원래는 에니악의 젊은 기술자들도 초대받지 못했지만, 존과 프레스가 단호하게 대처한 뒤에야 그들이 만찬에 초대되었다는 걸 여성들은 알고 있었다. 에니악을 기념하는 만찬이라면 에니악을 만든 기술자들도 반드시 포함되어야 한다는 주장이었다.

하지만 탄도 궤도 프로그램을 만든 젊은 여성들도 반드시 초대해야 한다고 단호히 주장한 사람은 없었다. 여섯 여성의 관리자였던 허먼이나 존 홀버턴도 마찬가지였다. 진은 그날의 무시가 가슴 아팠다고 시인했다.[22]

그날 밤 만찬에 모인 남성들은 랍스터 수프와 육즙을 곁들인 안심 스테이크, 또는 석쇠에 구운 연어 스테이크[23]를 먹고 와인과 코냑으로 건배를 나누며 시가를 피웠다. 전쟁으로 인해 배급제가 시행되며 수년간 제한된 생활을 했던 터라 이제는 풍족한 음식과 술을 떠들썩하게 즐길 순간이었다. 전쟁의 승리를 위해 협력했던 육군과 학계는 새로운 기술의 창조를 후원하는 것이 전후 세계를 바꾸리란 것을 깨달았다. 남자다운 축하의 밤이었다.

여섯 여성은 조촐하게 자신들만의 축하 행사를 했다. 2월 15일 육군은 에니악 이야기의 공개를 허락했고 언론은 열렬히 호응했다. 『필라델피아 레코드 Philadelphia Record』는 1면에 '깜빡이는 에니악의 반짝이는 능력'이라고 재치 있게 표현했다. 부제는 '20,000명의 작업을 수행하는 펜실베이니아 대학교의 전자식 계산기'였다.[24] 진과 프랜이 어윈 골드스틴Irwin Goldstein 일병, 그리고 에니악과 함께 찍은 사진은 육군 홍보국의 바람대로 사진 속 인물이 누구인지 밝히지 않은 채 모두에게 공개됐다.

컴퓨터와 프로그래머로서 임한 이들의 업무 기밀 유지 기간이 마침내 끝났고 말린, 프랜, 케이, 루스, 베티, 진은 드디어 가족, 룸메이트, 친구들에게 전쟁 중, 그리고 그 후 여러 개월 동안 자신들이 어떤 일을 했는지 기쁘게 알려줬다.

말린의 가족은 신문에 실린 모든 기사를 읽었고 매우 흥미로워했다. 가족들은 그녀가 어떤 일을 하고 있었는지는 조금은 알고 있었지만 에니악이 어떤 정보를 다루는지는 몰랐다.[25] 말린은 뒷이야기를 들려줄 수 있어서 기뻤다.

에니악 뉴스를 신문 기사나 라디오 방송으로 접한 필라델피아 사람들은 저녁 식사 자리에서 에니악 행사에 대해 신나게 이야기했다. 에니악 6인은 가족과 친구들에게 자신들이 만든 탄도 궤도 프로그램이 그날 행사에서 성공적으로 실행되었다는 사실을 공유했다. 자신을 포함한 여섯 여성과 에니악 팀 전체의 성취를 자랑스러워할 만했다.

이 분야에 조예가 깊던 베티의 가족은 그녀의 성취를 더욱 공감하고 인정했다. 베티의 할아버지는 미국 전역에 전기를 공급하는 미국 전기 위원회에 근무했고 미국 국립 표준국의 창립자였다. 베티의 가족은 두 세대에 걸쳐 시대를 아주 많이 앞서갔다.[26]

그날 밤 베티는 가족들에게 자신의 작업과 직접 프로그래밍한 위대한 에니악에 대해 이야기했다. 삼대에 걸쳐 과학자, 기술 전문가를 배출한 스나이더가에서는 아들뿐 아니라 딸을 통해서도 혁신이 이어지는 중이었다.

베티는 거의 빛의 속도로 작동하는, 프로그래밍 가능한 범용 컴퓨터로 가득 찬 미래에 대한 그녀의 생각도 덧붙였다. 그녀는 이제 막 폭발하기 시작한 이 기술적 화산에 계속 관여하고 싶었다.[27]

# 이상한 결말

그날부터 며칠 내내 동부 해안을 비롯한 전국의 신문 헤드라인은 에니악이 장식했다. 말린의 친구와 가족은 신문에서 기사를 오려 말린에게 보내줬다.

'불빛으로 답을 알려주는 전자 컴퓨터가 엔지니어링의 속도를 높일지 모른다', 『뉴욕 타임스』, 1946년 2월 15일.

'세계에서 가장 빠른 계산기가 몇 년짜리 업무를 몇 시간으로 단축시키다', 『보스턴 글로브』, 1946년 2월 15일.

'로봇 계산기가 번개처럼 숫자를 처리하다', 『시카고 트리뷴』, 1946년 2월 15일.[1]

말린은 그 기사를 평생 간직했다. 베티도 '우리는 그곳에 있었다' 라는 제목을 붙인 스크랩북에 기사를 모았다.[2]

『보스턴 글로브』 기사에는 말린과 루스의 사진이 실렸고 '로봇 판독기에 카드 넣기–루스 릭터먼(왼쪽), 말린 웨스코프가 새로운 컴퓨터의 판독기를 작동하고 있다'라는 설명이 달렸다. 사진 속 두 사람은 판독기에 넣을 준비가 된 것처럼 천공 카드를 들고 포즈를 취하고 있다(사진 8).[3]

『스탠베리 해럴드 헤드라이트 Stanberry Herald-Headlight』에는 에니악의 다양한 수학적 문제 해결책을 프로그램하고 에니악의 작동을 도운 여섯 여성 중 한 명이라는 진의 업적에 대한 기사가 실렸다. 진이 고등학교에서부터 거둔 뛰어난 성공을 자랑스러워했던 고향 신문에 실린 기사답게 '그녀가 그토록 중요한 자리를 차지한 건 그렇게 놀라운 일이 아니었다.'라고 적혀 있었다.[4] 진은 적어도 그녀의 가족이나 마을에 전례 없는 업적을 세웠고 모두가 그녀의 공로를 알았다.

하지만 대부분의 사진 설명에는 존, 프레스, 허먼, 반스 소장의 이름만 언급되었고 다른 사람의 이름은 없었다. 여러 신문이 내세우고 싶었던 건 검고 거대한 에니악이었다.

베티는 『뉴욕 타임스』 기사가 청중을 사로잡았던 2월 15일의 궤도 시연에 대해서는 설명하지 않았다는 사실에 애석해했지만[5] 해당 기사는 앞서 2월 1일에 있었던 언론 행사와 존, 프레스, 허먼이 작성한 보도 자료를 바탕으로 쓰였고, 2주 후에 열린 놀라운 궤도 시연을 보지 못한 기자가 쓴 기사였다.

시연일 이후로 에니악 방의 문은 활짝 열렸고 더 많은 기자와 무비톤 뉴스Movietone News 제작자, 과학자, 교육자 등 많은 사람이 에니악을 보러 왔다. 케이는 무비톤 뉴스 제작진이 촬영한 장면을 뚜렷하게 기억했다.[6] 머지않아 극장에서는 무비톤 뉴스 영상을 상영했다. 영상 속 우렁찬 목소리가 "사람이 쓸모없어지는 건가요?"라고 물었고 케이가 아코디언처럼 생긴 종이 출력물을 존과 프레스에게 가져다주는 모습이 등장했다.[7]

우렁찬 목소리가 말을 이었다. "거대한 전자두뇌가 펜실베이니아 대학교에서 사고를 시작했습니다. 라디오처럼 진공관으로 만들어졌고 길이가 약 90센티미터인 열에 있는 모든 숫자를 1초만에 합산할 수 있습니다. 세계 최초의 전자 컴퓨터로 현재 미 육군을 위해 수학 문제를 풀고 있죠. 하지만 어느 날 이런 기계가 여러분의 소득세를 계산해줄지 누가 알 수 있을까요?"[8]

물론 청중은 웃었다. 그토록 거대한 컴퓨터가 언젠가 우리 삶의 일부가 된다는 건 터무니없는 생각이었다. 거대한 컴퓨터는 군사 문제 같은 거대한 문제를 다루기 위해 만들어졌다.

하지만 진은 웃지 않았다. 에니악은 사고하지 못하는 게 분명한 데 사람들이 에니악에 사고하는 능력이 있다고 믿을까 봐 걱정스러웠다. "에니악은 어떻게 봐도 두뇌가 아니었어요. 컴퓨터는 혼자 추론할 수 없었지만, 사람이 추론할 때 사용할 만한 더 많은 데이터를 제공할 수는 있었어요."[9]

전반적으로 홍보는 성공적이었고 에니악은 그 뒤 몇 달 동안 태평양 연안부터 대서양 연안까지 전국 방방곡곡을 넘어 캐나다에서까지 주목을 받았다.

영광, 흥분, 축하, 어쩌면 잠깐의 휴식도 즐기는 시간이었어야 했다. 하지만 어븐 트래비스 학장에게는 다른 계획이 있었다. 어븐은 전쟁 동안 해군에 복무하며 자리를 떠났다가 다시 돌아와서 무어 스쿨 연구 전체를 지휘하는 자리에 앉았다.[10] 그는 그리스트가 하던 역할 중 일부를 인계받았고 복귀한 당시 무어 스쿨의 상황에 불만을 느꼈다.

어븐은 무어 스쿨에서 발명한 모든 특허를 무어 스쿨이 소유하길 바랐다. 여기에는 에니악의 특허와 그다음 세대 후속작인 에드박Electronic Discrete Variable Automatic Computer, EDVAC의 특허도 포함이었다. 이미 에니악에 대한 계약은 1943년에, 에드박에 대한 계약은 1944년에 협상과 서명을 마쳤지만 그 사실은 중요하지 않았다. 무어 스쿨이 계약 당시 특허를 신경 쓰거나 원하지 않았다는 점, 육군은 미래의 특허 괴물*로부터 육군을 보호하고, 어쩌면 십억 달러 규모의 산업을 만들기 위해 발명품을 지키려고 했으며 존과 프레스에게 적절한 특허를 신청하라고 권장했다는 점도 중요하지 않았다.

어븐에게는 모든 것이 중요하지 않았고 존과 프레스에게 특허를 부여한다는 계약에 펜실베이니아 대학교 총장이 서명했다는 점도 중요치 않기는 매한가지였다.[11] 어븐은 특허 소유권을 얻기 위해 제멋대로 굴어도 된다고 생각했고, 시연일로부터 한 달 후인 1946년 3월 15일 금요일 직원회의에서 "모든 직원의 특허를 해제해야 한다."고 선언했다.[12]

존과 프레스, 그리고 에니악 기술자 밥 쇼와 잭 데이비스 등은 그의 결정에 동의하지 않았다. "전혀 급진적이지 않은 연구 감독 칼 체임버스조차도 이건 선을 넘었다고 생각했어요."[13]

어븐은 이들에게 생각할 시간을 더 줬다. 일주일 후인 3월 22일 금요일, 존과 프레스는 어븐 트래비스가 작성하고 해럴드 펜더가 서명한 편지를 받았다. 내용인즉 특허권을 양도하고 무어 스쿨에 2년 더 머물기로 동의하는 요청이었다.[14] 그들이 생각할 수 있는 시간은 그날 오후 5시까지였다.

오후 5시, 존과 프레스는 내용이 똑같은 편지를 무어 스쿨에

---

* 기업이나 개인의 특허를 사들여 특허 소송만으로 수익을 얻는 전문 기업을 일컫는 말이다.

제출하며 사의를 표했다.[15] 직장을 그만두는 한이 있더라도 특허를 지키길 원했다. 그날 에니악과 후속 프로젝트인 에드박에서 그들은 손을 뗐다. 에드박은 세계 최초의 '프로그램 내장식' 컴퓨터였고 현대 컴퓨터 아키텍처의 기본이 되는 컴퓨터였다. 존과 프레스의 리더십과 뛰어난 재능이 없었다면 에드박은 탄도 연구소에 몇 년이나 더 늦게 전달되었을 것이다.

소식을 들은 에니악 6인은 깜짝 놀랐다. "모두가 어이없어했고 어븐 트래비스가 정신이 나갔다고 생각했죠."라고 진은 말했다.[16]

역사를 평가하는 사람들은 이를 무어 스쿨의 치명적인 실수라고 할 것이다. 수년간 『필라델피아 인콰이어러』의 기자였고 1984년 출간된 『Engines of the Mind(사고의 엔진)』의 저자인 조엘 슈르킨은 이 결정적인 순간을 이렇게 기록했다.

직원들에게 완벽한 상업적 권리를 부여하는 대학은 별로 없지만, 과학자들에게 그 모든 권리를 포기하라고 요구한 건 펜실베이니아 대학교가 유일한 듯했다. 어븐 트래비스는 이토록 간단한 행위로 펜실베이니아 대학교가 컴퓨터 과학계에서 탄탄히 쌓아놓은 우위를 무너뜨렸고 잠재적인 특허 및 저작권 사용료 수백만 달러와 헤아릴 수 없이 높은 명망을 한순간에 날려버렸다. 펜실베이니아 대학의 명예는 이 해고로 회복하지 못할 상처를 입었고, 어븐 트래비스의 결정은 미국의 고등 교육 역사상 커다란

*오점으로 남았다. 무어 스쿨이 에니악 발명가들을 해고한 사건은
오늘날까지도 복을 발로 차버린 일화로 회자된다.* [17]

에니악의 개념을 고안했고, 설계하고 제작해 에니악을 현실로
만들어낸 팀을 관리하는 데 3년을 몰두했던 두 사람은 그렇게 에니
악 방에서 추방당했다.

# 백 년 문제와 프로그래머들

에니악 6인은 존과 프레스가 떠난 뒤에도 무어 스쿨에 남아 에니악 방에 대한 모든 접근 권한을 유지 중이었다. 종전한 지 7개월이 넘었지만 육군은 이들을 집으로 돌려보낼 생각이 없었다.

탄도 연구소는 지불한 비용의 가치를 알고 싶었다. 프로그래밍 가능한 전전자식 범용 컴퓨터란 무엇이며, 이것으로 얼마나 많은 일을 할 수 있을까? 질문에 대한 답을 얻기 위해 탄도 연구소는 세계 정상급 수학자와 과학자에게 에니악 무료 사용 시간을 제공했고 무어 스쿨은 이들을 맞이했다.[1] 1946년 봄, 미국 전역과 영국에서 6명의 과학자와 기술자가 에니악을 사용하려고 찾아왔다.

처음에는 수학자와 과학자가 에니악 프로그래밍 방법을 스스로 배우리라 생각했다. 즉, 시간을 들여서 에니악 유닛을 익히고 에니악의 특수한 '직접 프로그래밍' 기법을 익히리라 본 것이다. 하지만 도착한 수학자들은 그보다 더 나은 방법을 알고 있었다. 에니악은 거대했고 사용하기 어려운 기계였다. 그들은 에니악 프로그래밍 방법을 배우는 데 시간을 들이기보다 자신이 작성한 방정식을 이해하고 구현해줄 프로그래머를 구하려 했다. 그리고 여성 프로그래머 여섯 명에게 금세 마음을 빼앗겼다. 탄도 연구소가 계속 고용할 만한 훌륭한 인재들이었다. 당연히 에니악 6인은 이들을 기꺼이 도왔다.

그들이 가져온 문제를 '백 년 문제'라고 불렸는데, 케이의 설명에 따르면 연필, 종이, 탁상용 계산기만 가지고 사람이 풀이하는 방식으로 해답을 얻으려면 백 년은 걸려야 풀 수 있는 문제였다.[2] 사실 그 당시 백 년 문제란 풀 수 없는 문제를 의미했는데, 그 사실이 수학자들이나 그들이 고용한 새로운 프로그래머들을 단념시키진 못했다.

가장 먼저 도착한 사람은 1947년 4월 영국에서 온 더글러스 하트리Douglas Hartree 박사였다. 그는 중요한 문제와 큰 기대를 안고 왔다. 수년간 빡빡한 배급 생활을 견뎌 온 그는 미국의 풍요로운 농산물을 만끽할 생각에 흥분했다. 그가 가져온 문제는 비행기 날개 주변의 난기류에 관한 연구였다. 케이가 그를 도와 비행기 날개 주변의 기류를 계산하기로 했다. 이는 당시 군대는 물론 민간 항공 업계에서도 큰 관심을 보이는 문제였다.

더글러스는 준비한 몇 가지 프로그래밍 아이디어를 케이에게 전했고 그녀는 아이디어 기반으로 작업을 진행했다.

*더글러스는 프로그래밍 방법에 관해 이미 어느 정도 알고 왔어요. 기본적인 이해는 하고 있었다는 뜻이에요. 하지만 구체적인 내용은 잘 몰랐죠. 그래서 저는 그의 프로그램을 살펴보고 도와줬어요. 더글러스는 이미 미분 방정식을 풀이해야 할 여러 수치 방정식으로 나누어 두었더군요. 그와 함께 수식을 검토하고 확인한 뒤 함께 기계를 설정했어요.[3]*

그들은 전선을 연결하고 스위치를 설정한 다음 프로그램을 테스트하고 디버깅했다. 그 후 비행기의 날개 종류별로 프로그램을 실행했다. 케이는 더글러스가 모든 면에서 함께 일하기 즐거운 동료라고 생각했고 즐겁게 공동 작업을 해나갔다. 그는 흥미롭고 재밌고 사려 깊은 사람이었다.[4] 가끔 더글러스는 그녀에게 문제 해결을 맡기고 며칠씩 자리를 비우곤 했는데 케이는 기꺼이 그 작업을 했다. 그는 미시간 대학교와 위스콘신 대학교의 동료를 방문하는 와중에도 케이에게 편지를 써서 그녀의 노고에 감사하고 그녀가 자신의 프로그램을 잘 운영하고 있을 거라 믿는다는 마음을 표현했다.[5]

케이는 무어 스쿨에 남아 프로그램을 실행하며 세심하게 결과를 기록했다.

바로 옆에 있던 타운 과학 스쿨*의 학장 존 고프 John Goff가 가져온 문제는 기체의 열역학적 특성에 관한 질문이었다. 그는 다양한 기체가 온도와 압력에 어떻게 반응하는지 확인하고 싶었다. 이 또한 1940년대 후반 미국 산업과 군대가 주목하는 문제였다.[6] 고프는 재빠르게 루스와 말린을 만났다.

두 여성은 그를 도와 미분 방정식을 에니악이 처리할 수 있는 작은 단계로 나눈 뒤 문제에 맞춰 페달링 시트를 만들고 에니악을 설정했다. 기체 종류와 온도, 압력별로 이 과정을 반복했다. 이전에는 풀 수 없던 문제를 새로운 컴퓨터의 성능 덕에 하나 더 해결하는 중이었다.

베티는 펜실베이니아 대학교 수학과의 한스 라데마허 Hans Rademacher와 함께 에니악이 계산을 수행할 때 수를 어떻게 반올림하는지 조사했다. 사람과 마찬가지로 컴퓨터에도 계산의 정확도를 설정해야 했다. 예컨대 어떤 사람에게 1달러의 3분의 1을 주려면 정확히 3분의 1달러에 해당하는 금액인 33.333333333센트를 줄 수는 없으므로 이를 반올림해 33센트를 줄 것이다. 베티는 한스를 도와 반올림 과정이 에니악 계산에 미치는 영향을 조사했고, 발생 가능성이 있는 반올림 오류를 확인하기 위해 공동으로 프로그램을

---

*　현재 펜실베이니아 대학교의 공학 및 응용과학부다.

작성하고 실행했다. "저는 한스의 연구 결과를 몰라요. 하지만 그 이후로 우리는 반올림을 아예 사용하지 않았죠."라고 베티는 인정했다.[7] 분명 그들은 문제를 발견했을 것이다.

차로 한 시간 거리에 있는 프린스턴 대학교에서 온 에이브러햄 해스컬 토브 Abraham Haskell Taub 교수는 충격파 물리학을 실험하고자 했다. 폭발에 이어 발생하는 충격파의 이동 방법을 자세히 파악하는 일은 폭탄과 다이너마이트를 사용하는 군대와 민간 기관에 중요한 문제였다. 진은 물론이고 에니악 프로그래밍 팀에 새롭게 합류한 아델도 기꺼이 토브 교수의 프로젝트를 도왔다.

더 이상 수치 해석 강의를 할 필요가 없었고 그리스트가 요청한 기술 설명서도 다 작성한 아델에게는 새로운 프로젝트가 필요한 시점이었다. 진은 조금 놀랐지만 좋아하는 선생님을 도울 수 있어서 기뻤다.

저는 아델에게 에니악 프로그래밍 방법을 알려주고 충격파 문제를 해결하는 임무를 맡았어요. 당연히 에니악 유닛의 작동 방법은 가르칠 필요가 없었어요. 제가 알려드린 건 표기법을 사용하는 법, 다양한 요소를 조정하고 조합해 문제를 해결하는 방법이었죠. 그 시점에는 프로그래밍 방법을 독학으로 터득하려면 오랜 시간이 걸릴 게 분명했어요.[8]

진은 이렇게 덧붙였다. "그래서 함께 일할 프로그래머를 배정한 거죠. 보통 우리는 팀으로 일했거든요."[9] 오늘날 많은 프로그래머가 일하는 방식과 같았다.

진은 아델에게 진과 베티가 만든 페달링 시트 체계를 가르쳤고 두 사람은 함께 토브의 프로그램을 에니악에 프로그래밍하고 설정했으며 여러 충격파에 대한 프로그램을 실행했다. 아델과의 공동 작업을 두고 진은 이런 소회를 밝혔다. "우리는 훌륭한 팀이었죠. 아델은 제가 두 번째로 만난 완벽한 파트너였어요."[10] 이 두 사람도 곧 좋은 친구가 되었다.[11]

모든 프로젝트가 끝나자 방문객들은 결과를 공개적으로 발표했다. 그들이 가져온 문제는 기밀이 아니었으므로 발견한 내용을 공유할 수 있었다.

1946년 여름 한스는 무어 스쿨에서 반올림 오류에 관해 발표했다.[12] 1946년 가을 더글러스는 영국 학술지 『네이처』에 에니악에 관한 글을 기고했다.[13] 수학적인 오류로 인해 더글러스의 프로그램은 잘 작동하지 않았지만(이에 관해 더글러스가 케이에게 사과했다),[14] 그는 에니악의 열성적인 전도사가 되어 그의 글을 읽을 폭넓은 독자들에게 에니악을 설명하려고 노력했다. 특히 그는 "이 작업에서 기계를 설명하고 운용하는 데 조언과 도움을 준 캐슬린 맥널티 양에게 감사드린다."고 밝혔다.[15]

그들은 몇 년간이나 서로 방문하고 편지를 주고받으며 "그 과정에서 매우 두터운 우정을 쌓았다."고 케이는 말했다.[16]

토브는 연구 결과를 1947년에 발표했고,[17] 고프는 탄도 연구소와 연구 결과를 공유했으며 1952년에 에니악에 관한 연구에서 동일한 내용을 발표했다.[18]

탄도 연구소도 무척 기뻐했다. 에니악은 유용한 작업을 폭넓게 수행함으로써[19] 그 가치를 증명했다. 에니악을 어마어마하게 많은 인간의 문제를 풀 수 있는 프로그래밍 가능한 전전자식 범용 컴퓨터로 보았던 존 모클리의 구상이 실현되고 있었다. 말린이 웃으며 말했다. "이 기계로 우리가 원하는 건 뭐든 할 수 있었어요. 우리는 몹시 으스댔었죠."[20]

이 과정에서 프로그래머라는 직업이 탄생했다. 문제를 가진 사람과 컴퓨터를 연결해 문제를 해결하도록 돕는 역할을 하는 사람이 등장한 것이다. 여섯 여성은 현대 컴퓨터 분야 최초의 직업 프로그래머였다.

# 무어 스쿨 강의

전시 근무와 에니악의 첫선을 보이는 작업을 마친 에니악 6인은 백년 문제를 해결하고 일상을 되찾을 시간이 생겼다. 진은 똑똑하고 잘생긴 무어 스쿨 대학원생 빌 바르틱Bill Bartik과 데이트를 시작했다. 빌도 진처럼 무어 스쿨 1층에 있는 출입이 제한된 방에서 일했고 그곳은 중앙 정보국Central Intelligence Agency, CIA의 전신인 전략 사무국Office of Strategic Services, OSS이 운영하는 곳이었다.

빌은 전기 노이즈electrical noise 분야의 전문가였고 전시 중에는 대학원 공학 수업을 들으면서 정밀 기기를 전기 노이즈로부터 보호할 방법을 연구하는 프로젝트에도 참여했다.[1] 필라델피아에서 나고 자란 빌은 저음의 굵은 목소리로 오페라 아리아나 뮤지컬 히트곡을 즐겨 불렀다. 진은 빌과 함께 있는 걸 좋아했고 빌은 미주리 농장에서 온 똑똑하고 솔직한 여자 친구를 좋아했다.

호머는 프랜과 계속 만나고 있었고 두 사람은 함께 많은 시간을 보냈다.[2] 말린은 막 개원한 젊은 치과의사 필립 멜처Philip Meltzer를 만났다. 필립은 수줍음 많은 그녀와 달리 외향적이었고[3] 두 사람은 잘 어울리는 커플이었다.

무어 스쿨에 있는 에니악을 남부에 위치한 성능 시험장의 탄도 연구소로 옮길 시기였다. 하지만 그 전에 육군과 무어 스쿨은 에니악 관련 행사를 무어 스쿨에서 하나 더 진행하길 원했다. 핵심 기술 전문가, 과학자들과 함께 현대 컴퓨팅의 기초인 에니악과 에드박에 대한 강의를 열고 7월 8일부터 8월 31일까지 진행할 계획이었다.

대담한 아이디어였지만 무어 스쿨을 떠난 두 사람, 존과 프레스가 필요했다. 존과 프레스는 무어 스쿨에 좋지 않은 감정이 여전한데도 강의를 이끄는 데에는 동의했다. 그들은 현대 컴퓨터가 소수가 아닌 다수를 위한 것이라 굳게 믿었다. 이번 강의는 그들이 전쟁 중에 시작해서 전쟁이 끝난 후까지 발명하고 배우고 만든 것을 공유할 기회였다. 컴퓨팅 회사를 설립한 지 얼마되지 않은 두 사람에게 아주 좋지 않은 타이밍이었음에도 이들은 기꺼이 헌신했다.

1946년 7월 8일 존과 프레스의 강의를 들으러 기술 선도 기업과 군부대, 학술 기관에서 사람들이 도착했다. 예외적으로 MIT에 다섯 석, 제너럴 일렉트릭과 미국 국립 표준국에 각각 두 석씩 배정한 것을 제외하면 대부분 기관의 참석 인원은 한 석으로 제한되었다. 벨 연구소는 클로드 섀넌Claude Shannon을, 케임브리지 대학교는 모리스 윌크스Maurice Wilkes를, 탄도 연구소는 새뮤얼 루브킨Samuel Lub-kin을 무어 스쿨로 보냈다. 나머지 좌석은 미국 해군 연구소, 육군 보안국, 리브스 인스투르먼트 유한 회사Reeves Instrument Corporation,* 영국의 물리학자 더글러스 하트리가 있는 맨체스터 대학교에서 온 수강생들로 채워졌다.[4]

무어 스쿨 2층에 있는 교실에서 존과 프레스는 현대 컴퓨팅의 기초가 된 일련의 강의를 통해 자신들의 통찰과 발명을 공유했다. 존은 '디지털과 아날로그 컴퓨팅 기계', '이진법과 십진법 사이의 변환', '코드와 제어 II, 기계 설계와 명령 코드' 등의 주제로 강의했고, 프레스는 '디지털 컴퓨팅 기계 미리 보기', '회로 유형 개론', '안정성과 확인' 등의 제목으로 강의를 진행했다.[5]

일부 젊은 에니악 기술자들에게도 강의할 기회를 준 덕에 추안 추는 '자기 기록Magnetic Recording', 카이트 샤플리스는 '회로 전환과 결합'을 주제로 강의했다. 허먼과 아서는 '수치 수학적 방법'을 주제로

---

\* 냉전 시대 당시 컴퓨터와 레이더 시스템을 제조하던 미국의 업체다.

다섯 세션을 강의했다.[6]

참석과 강연을 위해 초대된 사람들만이 붐비는 교실에 입장할 수 있었다. 그 말인즉 여성은 한 명도 없었다는 뜻이다. 베티는 강의를 듣고 싶어서 강의실 옆 교실에 앉았다. 당시 필라델피아 날씨는 매우 무덥고 후덥지근했기에 한 줄기 바람이라도 쐬고자 무어 스쿨 강의실 문은 활짝 열려 있었다.[7] 비록 베티가 칠판을 보거나 참여할 수는 없더라도 강의와 토론을 들을 수 있었다.

참여해도 될지 물어봤자 허락하지 않을 것이기에 그녀는 묻지 않았다. 진도 곧 베티 옆에 앉았다. 두 사람은 백 년 문제를 풀면서 컴퓨팅의 향후 백 년의 모습을 그리는 강의를 들었다. 누구도 이들을 연사로 초청하지 않았다는 건 너무 안타까운 일이었다.

무어 스쿨 강의는 역사에 남았고 그 내용은 오늘날까지도 출판되고 있다.[8] 존과 프레스가 대부분의 강의를 했다. 존은 최고의 예지력을 갖춘 교육자였고, 프레스는 불가능한 일을 우회해서 구현한 최고의 기술자였으니 그럴 자격이 있었다. 두 사람 다 자신의 아이디어, 지식, 구상을 숨기거나 제한하지 않고 자유롭게 공유했다.

모리스 윌크스는 케임브리지 대학으로 급히 돌아가서 자매 제품인 에니악, 에드박에 어울리는 에드삭Electronic Delay Storage Automatic Calculator, EDSAC이라는 이름을 붙인 디지털 컴퓨터를 빠르게 제작했다.[9] 그는 훗날 열린 에니악 탄생 축하 행사를 기념하러 무어 스쿨에 몇 차례 돌아오기도 했다.

미국과 영국 전역에서 모인 사람들이 궁극적으로 세계에 혁신을 일으킬 아이디어를 공유한 최고의 시간이었다. 하지만 안타깝게도 무어 스쿨 강의가 끝난 직후 뉴저지 와일드우드 여름 별장으로 짧은 휴가를 떠난 존과 메리 모클리 부부에게는 최악의 시간이 뒤따랐다.

9월 9일 자정이 막 지난 시각 두 사람은 두 블록 떨어진 바닷가로 수영을 하러 갔다. 이들은 편한 마음에 나체로 물에 뛰어들었다. 훗날 존은 이렇게 말했다. "어리석은 짓이었어요. 전에는 한 번도 그런 적이 없었죠."[10]

순식간에 메리는 파도에 휩쓸렸고 소리를 지르며 도움을 청했다. 존은 두 번이나 그녀에게 다가가려 했지만 거친 파도에 뒤로 밀려났다. 그는 근시가 심했고 잘 볼 수가 없었다. 안개가 끼면서 메리는 시야에서 더욱 멀어졌다. 존은 벌거벗은 채로 두 블록을 달려서 눈에 띈 불이 켜진 첫 번째 집으로 갔다. 알고 보니 해안 순찰 대장의 집이었고 그가 경찰을 불렀다. 9월 10일 새벽 2시 메리의 시신은 그녀가 입수했던 곳에서 두 블록 떨어진 모래사장에서 발견됐다.[11]

메리는 서른아홉 살이었다. 수사가 뒤따라 존은 심문을 받았지만 심문자나 검시관의 보고서에는 끔찍한 사고에 불과한 사망 사건이었다는 것 외에는 아무것도 나오지 않았다.[12] 존은 큰 충격에서 헤어나지 못했다. 그들에게는 열한 살, 일곱 살짜리 두 아이가 있었다.

"존은 그녀를 잃었다는 엄청난 상실감에 몇 주 동안 좀비처럼 돌아다녔어요." 끔찍한 시간이었다. "당시 그는 자신이 다시 행복해질 수 없을 거라 생각했어요... 변화로 가득 찬 여름에 어처구니가 없을 정도로 슬픈 결말이었어요."[13]

# 각자의 모험

1946년 여름, 백 년 문제로 바쁘게 지내던 여섯 여성에게도 여름 휴가가 찾아왔다. 전쟁 중에 군무원으로서 모아둔 휴가가 있었고 전시에는 사용할 수 없었지만 휴가 일수는 여전히 남아 있었다. 뒤늦게 육군 컴퓨팅 프로그램에 합류한 진에게는 휴가가 몇 주밖에 없었지만, 케이, 프랜, 베티, 말린에게는 여러 주가 있었기에 그 많은 휴가를 어떻게 보낼지 궁리했다.

말린은 한 동료 컴퓨터와 함께 쿠바의 인기 휴양지 아바나로 떠났다.[1] 당시 쿠바는 평범한 미국인들뿐 아니라 사교계 명사와 유명 인사가 모여드는 곳이자 나이트클럽, 핫 재즈,* 매콤한 음식이 있는 곳이었다.[2] 말린은 아바나에서 매우 즐거운 시간을 보냈다.

다음으로 떠난 건 진이었다. 토브의 충격파 물리학 문제를 에니악에 넣을 준비를 8월쯤 마쳤다. 진이 빌을 데리고 가족을 만나러 미주리로 떠난 사이 아델은 준비된 프로그램을 에니악에 넣는 작업을 마칠 예정이었다.[3]

진과 빌은 진이 예전에 왔던 경로를 거꾸로 따라갔다. 필라델피아에서 기차를 타고 세인트루이스에 도착해 워배시 익스프레스로 갈아탄 뒤 미주리 스탠베리에서 내리기 위해 서쪽으로 향했다.

진으로서는 기다려 온 순간이었다. 컴퓨터이자 에니악 프로그래머로 훌륭히 성장했고 필라델피아라는 위대한 도시에서 성공을 거둔 그녀였다. 이제 가족에게 들려줄 많은 이야기뿐 아니라 소개할 훌륭한 청년도 데리고 왔으니 그녀는 더할 나위 없이 행복했다.

빌의 입장에서는 약간 혼란스러웠다. 필라델피아에서 나고 자라 동부 해안을 떠난 적이 없었던 그로서는 앨런서스 그로브의 작은 마을과 농장 생활, 진의 활기 넘치는 대가족을 보고 흠칫 놀랐다.[4]

하지만 진이 제닝스 가족 구성원에게 그를 소개하고 가족 농장, 교사, 지역 교회를 보여주는 사이 빌은 서서히 적응했다. 학교와 묘

---

* 1920~1940년대에 인기 있었던 빠르고 활기찬 느낌의 재즈다.

지를 포함한 모든 것에 제닝스라는 이름이 붙어 있었다.

진은 행복했다. 그녀는 소, 닭, 개가 있는 동물 농장과 옥수수밭을 돌아보고 와서 어머니가 만든 아침 대용 비스킷을 다시 한번 먹었다.

어느 날 밤 진과 빌은 여동생 캐키와 그녀의 남자 친구와 함께 더블데이트를 나갔다. 빅 밴드가 연주하는 나이트클럽인 프로그 홉에서 그다지 행복해 보이지 않는 캐키의 데이트 상대만 빼고 모두가 춤을 췄다.

진은 캐키에게 왜 그와 데이트하는지 물었고 캐키는 그 남자가 자신과 결혼하고 싶어 한다고 말했다.

"너도 결혼하고 싶어?" 진이 물었다.

"아니." 캐키가 대답했다.

"결혼은 네가 하고 싶은 사람과 해야 하는 거야."

더블데이트가 끝난 후 "캐키는 정신을 차리고 그를 찼어요."라고 진은 회상했다.[5]

제닝스 가족은 진과 빌이 진지한 관계라는 걸 알고 있었다. 진의 아버지와 빌이 함께 닭털을 뜯던 어느 오후 빌은 진의 아버지에게 그녀와의 결혼을 허락해달라고 물었다. 진의 아버지는 자신이 대답할 질문이 아니라고 생각했다.

"나는 아이들 연애는 신경 쓰지 않는다네. 그 애가 자네랑 결혼하고 싶어 하나?" 진의 아버지가 물었다.

"네." 빌이 대답했다.

"그렇다면 나는 괜찮다네." 진의 아버지가 답했다.[6]

이들이 떠나기 전에 아버지는 진을 꼭 껴안았다. 아버지는 필라델피아에서 열릴 진의 결혼식에 참석하지 못하는 걸 아쉬워했지만 진이 처음 떠날 때 말했던 것처럼 그가 있을 곳은 농장이었다. 그는 진과 빌이 집에 오는 건 언제든 환영이었고 두 사람이 자신과 가족을 만나러 멀리까지 와주어서 행복했다.

그사이 베티, 케이, 존 홀버턴은 모험을 계획하기 시작했다. 이들은 모아둔 휴가를 써서 자동차로 전국을 일주하는 여행을 꿈꿔왔다. 고속도로가 생기기 전이었으므로 여러 마을, 농장, 초원과 국립공원을 가로지르며 대부분이 이차선인 도로를 따라 몇천 킬로미터를 달려야 한다는 뜻이었다. 세 사람은 강의실과 사무실 그리고 탁상용 계산기와 검고 거대한 에니악 유닛 앞에서 몇 년을 보낸 뒤여서 탁 트인 도로와 광활한 하늘이 보고 싶었다.[7]

여행에는 어느 정도 계획이 필요했기에 이들은 방문할 곳과 경로를 함께 생각하며 노트에 정리했다.

에니악을 메릴랜드 애버딘으로 이전할 시간이었다. 에니악은 병 속에 든 선박 모형처럼 제작된 터라 이 30톤짜리 기계를 통째로 꺼내려 했다가는 무어 스쿨의 출입구와 복도를 통과할 수 없었다.

에니악이 제작된 연구실은 건물 1층 뒤쪽이었다. 그래서 과거에 악기 공장으로 견고하게 지어진 두꺼운 벽돌 벽 일부를 제거할 수 있다면 높이 2.4미터, 너비 60센티미터의 검고 무거운 강철 유닛을 빼내고 포장해 탄도 연구소로 가져갈 수 있었다. 에니악 6인은 무어 스쿨이 에니악을 이전할 좋은 업체를 잘 선정해서 에니악 유닛이 메릴랜드 시골로 향하는 울퉁불퉁한 도로에서도 잘 살아남길 바랐다.

에니악 이전 기간은 베티, 케이, 존 홀버턴에게 휴가를 떠날 절호의 기회였다. 이들은 10월 초 홀버턴의 차를 타고 서쪽으로 향했다. 홀버턴이 운전대를 잡았고 베티는 조수석에 앉아 길을 찾는 역할을 맡았으며 케이는 해설자 겸 이야기꾼이자 교대 운전자로 뒷좌석에 앉았다.[8] 대단히 즐거운 여행이 될 것 같았다!

1940년에 개통한 펜실베이니아 유료 도로는 미국 최초의 장거리 진입 통제 고속 도로였다. 존과 케이가 교대로 운전하면서 세 사람은 펜실베이니아를 가로지른 후 옥수수밭과 사과 과수원이 즐비한 오하이오를 지나고 인디애나를 거쳐 시카고까지 여행했다. 이들은 로스앨러모스에서 시카고 대학교로 돌아와서 교수로 재직 중인 닉 메트로폴리스를 만나 함께 저녁을 먹고 도시를 관광하며 멋진 재회의 시간을 보냈다.[9]

그리고 덴버, 볼더, 솔트레이크시티로 이동하며 국립 공원이나 작은 모텔에 머물렀다. 모텔의 일박 요금은 일 인당 약 3달러였고 베티와 케이는 방을 함께 썼다.[10] 저녁에 먹은 커다란 스테이크는

60센트였다. 이들이 한 가장 비싼 일은 요세미티 국립 공원에 있는 산장에서 이틀 밤을 묵는 것이었다. 그곳에서 숙박, 관광, 저녁으로 먹은 스테이크에 일 인당 11달러씩을 썼다.[11]

존 홀버턴은 농무부 소속 공무원이었던 아버지를 둔 덕에 소, 돼지, 말의 모든 품종과 다양한 작물, 식물, 수목에 대해 알고 있었다. 농장과 목장을 지날 때면 홀버턴은 케이와 베티에게 동식물의 이름을 알려줬다.[12] 모두 꽤 전문가가 된 것 같았다.

마침내 세 사람 모두 처음 와보는 서부 해안과 태평양에 도착했다. 우선 샌프란시스코 인근에 머무르며 교외에 위치한 케이의 숙모 집에 머물렀다. 그 지역 관광을 마친 후에 로스앤젤레스로 이동했고 케이의 또 다른 숙모 집에 머물렀다.[13]

케이의 가족은 조선소를 소유하고 있어서 전쟁 중에는 작고 빠른 순찰용 초계 어뢰정을 건조했고, 이제는 단단한 마호가니로 만든 멋진 요트를 만들었다. 가족들은 이들을 융숭하게 대접했고 산타 카탈리나섬부터 팔로마산까지 인근 관광을 시켜주었다. 팔로마산 천문대에서는 천체 망원경의 반사경을 닦는 모습을 관람하기도 했다.[14]

그리고 더 남쪽으로 이동해 샌디에이고에 있는 베티의 자매 중한 명을 만났다. "거기에서 멕시코까지 내려가서 국경을 따라 관광지 몇 군데를 구경했어요."라고 케이는 회상했다.[15]

당시에는 가족이나 고용주가 '우편물 배달지'로 편지를 보내면 여행자가 도착해서 편지를 수령할 수 있었다. 이들은 캘리포니아 우편물 배달지에 일정대로 도착했고 탄도 연구소에서 보낸 깜짝 편지를 받았다. 탄도 연구소의 부소장인 데드릭 박사가 10월 말 작성한 이 편지에는 누군가 후면 패널이 없는 상태로 에니악을 작동시켜 에니악 유닛 중 하나에 화재가 발생해 다시 제작해야 한다고 적혀 있었다.[16] 에니악 이전 작업은 이제 12월로 미뤄졌고 세 사람은 급하게 집으로 돌아갈 필요가 없었다.

화재 때문에 충격을 받긴 했지만 다친 사람이 없다는 사실에 안도했고 즐거운 전국 일주 여행을 이어갈 시간이 더 생겨서 무척 행복했다.

이들은 더욱 여유롭게 유명한 66번 국도를 탔다. "당시에는 국도라고 특별한 건 없었어요. 그냥 자갈길이었죠."[17] 그래도 애리조나의 페인티드 사막, 그랜드 캐니언 같은 멋진 곳으로 데려다주는 국도라는 사실에는 변함이 없었다.

다음으로 이들은 남동쪽으로 향했고 멕시코만과 뉴올리언스로 갔다. 거기에서 데드릭 박사에게 또 한 번 편지를 받았다. SP에서 P2로 진급했다는 내용이었다. 즉, 케이와 베티의 군무원 등급이 '준전문가'에서 '전문가'로 올라가서 성능 시험장에서 '전문가'로서 일하게 된다는 뜻이었다.[18] 두 여성과 존 홀버턴은 감격했다.

그날 밤 이들은 멋진 의상을 차려입고 진급을 기념하러 시내로 향했다. 목적지는 1920년에 개점한 이래 지금까지도 영업 중인 브루사드 Broussard's 레스토랑이었다. 오이스터 록펠러*와 신선한 생선을 소스와 향신료와 함께 유산지에 싸서 조리하는 파피요트 등의 프랑스–크리올식 요리를 먹었다. 그날 밤 시내로 나갔던 일이 베티에게는 행복한 기억으로 남았다.[19] 육군이 마침내 이들의 노고와 성취를 인정했고 합당한 직책을 부여한 것이다.

여행은 동쪽으로 이어졌고 그 후에는 플로리다 반도를 따라 남쪽으로 내려와 마이애미에서 홀버턴의 친구를 만났고 따뜻한 대서양을 즐겼다.

집으로 돌아갈 시간이 되자 조지아, 사우스캐롤라이나, 노스캐롤라이나를 거쳐 북쪽으로 향했다. 이들은 버지니아 남부에 위치한 홀버턴의 집과 가족 농장에 잠깐 들러 그의 가족과 함께 머물렀다. 홀버턴은 케이와 베티에게 그가 자란, 구불구불 아름답게 펼쳐진 언덕과 농장을 보여줬다.

추수 감사절이었던 1946년 11월 28일 목요일, 이들은 17,700킬로미터 이상의 여정을 함께한 후 의기양양하게 필라델피아로 돌아왔다.[20]

---

* 굴에 잘게 썬 채소와 버터를 얹어서 오븐에 구운 요리다.

# 애버딘 안팎의 에니악 5인

12월은 바쁜 달이었다. 말린과 필립, 프랜과 호머의 약혼식이 있었고 결혼식도 열렸다. 1946년 12월 14일 진은 베티 집 근처에 있는 교회에서 식을 올리며 빌 바르틱과 결혼했다. 베티의 가족이 식을 진행했고 많은 에니악 팀원이 참석했다.[1]

진은 가장 친한 친구이자 결혼식의 들러리가 된 베티와 함께 결혼식을 계획했다. 베티의 가족이 식을 주관했기에 베티의 어머니가 대부분을 준비했다. 진에게 스나이더 가족은 제2의 고향이자 제2의 가족이었다.[2]

에니악 6인뿐 아니라 에니악 팀의 남성 팀원들도 참석했고 아델과 허먼도 참석했다. 부인을 잃은 슬픔에 잠겨있던 존 모클리는 신부 입장을 함께해 달라는 진의 부탁에 응했다. 너무 아까워서 내줄 수 없다는 말로 그녀를 놀리긴 했지만 말이다.[3] 아무도 이런 결정을 의외라고 생각하지 않았다. 전쟁을 함께 겪은 에니악 팀은 모두 가족 같은 사이였다.

이들은 교회에 모여 사진을 찍었다(사진 13). 새하얀 맞춤 웨딩 드레스에 길고 하얀 장갑을 착용한 진은 팔꿈치까지 내려오는 얇은 베일을 썼고, 빌은 트위드 정장에 밝은 줄무늬 넥타이를 맸다. 진과 빌이 행복하게 웃고 있는 웨딩 사진 한쪽에는 존 모클리, 다른 한쪽에는 아름다운 원피스에 작은 모자를 쓰고 환하게 웃는 베티가 있었다.

교회에서 나온 결혼식 주인공과 손님들은 근처 스나이더 가족의 집으로 이동해 축하 파티를 즐겼다. 진은 유쾌하고 따뜻했던 날로, 케이는 아름다웠던 날로 기억했다.[4]

그와 동시에 가슴 저린 순간이기도 했다. 모두가 함께하는 마지막 순간이었기 때문이다. 전쟁 중에 시작되어 전쟁이 끝난 후까지 에니악 방에서 함께 지냈던 에니악 팀은 이제 가족이나 다름없었다. 함께 열심히 일했고 즐겁게 어울렸으며 전쟁 후에도 여러 개월 동안 친구로 지냈다. 하지만 팀원들은 여기서 터득한 새로운 기술과 새로운 프로그래밍 기법을 새로운 곳에 전하기 위해 새로운 회사, 새로운 기회를 향해 떠났다.

결혼식이 끝난 후 케이, 베티, 프랜, 루스는 애버딘으로 이사할 준비를 했다. 새집을 찾은 에니악을 따라 1월부터 탄도 연구소에서 새로운 일을 시작할 예정이었다.

"전 애버딘으로 가기로 약속했어요. 그래서 갔죠." 베티는 회상했다.[5]

진은 무어 스쿨을 통해서 계약을 맺고 탄도 연구소에서 업무를 이어갔다. 탄도 연구소 풍동* 프로젝트 책임자였던 리처드 딕 클리핑거Richard Dick Clippinger 박사는 초음속 비행과 관련해 여러 프로그램을 실행하고 싶었고, 그 프로그램을 실행하려면 에니악이 필요했다. 박사는 에니악 프로그래머가 자유의 몸이 되었다는 소식을 듣고 진을 찾아 입대시켰다.[6] 진은 필라델피아에 살면서 그의 프로젝트를 관리하고 애버딘에 가서 그에게 프로그래밍을 가르치기로 했다. 진은 행복했다.

유일하게 말린만 탄도 연구소 프로젝트를 계속할 수 없었다. 그녀의 근무는 1946년 12월 31일부로 종료되었다. 말린은 필립과 결혼할 예정이었고 필립은 필라델피아 북동쪽으로 약 30분 거리에 있

---

* 공기의 흐름이 물체에 미치는 영향을 알아내기 위해 인공적으로 공기가 흐르게 만든 장치다.

는 뉴저지 트렌턴에서 치과를 개원한 상태였다. 그는 새 건물을 샀고 말린과 결혼한 후 2층에 살면서 1층에서 치과를 함께 운영하고 3층을 세주기로 했다.[7]

에니악이 무어 스쿨에 남아 있었다면 말린은 필라델피아로 계속 통근했겠지만 에니악이 성능 시험장이 있는 남쪽으로 이동한 이상 매일 출근하는 건 불가능했다.[8] 탄도 연구소는 이런 상황을 이해했다.

1947년 1월 성능 시험장으로 되돌아간 케이, 베티, 루스는 불과 몇 년 전보다는 조금 더 나은 숙박 시설에 머물렀다. 여전히 여성 공용 침실이었고 복도 끝에 있는 샤워실을 이용해야 하는 것도 그대로였지만, 매일 이들의 침구를 정리하고 깨끗한 수건을 가져다주는 사람이 생겼다.[9] 이들의 새로운 직급에 주어진 특권이었다.

베티와 케이는 룸메이트가 되었고 루스는 복도 끝 방을 썼다. 오랜 친구들이 다시 뭉쳤다. 프랜은 마을로 이사를 갔고 호머와 결혼하며 아파트를 얻었다.

이들이 1947년 1월에 마주한 성능 시험장은 1945년 7월에 떠났던 성능 시험장과 겉보기에는 다를 게 없었음에도 다르게 느껴졌다. 이들이 머물렀던 1945년은 덥고 습한 여름이었지만, 1947년 이곳에 돌아왔을 때는 얼음처럼 차가운 바람이 체서피크만을 휩쓰는 겨울이었다.

이전에는 정원을 꽉 채운 32,000명의 병사와 군무원이 있어서 수천수만 명의 젊은 남성들이 사방에서 훈련하고 행진했었다. 지금은 훈련 중인 부대가 조금 있긴 했지만, 젊은 남성 대부분은 집으로 돌아갔고 기지는 훨씬 더 조용했다.

하지만 변하지 않은 한 가지가 있었다. 이들의 관리자 존 홀버턴이 그곳에서 이들을 맞았다. 존도 필라델피아에서 이곳으로 이사 왔고 계속 함께 일할 예정이었다. 케이와 베티는 당연히 기뻐했다.

케이와 루스는 에니악 재설치를 돕는 업무를 맡았다. 에니악은 성능 시험장 탄도 연구소 섹션에 있는 APG 건물 328번지로 배달되었다. 에니악과 다른 실험실의 거처가 될 3층짜리 벽돌 건물이었다. 전에 여성들이 공부했던 건물이었고, 2층을 특별히 보강해 30톤짜리 에니악을 맞이할 준비를 마쳤다. 에어컨과 밝은 조명이 설치된 167제곱미터의 공간은 에니악을 위한 좋은 집이었다.[10]

하지만 도착한 에니악의 상태가 좋지 않았다. 화재로 망가진 패널은 다시 제작했지만 필라델피아에서 메릴랜드 애버딘으로 오는 울퉁불퉁한 지방 도로에서 마구 흔들린 탓에 다른 유닛도 손상을 입었다. 이 컴퓨터를 다시 정상 작동시키는 건 엄청난 일이었다.

케이와 루스는 팀에 합류해 각자 남성 기술자 그룹과 함께 일했다. 에니악 유닛을 하나씩 다시 설치하기 위해 유닛 후면을 힘겹게 확인하며 와이어, 회로, 진공관을 고정했다. 그리고 플러그, 스위치, 표시등이 있는 전면을 점검했다.

케이와 루스는 직접 프로그래밍을 통해 에니악의 역량을 실험했다. 무어 스쿨에서 독학으로 깨우친 진단 소프트웨어로 각 유닛을 철저히 테스트했고[11] 유닛의 모든 작동을 확인하고 나서야 에니악이 정상 작동한다고 선언했다.

"하드웨어 문제를 찾아내는 프로그래머였어요." 케이는 웃으며 말했다.[12]

그녀는 작업이 느리게 진행되었다고 기억했다. "에니악 방에 오후 내내 앉아서 십진계수기를 여러 차례 테스트하던 게 기억나요."[13]

케이와 루스가 유닛에 문제가 없다고 말하면 팀은 다음 유닛 작업을 시작했다.

에니악의 고유한 유닛 40개와 IBM 추가 유닛 5개는 영구적인 새 집에서 매일, 매주 그리고 매월 다시 태어났다.

"우리는 많은 테스트를 진행했고 다시 작동하게 했죠." 루스가 말했다.[14]

7개월 후인 1947년 7월 말 케이와 루스, 그리고 기술자들은 드디어 재설치라는 긴 마라톤을 마쳤다. 그사이 기술자들과 좋은 친구가 되었지만 에니악 방을 떠나 새로운 프로젝트를 할 수 있어 더 기뻤다.

✦

베티와 프랜은 1947년의 겨울과 봄을 지내며 탄도 연구소가 고용한 신입 프로그래머들을 만났다. 할당된 문제를 해결하는 혼성으로 구성된 그룹이었다. 예전에 컴퓨터로 함께 근무했던 오랜 친구들도 만났다. 새로운 프로그래밍 방에는 루스와 말린의 3층 컴퓨팅 팀 소속이었던 글로리아 고든, 에스터 거스턴Ester Gerston, 베티가 있던 컴퓨팅 팀의 마리 베어스타인, 필라델피아에서 많은 이들의 멘토였던 라일라 토드도 있었다.[15]

라일라 토드는 그녀가 '최고의 직원 두 명'이라고 평한 호메 매칼리스터Homé McAllister, 윙크 스미스Wink Smith도 데려왔다.[16] 무어 스쿨에 있던 약 100명의 컴퓨터 중 약 12명 정도가 남았고, 이들은 전문가 직급으로 승진했다. 신입 직원들은 에니악 배우기를 고대했다.

하지만 처음에는 그들에게 가르칠 새로운 내용이 없었다. 성능 시험장 최초의 프로그래머들도 에니악 6인이 그랬던 것처럼 에니악 다이어그램을 먼저 공부하며 유닛 작동 방법을 익혀야 했다. 호메는 이렇게 말하며 그 당시 답답했던 심정을 표현했다. "에니악 청사진과 배선도를 이해하고 직접 프로그래밍을 배우려면 오랜 시간 연구해야 했어요."[17]

베티와 프랜은 에니악 작동 방법에 대해 최선을 다해 설명했지만 여전히 배우기가 어려웠다. 하지만 에니악을 직접 프로그래밍하는 시절은 곧 끝날 예정이었다. 큰 변화가 곧 일어날 거였고 그 폭풍의 중심에는 진이 있었다.

그사이 프랜은 1947년 3월 호머와 결혼했다. 신혼여행을 다녀온 후 호머는 믿음직한 유지 보수 기술자로, 프랜은 존중받는 프로그래머로 에니악 업무를 이어갔다.

2월부터 베티는 필라델피아에서 주말을 보내기 시작했다. 휴가나 즐거운 시간을 보내기 위해서가 아니었다. 존 모클리와 프레스가 새로운 회사를 차려서 새 기계를 설계하고 있었다. 베티는 이를 흥미롭게 생각했지만 신생 회사였기에 자금이 별로 없었다. 그래도 베티는 자신이 가장 흥미롭다고 생각하는 프로젝트를 돕기 위해 아무 대가 없이 그곳에서 주말을 보냈다.[18]

금요일과 토요일 밤이면 베티는 부모님 집에서 지냈다. 그녀는 존, 프레스와 토요일 밤늦게까지 일했고 일요일에는 애버딘으로 가는 막차 시간이 가까워질 때까지 일했다. 그리고 월요일 아침마다 탄도 연구소로 돌아왔다.

베티는 존, 프레스와 긴밀하게 일했다. 새로운 컴퓨터와 컴퓨터가 갖춰야 할 기능에 대해 아이디어를 나눴고[19] 많은 에너지를 쏟아붓는 흥미진진한 대화가 오갔다. 이 새로운 컴퓨터는 곧 세계 최초의 현대식 상업용 컴퓨터, 유니박Universal Automatic Computer, UNI-VAC으로 탄생할 예정이었다. 그리고 향후 몇 년간 유니박은 컴퓨터의 동의어처럼 쓰일 만큼 미국 전역으로 수십 대가 배송되지만 아직은 아니었다. 1947년은 아직 첫 번째 유니박이 제작되기 전이었고 여전히 개념에 불과한 컴퓨터였기에 여러 은행이 자금 제공을 꺼렸다.

그사이 탄도 연구소 풍동 프로젝트의 책임자이자 하버드 대학교 수학 교수인 리처드 딕 클리핑거는 진에게 풍동 방정식과 관련해서 도움을 요청했다.[20] 그는 에니악을 사용해 비행기의 성능을 초음속으로 시뮬레이션하고 싶었다. 비행기는 음속 장벽을 넘어서지 못했고 비행기와 조종사가 살아남을지 의문이었다.

딕은 똑똑한 수학자이자 풍동 방정식의 전문가였지만 에니악 프로그래밍에 대해서는 아무것도 몰랐다. 하지만 진은 에니악 프로그래밍에 대해 잘 알았다. 그래서 딕은 그녀를 고용해 프로그래밍 그룹을 지휘하고 방정식을 프로그래밍하는 역할을 맡겼다. 계약은 무어 스쿨을 통해 이루어졌는데, 어브 트래비스는 계약을 망설이다가 진이 임신 계획이 없다고 말하자마자 재빨리 계약서에 서명했다.[21]

진은 프로젝트 관리자였다. 최우선 과제는 광고와 면접을 통해 신입 프로그래머 4명을 채용하는 것이었다. 그 누구도 현대 컴퓨터를 위한 프로그래머를 모집해본 적이 없었기에 그녀는 진행하면서 상황에 맞는 새로운 방법을 적용해나갔다. 그녀는 지원자에게 지원 자격을 갖췄는지 묻기보다 업무에 대해 그녀에게 질문을 던지는 지원자를 선택했다. 에너지, 호기심, 모험심을 갖춘 사람들을 선발했다.[22]

진은 캐시 저코비Kathe Jacoby, 샐리 스피어스Sally Spears라는 두 여성과 아트 게링Art Gehring, 에드 슐랭Ed Schlain이라는 두 남성을 채용했다.[23] 모두 컴퓨팅 분야에서 성공적인 경력을 길게 이어온 사람들이었지만 그녀에게 에니악과 프로그래밍부터 배워야 했다.

그 당시 진은 애버딘을 오가며 딕에게 에니악을 프로그래밍하는 방법을 가르치고 있었다. 반대로 딕은 그녀에게 풍동에 대해 가르쳤다. 풍동이란 내부에서 바람을 일으키는 커다란 관으로, 비행기나 로켓 같은 물체가 그 안에서 어떻게 움직이는지 실험하는 용도로 사용된다. 과학자들은 풍동에서 주로 축척 모형을 사용했고 가끔 실물 크기 모형도 사용했다.[24] 에니악은 풍동 테스트 절차 시뮬레이션에 쓰일 예정이었다.

하지만 진과 딕은 곧 문제가 있다는 걸 깨달았다. 에니악은 딕의 풍동 방정식을 처리하기에 너무 작았다. 진, 케이, 베티가 탄도 궤도 프로그램을 최적화하기 위해 알아낸 모든 방법뿐 아니라 진이 알고 있는 모든 요령을 동원해도 풍동의 '쌍곡선 편미분 방정식'은 에니악에 넣기에 너무 컸다.[25] 컴퓨터에는 풍동 프로그램에 필요한 모든 프로그램 펄스 케이블, 숫자 와이어, 스위치를 넣을 충분한 공간이 없었다.

이들은 포기하지 않고 에니악을 수정하기로 했다. 그리고 그 방법을 알아낸 건 에니악에 로스앨러모스 문제를 가져왔던 존 폰 노이만이었다.

존 폰 노이만은 딕에게 이렇게 말했다. "에니악을 원래 설계할 때 생각했던 것과 매우 다른 방식으로 작동할 수 있지 않을까요?"[26] 에니악 이동식 함수표의 용도를 변경하면 숫자가 아닌 명령도 저장할 수 있었다. 이렇게 저장한 명령을 특수하게 구성한 에니악에 입력할 수 있다면 공간은 더 이상 문제가 되지 않을 터였다.

그리하여 진의 인생에서 가장 바쁜 시기가 도래했다. 1947년 봄 그녀와 딕은 존 폰 노이만과 아델을 만나기 위해 프린스턴 고등 연구소로 통근했다. 이들의 임무는 에니악을 '프로그램 내장식' 컴퓨터로 변환하는 것이었다. 유례를 찾기 힘든 일이었다.[27] 무어 스쿨에서 제작 중이던 에드박이나 케임브리지 대학교에서 제작 중인 에드삭과 달리 에니악은 처음부터 프로그램 내장식 컴퓨터로 제작된 것이 아니라 나중에 프로그램 내장식이 되도록 재설계되었다. 그건 마치 뒤로 공중제비를 넘는 동시에 옆돌기를 하는 것이나 다름없었다.

오전이면 진, 딕, 아델은 존 폰 노이만과 연구소 1층에 모여 최적의 명령어 집합에 어떤 명령이 필요할지 고민했다.[28] 알베르트 아인슈타인의 사무실도 거기에 있었다.

오후가 되면 진과 아델은 오전에 논의했던 명령의 세부 사항을 스케치했다. 두 사람은 에니악에 직접 프로그래밍으로 새로운 명령 코드를 입력할 방법을 대략적으로 그렸다. "우리는 함께 코드를 구현하고 새로운 명령 코드를 에니악에 프로그래밍할 방법을 대략 알아내는 작업을 함께했어요." 훗날 진이 회상했다.[29] 두 사람은 다시 한번 함께 일할 수 있어 기뻤다.

진과 아델은 연구소 빈방이나 육군이 전쟁 도중 연구소 내부에 건설했던 특이한 퀀셋 막사* 중 한 곳에서 일할 때도 있었다.[30] 무너져 내리고 있는 이러한 철골 구조물은 보기 좋지 않았다. 막사를 본 이들은 금방이라도 무너질 듯한 흉물이 아름다운 주변 경관을 망가뜨린다고 생각했다.[31]

허먼과 아델은 하나의 퀀셋 막사에서 지냈고, 진과 딕은 업무가 밤늦게까지 이어지거나 며칠씩 이어질 때 각자 자기 막사에서 잠들곤 했다.[32]

회의가 끝나면 진은 필라델피아로 돌아와 자신이 이끄는 4인 팀과 함께 명령 코드의 특정 세부 사항을 해결했다.[33] 그들은 명령 코드를 에니악에 입력하는 방법과 사용해야 할 유닛, 스위치, 숫자

---

\* 반원형의 간이 건물이다.

케이블, 숫자 트레이, 프로그램 펄스 케이블을 정확히 파악했다.

진은 팀과 함께 정상적으로 작동하지 않는 명령이 있는지 혹은 다른 명령을 위한 공간이 부족할 정도로 에니악의 자원을 너무 많이 차지하는 명령이 있는지 파악했다. 문제가 있다고 판명되는 경우에는 진이 프린스턴으로 돌아가서 명령을 재작업하거나 재작성했다.[34] 케이와 루스가 에니악 재설치에 있어 신뢰를 받았듯이 진은 평가와 테스트에 있어 신뢰받았다. 그녀가 승인하지 않으면 명령은 받아들여지지 않았다.

진이 문제를 가지고 프린스턴으로 돌아오면 존 폰 노이만, 아델, 딕은 진의 이야기를 주의 깊게 들었고 존은 종종 명령을 조금 더 단순한 버전으로 만들거나 대체할 명령을 제안했다.[35]

모두가 동등한 자격으로 참여하는 회의였다. 물론 그렇지 않을 때도 간혹 있었다. 한번은 존 폰 노이만이 새로운 명령을 제안했는데 진이 안 된다고 거절한 일이 있었다. 실현 가능성이 없는 아이디어라는 걸 진은 알았기 때문이다. 진은 그 순간을 이렇게 회상했다. "오전 회의에 매번 참석하면서도 기여한 게 하나도 없던 허먼이 마치 제가 신성 모독적인 발언이라도 한 것처럼 노려보더군요."[36]

하지만 존 폰 노이만은 본인의 실수를 깨달았기에 그저 웃고 자기 의견을 바로잡았다.[37] 그리고 이들은 하던 작업을 이어갔다.

1947년 여름 중반까지 케이와 루스는 기술자들과 함께 에니악 설치를 마무리했고, 진과 필라델피아−프린스턴−애버딘 팀은 '변환 코드'라고 이름 붙인 에니악의 새로운 명령 코드를 마무리했다. 진과 그녀가 이끄는 팀은 변환 코드를 위한 프로그래밍 시트를 딕과 탄도 연구소에 종이로 전달했다.[38] 이들은 프로그램을 실행하도록 에니악을 설정하기 위해 애버딘까지 가지 않았다. 다른 누군가가 이들의 작업을 활용해서 에니악을 '완전한 프로그램 내장식 컴퓨터'로 변환할 예정이었다.

케이와 루스는 새로운 프로그래밍 작업을 찾으러 떠났고, 진과 그녀가 이끄는 뛰어난 팀은 딕이 그토록 인내하며 기다린 풍동 방정식으로 마침내 주의를 돌렸다.

# 새로운 삶

케이는 1947년 8월 에니악 방을 떠나며 더글러스 하트리의 다른 프로그램 작업에 참여하길 희망했다. 더글러스는 자기 계산의 수학적인 부분을 다시 작업했고 케이가 이를 다시 프로그래밍해주길 바랐다.[1] 하지만 그 일을 고대하던 케이는 눈앞에 놓인 다른 문제와 기회를 발견했다.

제대로 이끄는 사람이 없어 헤매고 있는 초보 프로그래머들의 모습이 그녀의 눈에 띄었다. 케이는 탄도 연구소 책상에 놓여 있던 아델의 설명서 사본을 떠올렸다. 에니악의 각 유닛과 작동 방법, 용도를 설명하는 훌륭한 문서였다.

"진작에 했어야 할 매우 좋은 일이었죠." 케이가 말했다.[2]

케이는 인근 지역의 프로그래머들을 모아서 아델의 설명서와 자신의 경험을 바탕으로 교육을 시작했다.

다음 과제로 넘어간 진의 팀은 변환 코드를 사용해 딕의 풍동 방정식 프로그램을 만들었다. 이들은 A. S. 갤브레이스 A. S. Galbraith와 존 기제 John Giese라는 두 명의 젊은 이론 수학자와 긴밀하게 협력했다.[3]

진과 베티가 궤도 방정식을 만들 때 진이 수학을, 베티가 로직을 맡았던 것처럼 갤브레이스와 기제는 복잡한 방정식을 작은 단위로 나눴고, 진의 팀은 방정식을 에니악이 수행할 수 있는 개별 연산으로 나눴다.[4]

1947년 하반기에 진은 정기적으로 애버딘에 방문해서 딕, 갤브레이스, 기제와 함께 일했다. 딕도 필라델피아에 들러서 진의 팀을 응원하고 풍동 방정식이 탄생하는 과정을 지켜봤다.[5]

진, 딕, 캐시, 샐리, 아트, 에드는 에니악 팀의 전통을 따라 우들런드 애비뉴에 있는 리도 레스토랑에서 점심을 먹으며 컴퓨팅에 관한 이야기를 신나게 나눴다. 시베리아 횡단 철도를 타고 러시아를 가로지른 경험, 파리 소르본 대학교에서 공부하고 유럽을 여행한 경험이 있던 딕의 여행기와 해외 생활 이야기는 모두를 즐겁게 했다.[6]

진은 행복했던 그날의 기억을 떠올렸다. "딕은 항상 우리 팀을 보완해줬고 모두 그를 좋아했어요. 전 에니악 작업을 하는 게 마치 천국에 온 것처럼 너무 즐거웠고 매일 출근이 기다려질 정도로 정말 좋았어요."[7]

하지만 아무리 좋은 일이라도 끝이 있기 마련이다. 딕과 약속한 풍동 방정식 작업을 프로그래밍 시트에 깔끔하게 정리했고 기한에 맞춰 딕에게 전달하며 끝이 났다. "우리는 모든 목표를 달성했어요." 진은 자랑스럽게 책에 기록했다.[8]

진의 팀은 딕과 탄도 연구소를 위해 중요한 일을 했다는 걸 알았다. "프로젝트를 완료함으로써 우리 팀은 세계를 완전히 바꿀 새로운 방식의 프로그래밍을 탄생시켰어요. 에니악이 처음 나왔을 때 그랬던 것처럼요."[9]

한스 뉴콤Hans Neukom은 2006년 『IEEE Annals of the History of Computing』에 게재한 글에서 이를 '에니악의 두 번째 삶'이라고 명명했다.[10]

베티는 빠르게 새로운 프로그래밍 방식의 전문가가 되었다. 1947년 여름 그녀는 새로운 변환 코드를 사용해 에니악을 위한 '테스트 프로그램 스위트'를 작성해달라는 요청을 받아서 이를 작성했다.[11]

차분하고 침착하고 꼼꼼한 베티는 새로운 테스트 프로그램을 만들 적임자였고, 그녀는 남은 평생 동안 새로운 코드와 프로그래밍 언어를 테스트하려고 자신을 찾아오는 사람들을 맞이했다. 여기에는 나중에 제작된 포트란이나 코볼 같은 강력한 언어도 있었다.

케이는 주변의 초보 프로그래머를 교육한 후에 더글러스의 문제를 해결했다.[12]

루스는 여러 프로그래밍 팀에서 선임 프로그래머와 리더 역할을 맡았다.[13]

호메 매칼리스터는 리처드 딕 클리핑거를 위한 추가 풍동 방정식을 준비하고 실행하는 팀에 배치되었다.[14]

1948년 9월 딕은 탄도 연구소를 위해 변환 코드에 대한 첫 번째 논문을 발표했다. 그는 변환 코드의 '완성된 체제'가 존 폰 노이만, 아델, 진, 그리고 자신의 작품이라고 적었다. 이 논문은 갤브레이스, 기제뿐 아니라 캐시, 샐리, 에드, 아트로 구성된 진의 팀이 했던 공헌도 언급한다.[15] 이들은 자신의 노고를 인정받아서 기뻤다.

언론은 활짝 열린 성능 시험장의 에니악 방을 문턱이 닳도록 드나들었고 애버딘으로 최고의 사진 기자를 보내서 에니악과 함께 있는 남성, 때로는 여성의 모습을 포착하려 했다. 『라이프』지의 사진 기자인 프랜시스 밀러 Francis Miller는 함수표의 하단 막대에 자신감 있게 발을 올려놓은 베티의 모습을 포착했다. 이 위대한 컴퓨터의 전문가라는 걸 명확히 보여주는 사진이었다.

에니악 앞에 있는 글로리아 고든과 에스터 거스턴을 포착한 아름다운 사진도 있었다. 에스터는 검은색의 숫자 와이어를 팔에 걸친 채 서 있고 글로리아는 프로그램 펄스 케이블을 하단에 연결하려고 앉아 있는 사진이었다(사진 15). 글로리아가 2009년 87세의 나이로 세상을 떠났을 때『워싱턴 포스트』에 다시 게재된 기사에는 이들의 이름과 세계적으로 유명한 이 사진에 대한 글로리아의 재치 있는 발언이 함께 실렸다. "잘됐군! 내 큰 엉덩이를 이제 모두가 볼 수 있겠어!"[16]

여러 사진 속 루스는 더 젊은 프로그래머들이 일하는 모습을 지켜보는 관리자로서 이름 없이 배경에 조용히 서 있는 편이었다. 2019년 루스의 사진이『뉴욕 타임스』커버를 장식할 당시에도 루스의 이름은 기재되지 않았다.[17]

에니악 5인이 탄도 연구소에서 맡은 자리와 지원하던 업무를 떠날 때가 되었다. 이들은 임무를 완수했다. 에니악의 재설치를 도왔고 새로운 프로그래머와 수학자를 교육해 에니악을 위한 방정식과 프로그램을 준비했고 에니악을 한 단계 발전시킬 새로운 변환 코드를 만들고 가르쳤다.

임신한 프랜은 육아에 집중하기 위해 육군을 떠나기로 했다.[18]

존과 프레스는 첫 번째 고객에게 선금을 받으면서 베티를 고용할 자금이 생겼다. 1947년 6월 베티는 일렉트로닉 컨트롤 컴퍼니<sup>Elec-</sup>

tronic Control Company의 열세 번째 직원으로 합류했다. 이 회사는 곧 에커트-모클리 컴퓨터 주식회사Eckert-Mauchly Computer Corporation로 이름을 바꿨다.[19]

1948년 3월 진은 프린스턴, 필라델피아, 애버딘을 오가던 정신 없는 한 해를 마무리했다. "계약이 끝났고 우리는 계약서에 적힌 열 두 가지 목표를 완수했어요."라고 진은 기록했다.[20] 딕은 진과 그 녀의 팀과 새로운 계약을 맺고 싶었지만, 그녀는 프로그래밍에 뛰 어난 재능을 보인 아트에게 프로그래밍 업무를 넘겼다. 진은 다음 프로젝트를 시작할 준비, 새로운 모험을 떠날 준비가 되어 있었다.

애버딘에서 주말을 보내기 지루했던 루스는 예전에 살던 리베카 그라츠 클럽의 주말 파티에 참석했다. 그녀는 그곳에서 아돌프 테 이텔바움Adolph Teitelbaum을 만났다. 두 사람은 서로 잘 맞았고 나중 에는 아돌프가 말린의 남편인 필립과 대학교 친구였다는 것도 알게 되었다.[21] 네 사람은 콘서트, 연극, 식사 등 더블데이트를 하며 행 복한 시간을 함께 보냈다. 루스와 아돌프는 곧 약혼했다.

두 사람은 1948년 결혼식을 올린 뒤 자동차로 미국 남서부 지역 을 횡단하는 긴 신혼여행을 떠났다. 신혼여행에서 돌아온 루스는 필라델피아에서 일하기 위해 무어 스쿨에 지원했고 어븐 트래비스 는 주저 없이 그녀를 채용했다. 그 후 일 년 반 동안 무어 스쿨에 머 물렀으나 신혼여행 당시 남서부 지역과 사랑에 빠졌던 루스와 아돌 프는 결국 텍사스 댈러스로 이사해서 여생을 보냈다.

케이는 당분간 애버딘에서 머물 계획이었다. 그녀는 행복했고 도전 의식을 느꼈으며 친구도 많이 만들었다. 그녀는 프로그래밍이 좋았고, 초보 프로그래머를 교육하고 변환 코드를 사용하는 것도 즐거웠다.

게다가 케이는 존 모클리를 위해 특별 프로젝트를 진행하고 있었다. 과중한 업무에 시달리던 신생 기술 스타트업 대표는 어쩌다 무어 스쿨 강의 대본 제작을 떠맡게 되어 초창기 자기 기록선<sup>*</sup>에 녹음된 모든 단어를 받아 적는 일까지 하고 있었다. 두 아이를 키워야 하는 한 부모 가정의 아버지이자 운영할 회사가 있는 몸이었는데 말이다.

존의 상황을 들은 케이는 대본 작업을 도와주겠다며 녹음기와 자기선을 성능 시험장으로 가져오라고 재촉했다.[22]

그때부터 존은 유니박을 위해 정부 고객을 유치하러 워싱턴 D.C.로 갈 때마다 성능 시험장에 들렀다. 처음에는 프로젝트를 확인하러 들렀고 나중에는 케이를 만나러 들렀다. 1947년 말 존은 케이에게 청혼했고 케이는 승낙했다. 그녀도 필라델피아로 돌아가기로 했다.

---

* 자기 테이프(magnetic tape) 이전에 사용되던 자기 저장 매체 중 하나다. 기록 저장 매체로 피아노선을 사용한다.

1948년 2월 케이와 에니악 재설치를 함께했던 옛 팀 동료들은 떠나는 케이에게 아쉬움을 전하며 결혼 축하 파티를 열어줬다. 다음 날 이들은 그녀의 짐 가방을 기차 플랫폼까지 옮겨주었고 누구나 볼 수 있게 가방 위에 '곧 결혼합니다'라는 글귀를 적어 붙였다.[23]

케이와 존은 1948년 2월 작은 교회에서 결혼식을 올렸다. 에니악의 모든 프로그래머가 참석했고 신랑 들러리는 프레스가 맡았다.[24]

에니악은 1955년 10월까지 성능 시험장에서 활발하게 사용됐다. 변환 코드를 통해 수시로 업그레이드되는 새로운 형태의 에니악은 중요한 문제를 100개 이상 실행했다.[25] 2세대 에니악 프로그래머 W. 바클리 프리츠 W. Barkley Fritz는 「1946년부터 1952년까지 이루어진 에니악 작동과 문제에 대한 조사 보고서」에 '변환 코드는 에니악의 생산 작업을 다음과 같이 개선했다.'고 작성한 다음, 더 쉬워진 문제 준비, 실행 가능한 프로그램 크기 증가, 프로그램 변경 시간 감소, 테스트 절차 간소화 등의 항목을 나열했다.[26]

변환 코드 덕분에 에니악은 사용하기 더 쉬워졌다. 더 많은 사람이 더 크고 복잡한 문제에 대한 프로그램을 만들 수 있는 문이 열렸다. 전 세계에서 탄도 연구소를 찾아왔고 탄도 연구소는 대학, 정부 기관, 다른 군사 조직이 더 다양한 문제를 실행하도록 너그럽게

허용했다.[27]

일기 예보, 열 점화(무기용 화약 연소), 로켓 궤도, 광산 자원 고갈에 대한 수학적 모델(미국 광산국), MIT를 위한 특수 풍동 설계 계산 등을 에니악으로 실행했다. 이뿐만 아니라 대중에 공개되지 않은 기밀 프로젝트도 많았다.[28]

심지어 로스앨러모스의 과학자, 수학자도 더 많은 계산을 위해 돌아왔고, 니컬러스 메트로폴리스, 클라라, 존 폰 노이만, 아델까지 모두가 도왔다.[29]

W. 바클리 프리츠는 '독자들이 슈퍼컴퓨터를 현존하는 가장 강력하고 비싼 컴퓨터라고 정의하는 데 동의한다면 에니악은 몇 년 동안 세계에서 유일한 슈퍼컴퓨터였다.'고 보고서에 적었다.[30]

모두가 존 폰 노이만, 딕, 아델, 진이 매우 신중하게 설계하고 진의 팀이 매우 세심하게 프로그래밍한 변환 코드를 사용했다. 물론 시간이 지남에 따라 수정과 확장이 이루어졌지만, 핵심적인 부분은 그대로 유지되었다.[31]

미래의 에니악 프로그래머들은 변환 코드를 통해 얻은 것도 많았지만 잃은 것도 있었다. 에니악의 원래 프로그래머들이 프로그램을 마이크로초 단위로 제어하고 강력한 병렬 프로세스를 만들고 각 결과가 다음 유닛에 정확한 시점에 도달하게 하려고 각 유닛의 타이밍을 하나하나 추적하는 엄청난 작업을 진행하던 대변혁의 시대는 지나갔다. 에니악 6인은 그런 방식으로 에니악을 사용한 몇 안 되는 행운아였다.

변환 코드가 완성되면서 에니악은 네 배 느려졌다. 명령 코드가 함수표에서 메인 처리 장치까지 오는 시간은 상당히 길었다. 그리고 에니악은 '직렬'로 작동하게 되었고, 명령을 한 번에 하나만 처리할 수 있었다.

에니악을 본래의 강력한 '직접 프로그래밍' 방식으로 사용해본 사람은 소수였다. 오로지 이 작업을 위해 고용된 건 딱 여섯 사람이었다.

*베티 홀버턴(결혼 전 성은 스나이더)*
*진 바르틱(결혼 전 성은 제닝스)*
*캐슬린 모클리 안토넬리(결혼 전 성은 맥널티)*
*루스 테이텔바움(결혼 전 성은 릭터먼)*
*말린 멜처(결혼 전 성은 웨스코프)*
*프랜시스 스펜스(결혼 전 성은 빌라스)*

에니악 6인뿐이었다.

에니악의 흑백 사진 속 여성들은 내 곁에 머물렀다. 3학년 때 컴퓨터 박물관에서 하버드 대학교 캠퍼스로 돌아온 후 사진 속 여성들의 진실을 밝혀야겠다고 결심하고 조사에 뛰어들었다. 내가 발견한 미스터리를 주제로 수업 과제를 작성했다. 소프트웨어의 역사와 여성의 역사, 둘 다 컴퓨터 역사에서 누락된 것처럼 보였다. 과제 제목이 정확하게 기억나지는 않지만 부제는 '남성은 하드웨어이고 여성은 소프트웨어'였다.

나는 4학년을 앞두고 1년을 휴학했다. 컴퓨터 역사에서 누락된 이토록 큰 퍼즐 조각을 찾았다는 사실에 약간 압도된 느낌이었다. 역사가들은 이런 내용을 어쩌다 놓친 걸까? 졸업 논문을 쓰기 전에 생각할 시간이 필요했다.

그해 중반 조엘 슈르킨의 책 『Engines of the Mind(사고의 엔진)』를 발견했다. 『필라델피아 인콰이어러』의 기자로 일하던 시절 존 모클리, 프레스퍼 에커트와 진행한 인터뷰를 통해 얻은 정보를 다루는 컴퓨터 역사에 관한 책이었다. 에니악을 설명하는 장에서 에니악 팀이 직면한 도전 과제에 관해 썼는데 조엘이 남긴 다음과 같은 각주에 깜짝 놀랐다.

> 그 이유는 아무도 모르나 러브레이스 백작 부인 이래 컴퓨터 역사상 최고의 초기 프로그래머들은 여성이었다. 이는 에커트-모클리 컴퓨터 주식회사에만 국한되는 사실이 아니라 거의 모든 컴퓨터 연구실에서도 마찬가지였다. 그레이스 호퍼와 베티 홀버턴은 컴퓨터와 통신하는 기본 형식인 어셈블리 언어 중 하나를 작성한 중요한 업적을 남긴 것으로 인정받았다.[1]

조엘도 나와 똑같은 결론을 내렸다!

새로운 결심과 함께 하버드 대학교에서 4학년을 시작한 후 에니악 프로그래머에 대한 졸업 논문을 지도해줄 교수님을 찾기 시작했다. 하지만 내 전공이 사회학이어서 쉽게 찾을 수 없었다. 사회학과 컴퓨터 과학이 무슨 연관이 있겠는가?

다행히 나는 MIT의 조지프 와이젠바움 교수님의 컴퓨터와 윤리학 수업을 수강 중이었다(하버드 학생은 MIT 수업을 교차 등록할 수 있었고 하버드 광장에서 MIT까지 지하철 두 정거장에 불과했다). 흥미로운 수업이었고 와이젠바움 교수님의 상담 시간이면 캠퍼스 맨 끝에 있는 건물로 교수님을 찾아가곤 했다. 설립한 지 얼마 되지 않아 아직 그다지 유명하지 않던 MIT 미디어 랩도 그 건물에 있었다. 어느 날 와이젠바움 교수님에게 하버드에는 에니악 여성들에 대한 내 논문을 지도해줄 교수님이 없다고 이야기했다. 놀랍게도 교수님은 큰 목제 책상에 앉아 나를 올려다보며 두꺼운 회색 콧수염 아래 미소를 지으시더니 이렇게 말했다. "내가 지도해 주겠네." 나는 조사가 결실을 보지 못할 수도 있다고 말씀드렸지만 교수님은 다시 한번 웃으며 말했다. "자네가 뭘 찾아낼지 보도록 하지."

그렇게 에니악 프로그래머에 대한 조사가 시작됐다. 이야기 조각을 찾을 때마다 와이젠바움 교수님 연구실로 돌아가 공유했다. 내가 미분 해석기에 대한 제대로 된 설명을 찾지 못해 헤맬 때는 종이와 연필을 꺼내 미분 해석기를 스케치하며 '거인용 매트리스의 스프링'이라고 부르기도 했다.

『Encyclopedia of Computer Science(컴퓨터 과학 백과사전)』 같은 2차 자료에는 아무것도 없어서 2차 자료의 기반이 된 1차 자료를 뒤져봤다. 허먼 골드스틴의 자서전인 『The Computer from Pascal to Von Neumann(파스칼부터 폰 노이만까지의 컴퓨터)』은 유용한 자료였다. 책 202페이지에는 에니악 프로그램을 위해 고용한 여섯 컴퓨터의 이름이 적혀 있었다(이들의 이름에는 몇 군데

오자가 있었다). 나는 202페이지를 읽고 또 읽었다. 각주와 참고 문헌 목록도 전부 꼼꼼히 보았지만 에니악 프로그래머에 대한 추가 참고 자료는 찾지 못했다. 하지만 적어도 그들의 이름은 알았다.

1986년 초가을 무어 스쿨에 전화해보기로 결심했다. 여러 학장, 교수에게 차례로 연락했으나 에니악 업무를 한 여성들에 대해 아는 사람은 없었다. 그러던 중 은퇴한 선임 교수이지만 아직 학교에 연구실이 남아 있는 솔 고른<sup>Saul Gorn</sup> 교수의 연구실을 찾아가보라고 누군가 이야기했다. 나는 제2차 세계 대전 동안 프로그래머로서 에니악 업무를 한 여성들이 있었다는 걸 나타내는 단편적인 정보들을 정리해 이야기했고 그는 내 말을 주의 깊게 들었다.

솔 고른 교수는 대답하기 전 한참 뜸을 들였다가 자신이 제2차 세계 대전 중에 무어 스쿨 학생이었다고 말하며 천천히 이야기를 시작했다. 원래 교수나 학생으로 여성을 허용하지 않았지만 전쟁 당시에는 전문적인 업무를 하는 젊은 여성들이 있었다는 걸 그는 기억했다.

그리고 느린 목소리로 "당신이 찾고 있는 사람이 이들일지도 모르겠군요."라며 그해 10월에 에니악 40주년 기념행사가 열린다는 걸 알려주었고 원한다면 초대장을 보내주겠다고 했다. 나는 물론 원한다고 했고 초대장을 받았다.

래드클리프 대학교에서 약간의 연구 보조금을 받은 후 에니악 40주년 기념행사 파티에 참석하러 암트랙 기차를 타고 보스턴에서 필라델피아로 갔다. 기차역에서 펜실베이니아 대학교의 타운 빌딩으로 갔고, 건물 앞 계단을 올라 기념 배지를 집어 들고는 빠르게 채워지고 있는 커다란 직사각형 행사장으로 들어섰다. 작은 무대 앞에 늘어선 의자에 자리를 잡고 앉았다.

격식을 차린 이 행사는 에니악 팀의 여러 남성에게 상을 수여하기 위해 열린 행사처럼 보였다. 처음에는 다양한 연령대의 남성이 현대 컴퓨팅의 탄생에 있어 에니악과 에니악 팀이 한 역할에 대해 이야기했다.

그리고 케이가 무대에 올라 몸을 앞으로 기울이며 장내를 집중시켰다. '회상'이라는 제목으로 이루어진 그녀의 짧고 감동적인 연설은 청중의 주의를 사로잡았다. 그녀는 자신이 에니악 업무를 하던 시절, 지금 기념행사에 모인 사람들과 함께 남녀를 막론하고 얼마나 즐겁게 일했는지 이야기했다. 미소를 띠고 우아한 태도로 말하는 그녀의 이야기를 모두가 주의 깊게 들었고 연로한 많은 참석자가 그녀의 이야기에 연신 고개를 끄덕였다. 그녀는 에니악 팀의 일원이었던 게 분명했다.

기념행사가 끝난 후 참석자들은 서로 어울려 대화를 나눴다. 행사장 앞쪽에는 주로 남성이 있었다. 행사장을 가로질러 뒤쪽으로 향하자 모여 있는 나이 든 여성 몇 명이 눈에 띄었다. 백발에 진주 목걸이를 한 차림이었고 활기차게 웃으며 대화를 나누고 있었다. 내가 옆에서 좀 들어도 되겠냐고 묻자 이들은 그러라고 답하고 대화를 이어갔다.

여성들은 기술적인 이야기를 신나게 나누고 있었다. 이들이 언급하는 누산기, 프로그램 펄스, 마스터 프로그래머 같은 용어를 이해할 수 없던 나로서도 이들이 사적으로 깊게 관여한 사건, 과거에 일어난 기술적 사건에 대해 이야기하고 있다는 건 알 수 있었다.

나중에야 알게 된 사실이지만, 당시 이들은 시연일 직전 탄도 궤도 프로그램의 마지막 버그와 그 버그를 어떻게 고쳤는지에 관해 이야기를 나누던 중이었다. 이들은 추억을 나누고 있었다. 몇 가지 세부 사항을 주고받으며 논의하는 모습에서 동료애가 느껴졌다. 이 여성들은 분명 따뜻한 우정과 서로에 대한 깊은 존경심을 가지고 있었다. 이들은 40년 전 벌어졌던 기술적 사건과 각자 맡았던 역할에 대해 즐겁게 이야기를 나눴다. 나는 흥미를 느꼈다.

이들은 대화가 끝나자 자신들을 소개했는데 허먼의 책에서 언급된 세 사람 베티, 진, 말린이었다. 행사장 앞쪽에 있던 케이와 뒤에 있는 이 세 사람까지 허먼 골드스틴이 언급했던 최초의 에니악 프로그래머 6명 중 네 명을 만난 것이다.

나는 전화번호를 받은 후 보스턴으로 돌아왔고 그 이후 몇 달 동안 네 명의 여성을 전화로 인터뷰했다. 최초의 교차 플랫폼 프로그래밍 언어인 코볼을 설계한 위원회에서 베티와 함께 일했던 진 새멧Jean Sammet도 인터뷰했다. 나는 「보이지 않는 여성: 초기 컴퓨터 프로그래밍에 기여한 여성의 사회사」라는 제목으로 졸업 논문을 완성했다.

졸업 논문이 마무리될 무렵에는 내가 빙산의 일각만 건드렸을 뿐이라는 걸 알았다. 와이젠바움 교수님께 이런 걱정을 털어놓자 그분은 미소를 지으며 이렇게 말씀하셨다. "언젠가 기회는 다시 올 걸세." 교수님은 이 이야기를 더 조사하고 말할 때가 올 거란 걸 알고 있었다.

졸업 후 나는 가장 높은 급여를 받을 수 있던 월가의 IT 분야에서 경력을 시작했다. 모건 스탠리의 정보 서비스 관리 교육 프로그램에 참여했고 세계적인 대형 금융 회사 운영에 필요한 컴퓨팅과 프로그래밍을 배웠다.

하루에 4시간을 공부하고 8시간 동안 IT 과제를 수행했다. 과제는 내가 있는 뉴욕의 거대한 데이터베이스를 런던, 도쿄의 사무실에 연결해 모건 스탠리의 국제적 데이터 네트워크 운영을 돕는 것이었고 곧 취리히와 홍콩의 사무실까지도 연결했다. 도쿄나 런던에 있는 담당자에게 연락이 닿지 않으면 해당 사무실에서 우리 그룹에 연락했고 그러면 우리는 문제가 어디에서 발생했는지 파악했다. 롱아일랜드의 위성 업링크가 작동하지 않을 때도 있었고 뉴욕이나 도쿄에 있는 전화 회사의 국선*이 불통일 때도 있었다. 하루하루가

---

＊  지역 전화국에서 건물까지 들어오는 전화 회선이다.

퍼즐 같았고 그런 문제를 푸는 게 즐거웠다.

하지만 행복감을 덜 느끼는 일부 동료, 특히 여성 동료도 있었다. 그들은 남성과 동등한 대우를 받지 못하는 팀에 속하거나 젊은 여성은 훌륭한 컴퓨터 전문가가 될 수 없을 거라 생각하는 젊은 남성 동료가 있는 팀에서 일했다. 이들은 매우 뛰어난 업무 기량을 보였음에도 컴퓨팅이 자기에게 맞는 분야가 아닐까 봐 두려워했다. 컴퓨팅 분야가 남성들을 위한 분야라는 말도 질리도록 들었다.

저녁 8시부터 아침 8시까지 이루어지는 야간 교대 근무 중 거대한 데이터 센터의 높고 길고 좁은 금속 선반 사이에 앉아 잠시 쉴 때 나는 동료들에게 에니악 프로그래머 이야기를 들려줬다. 우리가 컴퓨팅 분야 최초의 여성이 아니라는 걸 알려준 것이다. 오히려 우리는 에니악 시절까지 거슬러 올라가 탁월한 성과를 보여준 여성들의 긴 발자취를 좇고 있었다. 내가 아는 프로그래밍 선구자인 베티, 진, 케이, 말린, 루스, 프랜의 이름과 그들의 이야기를 공유했다. 그날의 짧은 휴식 시간에 못다 한 이야기는 다음 날 밤에 이어갔다.

이야기에 깊은 감명을 받은 동료들은 어깨를 당당히 펴고 더 밝은 미소를 지으며 데이터 센터의 자기 자리로 돌아갔다.

나는 아주 잠깐 프라이스 워터하우스 쿠퍼스*의 데이터 보안 감사관으로 일했고 그당시 전 세계에 보내는 모든 데이터를 어떤 법률이 규제하는지 궁금해져서 로스쿨에 진학했다. 차차 법에 익숙해질수록 법이 프로그래밍과 너무 다르다는 점에서 로스쿨이 마음에 들었다. 그리고 통신 서비스 관련 법무 법인 회사 플레처, 힐드 & 힐드레스Fletcher, Heald & Hildreth에 입사해 마이크로파, 위성, 텔레비전, 라디오 관련 법률을 전문으로 일했고, 초기 인터넷 법률과 정책 관련 업무를 맡기 시작했다.

입사하고 2년이 지난 1995년 가을, 불현듯 이듬해 2월이면 '에니악의 50주년'이라는 게 떠올랐다. 1996년에 기념행사가 열릴까? 나는 다시 한번 무어 스쿨에 전화했다. 전화 두 통 만에 다가오는 기념행사의 책임자인 스티브 브라운Steve Brown 학장과 연락이 닿았고 그는 내 전화를 받고 기뻐했다. 그는 1996년 2월 에니악 기념행사가 성대하게 열릴 예정이고 앨 고어 부통령도 행사에 참석하길 기대하고 있다고 알려줬다. 며칠 간의 강연과 특별한 만찬이 포함된 이 대규모 행사에 초대된 사람이 수백 명이었다.

나는 브라운 학장에게 에니악을 프로그래밍한 여섯 여성을 주제로 학부 졸업 논문을 썼다고 이야기하며 물었다. "아직 그분들은

---

\* 다국적 회계 감사 기업이다.

살아계시나요? 그분들도 기념행사에 오세요?"

그의 대답이 내 인생을 바꿨다. "누구… 누구 얘길 하시는 거죠?" 에니악 발명가나 기술자의 미망인 외에 다른 에니악 프로그래머들의 이름은 잊힌 상태였다. 이들은 50주년 행사 초대 목록에도 올라 있지 않았다. 에니악 프로그래머의 이야기가 사라질 위기였다.

나는 재직 중이던 법무 법인에 근무 일정 변경을 요청했고 주중에 4일을 일하고 나머지 하루를 에니악 프로그래머를 찾는 데 쓰기로 했다.

50주년 기념행사 전날 나는 눈보라를 뚫고 워싱턴 D.C.에서 필라델피아로 향했다. 내 차에는 베티 홀버턴과 그녀의 친구 도나 듀발Donna Duvall도 함께였다. 베티는 몇 년 전에 뇌졸중을 앓았던 까닭에 처음에는 멀리 움직이는 걸 꺼렸다. 하지만 나는 도나와 함께 베티를 설득했고 그녀와 함께 행사장에 도착하자 컴퓨팅 커뮤니티의 많은 구성원이 베티를 따뜻하게 환영했다.

VIP 리셉션 초대를 받은 사람이 케이와 베티뿐이어서 자체적인 VIP 행사를 열었다. 기념행사 연회가 열리기 전, 한 호텔 방에 에니악 프로그래머, 그들과 동행한 손님, 사진작가 스티븐 포크Steven Falk가 모여 우리만의 리셉션을 연 것이다. 베티와 존 홀버턴, 케이, 진과 그녀의 딸 제인, 말린과 필립 멜처까지 모두가 사진을 찍기 위해 포즈를 취했다. 에니악 프로그래머들은 자신의 가족, 그리고 나와 함께 사진을 찍었다.

우리의 작은 리셉션에 『월 스트리트 저널』의 톰 페칭어도 손님으로 참석했다. 톰도 나처럼 무어 스쿨에 전화해서 에니악 업무를 한 여성들에 대해 자신이 들은 이야기를 질문했던 사람이었다. 펜실베이니아 대학교에서는 해줄 수 있는 답변이 없었고, 50주년 행사의 뛰어난 조직자였던 캐시 볼슐레거Kathy Wohlschlaeger는 톰에게 나를 소개했다. 나는 톰을 우리만의 리셉션에 초대하며 에니악 6인이 50년 전 에니악 프로그래밍에 대한 이야기를 신나게 나누길 기대하고 있다고 이야기했다.

실제로 그들이 신나게 이야기를 나누는 동안 톰은 공책을 꺼내서 메모했다. 이후 9개월 동안 톰은 에니악 프로그래머와 나를 대상으로 수많은 논의와 인터뷰를 진행한 끝에 『월 스트리트 저널』에 에니악 프로그래머에 대한 칼럼 두 편을 기고했다. 그는 실리콘 밸리 기술 기업가에 대한 주간 칼럼을 싣던 자리에 오늘날 기업가들이 알아야 하는 에니악 개척자들의 이야기를 들려주었다.

50주년 행사가 끝난 후 인생은 빠르게 흘러갔다. 미치 케이퍼Mitch Kapor와 케이퍼 가족 재단은 내게 에니악 프로그래머의 방대한 구술 역사에 대해 조사하고 영상을 남기는 데 쓸 자금을 지원했다. 나는 의회 도서관에서 6개월을 보냈고, 도서관 가장 깊은 곳에서 과학·기술 열람실로 꺼내온 1940~50년대 컴퓨팅과 프로그래밍에 대한 책이 내 책상과 책장을 채웠다.

1997년 나는 롤런드 컴퍼니의 데이비드 롤런드<sup>David Roland</sup>, 사진 감독 실라 스미스<sup>Sheila Smith</sup>, 음향 기사 메리 카이글러<sup>Mary Keigler</sup>와 함께 필라델피아 인근의 케이, 말린, 진의 집과 워싱턴 D.C. 근처에 있는 베티의 노인 요양 시설에 방문했다. 데이비드는 촬영을 감독했고 나는 인터뷰를 진행했다. 여러 페이지 분량의 질문을 긴 종이에 깔끔하게 타이핑해 가지고 갔다. 인터뷰는 나의 2014년 다큐멘터리 〈The Computers: The Remarkable Story of the ENIAC Programmers〉와 이 책의 기반이 되었다. 다큐멘터리 제작 자금은 메건 스미스<sup>Megan Smith</sup>와 루시 사우스워스 페이지<sup>Lucy Southworth Page</sup>, 앤 워치츠키<sup>Anne Wojcicki</sup> 재단에서 제공했으며 나는 이들에게 항상 감사한 마음이다.

에니악 프로그래머 뉴스는 점차 세상에 알려졌다. 진의 아들인 팀 바르틱<sup>Tim Bartik</sup>은 1997년 이들을 기술계 여성 국제 명예의 전당에 올리도록 지명했다. 미국 컴퓨터 학회 회장인 바버라 시몬스<sup>Barbara Simons</sup> 박사는 케이와 진을 1999년 샌프란시스코에서 열린 튜링상 기조연설자로 지명했고 2008년 컴퓨터 역사 박물관은 로버트 멧커프<sup>Robert Metcalfe</sup>,<sup>*</sup> 리누스 토르발스<sup>Linus Torvalds</sup>**와 함께 진을 '회원'
으로 지명했다(나는 진을 지명했지만 컴퓨터 역사 박물관 관장이
기념식에 그녀를 초대하기 전까지는 진에게 그 사실을 알리지 않았
다). 진은 실리콘 밸리에서 열린 공식 기념행사에 나를 초대했고 컴
퓨터 역사 박물관은 5대에 걸친 그녀의 가족을 극진히 대접했다.

다음 날 밤 컴퓨터 역사 박물관은 진을 위해 VIP 리셉션을 주최
하고 내셔널 퍼블릭 라디오<sup>***</sup>의 'Nightly Business Report' 프로
그램을 만든 린다 오브라이언<sup>Linda O'Bryan</sup>과 함께 '노변담화'라는 큰
행사를 열 예정이었다.

하지만 올 사람이 있을까? 에니악 프로그래머의 이야기가 그렇
게 널리 알려진 건 아니었다. 내 친구이자 오랜 시간 전자 프런티어
재단의 회장을 맡고 있던 브래드 템플턴<sup>Brad Templeton</sup>과 나는 비공
식적으로 '진을 만나러 딸과 함께 오세요'라는 제목을 붙인 자체 홍
보 캠페인을 진행했다. 브래드는 나를 실리콘 밸리의 여성 블로거
들에게 소개했고 그들이 입소문을 퍼뜨렸다.

그날 밤 우리는 여전히 누가 올지 모르는 상태로 행사의 시작을

---

숨죽인 채 기다렸다. 걱정과 다르게 400개의 의자를 설치한 박물관의 가장 큰 홀이 여성 프로그래머와 기술자로 가득 찼다. 딸을 데려온 사람도 있었고 남성도 일부 있었다. 사회자 린다 오브라이언은 환하게 웃었다. 그때까지 컴퓨터 역사 박물관이 주최한 행사 중에 이렇게 어린 여성이 많이 모인 행사는 없었다.

당시 제작 중이던 내 다큐멘터리의 예고편을 상영한 후에 린다 오브라이언이 진을 인터뷰했다. 두 사람은 앞쪽에 설치된 작은 무대 위, 천을 씌운 큰 나무 의자에 앉아 있었다. 행사 도중 갑자기 홀의 조명이 전부 꺼지기도 했었는데 나중에 기술 팀 직원이 그 원인을 말해줬다. 조명에 동작 감지 센서가 달려 있는데, 400명의 청중이 진의 이야기를 주의 깊게 듣느라 전혀 움직이지 않아서 조명이 꺼졌다며 직원은 미소를 지었다. 한 번도 일어난 적 없는 일이었다.

케이가 2004년 시카고에서 열린 컴퓨팅 분야 여성을 위한 '그레이스 호퍼 기념행사'*의 게스트로 나갈 당시 그녀는 유명 인사였다. 컴퓨터 프로그래밍 분야에서 경력을 쌓으려는 젊은 여성들이 진의 이야기와 경력을 더 자세히 듣고 싶어 한 덕분이었다.

---

* 20세기 초반 컴퓨팅 분야에서 활동한 미국의 여성 컴퓨터 과학자였던 그레이스 호퍼의 이름을 따서 컴퓨팅 분야의 여성을 위해 열리는 콘퍼런스다.

하지만 여전히 장애물은 남아 있었다. 나의 조사 결과를 컴퓨터 역사 커뮤니티에 설명하려 하자 냉혹한 반응이 돌아왔다. 윌리엄 애스프레이William Aspray 박사는 대화 중에 나를 '수정주의적 역사학'을 한다고 비난하며 화제를 돌렸다. 그럼에도 일부 연로한 역사학자들은 자신의 인생 후반기에 에니악 프로그래머를 인터뷰하기 위해 몰려들었고, 나는 그 모습을 자랑스럽게 지켜봤다. 2009년 서배너에서 'IEEE Computer Pioneers Award'*를 수상한 진을 인터뷰하는 마이클 윌리엄Michael Williams의 얼굴이 환해지는 모습도 봤다.

최근에는 초기 프로그래밍 이야기를 근절하고 역사를 바로잡아야 한다고 생각하는 젊은 컴퓨터 역사학자들이 이러한 성차별적인 반대를 이어가고 있다. 2010년 네이선 엔스멩거Nathan Ensmenger는 『The Computer Boys Take Over(컴퓨터 소년들이 장악하다)』라는 도서를 출간했다. 책 표지는 메인프레임 컴퓨터 앞에 백인 남성이 서 있는 사진이다. 그는 에니악 프로그래머를 '미화된 사무직 근로자'라고 폄하하고 어떠한 인용 없이 '코더는 지적, 직업적 위계에서 낮은 위치에 있었던 게 분명하다'라고 말한다.[2] 케이, 진, 베티, 말린, 루스, 프랜이 있었더라면 이 이상하고 근거 없는 주장을 반박할 수 있었으리라 생각한다.

---

* IEEE 컴퓨터 학회에서 매년 컴퓨터 분야에서 뛰어난 성과를 올린 사람에게 수여하는 상이다.

2016년 『ENIAC in Action(작동 중인 에니악)』을 저술한 토머스 헤이그Thomas Haigh를 비롯한 공동 저자들은 에니악 프로그래머들이 한 일의 가치를 적극적으로 평가 절하한다. 그들은 에니악 프로그래머를 에니악 '조작원' 이상으로 보는 걸 거부하고 그들의 수학적 작업, 컴퓨팅 작업의 혁신과 깊이를 부정하며 구술 역사의 가치 또한 인정하지 않으려 한다. 그들은 월터 아이작슨Walter Isaacson과 나를 비롯해 에니악 프로그래머의 이야기를 하는 사람을 적극적으로 비하하는 그룹의 일원이다.

SF 소설가이자 디지털 저작권계의 리더인 코리 닥터로Cory Doctorow는 2019년 온라인 매거진 '보잉 보잉Boing Boing'에 네이선과 토머스의 저서에 대한 우려를 표명했다. 그는 에니악 프로그래머의 손자뻘인 컴퓨터 역사학자들이 현대 프로그램을 발명한 여성들이 역사책에서 증발해버린 역사, 즉 초기 컴퓨터 과학의 성차별적이고 수정주의적인 역사를 쓰고 있다고 썼다.[3]

이런 차별적인 반발이 없었다면 잃어버린 역사를 이야기하기 훨씬 쉬웠을 것이다. 구술 역사가 나쁠 이유가 무엇인가? 나는 구술 역사계의 선구자인 래드클리프 대학교의 루스 에드먼즈 힐Ruth Edmonds Hill이 흑인 여성 구술 역사 프로젝트의 인터뷰를 진행하고 필사해 공유하는 모습을 보고 배웠다.[4] 그녀는 고령의 아프리카계 미국인 여성들을 인터뷰했다. 그전까지는 이들의 경험이 기록되지 않았을 뿐 아니라 역사적으로 중요하다고 여겨지지도 않았었다.

그녀가 사라질 뻔한 중요한 역사를 포착한 덕에 역사의 빈틈이 채워지는 걸 지켜봤다. 루스 에드먼즈 힐은 역사학자들이 자주 간과하는 여성과 소수자의 이야기를 포착하고 싶다면 구술 역사를 수집해야 한다고 가르쳤다. 역사의 사각지대에 있는 사람들은 자신의 역사를 기록으로 남기지 못하는 경우가 많다. 그 간극을 메우고 중요한 이야기와 잊힌 삶을 공유하는 건 구술 역사가의 몫이다.

나는 네이선의 『The Computer Boys Take Over(컴퓨터 소년들이 장악하다)』를 출간한 MIT 프레스가 앞으로는 출간하는 책을 조금 더 면밀히 살펴보고 『Men, Machines, and Modern Times(남성, 기계, 그리고 현대)』(1968), 『A Few Good Men from UNIVAC(유니박의 소수 정예 남성들)』(1990)(이 책에는 훌륭한 여성과 남성이 참여했음을 매우 명확히 보여주는 사진이 실렸다) 같은 제목을 사용하지 않았으면 한다. 컴퓨터 과학계와 컴퓨터 관련 업계에서 모집하려고 노력하는 젊은 여성들, 그리고 배타적인 환경을 원하지 않는 남성까지도 외면하는 제목이다.

다행히 존 모클리와 J. 프레스퍼 에커트는 성차별적인 방식으로 생각하거나 행동하지 않았다. 고정 관념에서 벗어나 생각하고, 긴 근무 시간을 기꺼이 받아들이는 사람이라면 누구나 채용해 훈련하고 가르쳤고, 그들의 이야기를 경청했으며 발명하도록 장려했다.

여성, 남성, 이민자, 다양한 종교와 인종을 포용했다. 가장 지적인 최고의 인재를 원했고 인종, 종교, 성별은 신경 쓰지 않았다. 실리콘 밸리 곳곳에서 고위직으로 있는 내 친구들은 이런 포용성과 다양성이 최고의 기술 프로젝트를 성공으로 이끄는 열쇠라고 말한다.

에니악 프로그래머들은 나의 롤 모델이자 친구였다. 젊은 여성으로서 컴퓨터 과학 수업을 계속 들어야 할지 고민할 때 나에게 포기하지 말라는 영감을 줬다. 내가 인터넷 법률과 정책 분야에서의 경력과 ICANN(국제 인터넷 주소 관리 기구)의 창립 회원으로서의 경력을 쌓을 수 있었던 건 이들이 한 일을 보고 얻은 용기 덕택이었다. 시애틀 국제 영화제에서 열린 나의 에니악 다큐멘터리 시사회에서 구글, 마이크로소프트, 아마존에서 근무하던 젊은 여성들이 눈물을 흘리며 감동하는 모습을 보았다. 에니악 프로그래머의 이야기가 그들에게도 영감을 주었으리라 생각한다. 이 이야기를 통해 모두가 컴퓨팅과 프로그래밍 분야에 입문할 권리, 그리고 자신이 선택한 어떤 직업이든 도전할 권리를 얻기를 바란다. 제2차 세계대전 동안 국가는 중요한 업무에 최고의 인재를 등용해야 한다는 걸 배웠다. 오늘날에도 변함없는 사실이다.

# 집필 후기

에니악 6인 중 네 명을 알게 된 건 꽤 운이 좋았다. 이들은 자신의 구술 역사, 통찰, 이야기, 그리고 살고 있는 집까지 나에게 공유했다. 이들은 나의 멘토이자 친구였고 내 아이들에게도 영감을 주었다. 나는 꽤 어렸던 두 아이를 데리고 말린의 집에 방문한 날을 평생 못 잊을 것이다. 그녀가 아끼는 그랜드 피아노를 아이들이 신나게 두드려서 조금 당혹스럽긴 했지만, 말린은 웃음을 터뜨렸다.

에니악 6인 모두 충만한 인생을 살았다. 이들은 가정을 일구며 경력과 지역 사회 활동을 이어갔다. 이들이 에니악 업무를 마친 후에 한 활동을 소개하자면 다음과 같다. 여기에 수록된 내용은 그들의 삶 일부일 뿐이다.

## 캐슬린(케이) 맥널티 모클리 안토넬리(1921∼2006)

케이는 존 모클리와 결혼한 후 매일 밤 그와 이야기를 나눴다. 주로 에커트-모클리 컴퓨터 주식회사와 그 이후 그가 다닌 회사의 목표와 발명품, 도전에 대해서였다. 정식으로 회사에 복귀하지는 않았지만 그의 글 대부분을 편집했고, 프로그래밍, 프로그래머에 대해서도 많은 대화를 나눴다. 케이는 훗날 이렇게 말했다. "그 사람은 여성이 남성보다 훨씬 더 나은 프로그래머가 될 수 있다고 진심으로 믿었어요. 어쩌면 그 생각이 맞았을지 모른다고 생각해요."[1]

1950년 2월 두 사람은 펜실베이니아 엠블러에 있는 18세기에 지어진 큰 농가를 발견했다. 이 지역은 필라델피아 외곽에 있는 시골이었다가 빠르게 뻗어나가고 있는 교외의 일부가 된 지역이었다. 이들은 약 6만 평의 땅으로 둘러싸인 그들의 농장을 '작은 보리수 농장'이라 불렀다. 거기에서 케이와 존 사이에서 태어난 다섯 자녀, 샐리, 캐시, 빌, 지니, 에바, 그리고 존의 두 자녀, 시드니, 지미를 키웠다. 케이는 이렇게 회상했다. "완전한 천국이었어요."[2]

손님이 머물 공간이 충분히 많았던 케이와 존의 집에는 컴퓨터 세계의 사람들이 문턱이 닳도록 드나들었다. 더글러스 하트리와 그의 아내가 영국에서 돌아올 때마다 함께 시간을 보냈고 무어 스쿨 강의를 듣고 영국에서 스스로 프로그램 내장식 컴퓨터를 만든 모리스 윌크스도 마찬가지였다. 니컬러스 메트로폴리스와 스탠리 프랭클도 인근 지역에 올 때마다 그들의 농장에 들렀다. 해군 대령인 그레이스 호퍼도 모클리 가족과 저녁 식사를 함께했다.[3] 케이는 활동적인 학부모로 걸스카우트 단과 컵스카우트 단을 이끌었고 그녀의 아이들이 다니는 학교에서 가끔 대리 교사로 가르치기도 했다.

1967년 에니악 특허 무효를 목적으로 제기되어 1973년 판결이 내려진 허니웰Honeywell, Inc.과 스페리 랜드Sperry Rand Corp.* 간의 소송은 케이와 존에게 큰 피해를 줬다. 해당 재판은 집에서 멀리 떨어진 미니애폴리스에서 열렸고 재판이 진행되는 동안 존은 건강이 좋지 않았다. 게다가 스페리 랜드가 존과 프레스의 작업물을 제대로 지켜내지 못하고 있다는 생각에 케이는 화가 났다. 재판 이야기는 전 월스트리트 저널 기자 스콧 매카트니의 1999년 작 『ENIAC: The Triumphs and Tragedies of the World's First Computer(ENIAC: 세계 최초 컴퓨터의 승리와 비극)』에 쓰여 있다.

1970년 중반부터 말까지 케이는 존을 따라 취미로 PC를 만드는 젊은이들을 만났다. 초창기 프로그래밍과 관련된 자신의 이야기와 작업을 처음 말하기 시작한 때가 이때였다. 1980년 존이 세상을 떠난 후에도 그녀는 자신이 한 일과 에니악의 유산에 대해 꾸준히 목소리를 냈다. 1986년 에니악 40주년 기념행사에서 한 짧은 강연 '회상'을 통해 1940년대 초반 무어 스쿨에서 여성으로 일한 것이

---

* 1910년에 설립된 전자 제품 회사로 1950년 에커트-모클리 컴퓨터 주식회사를 인수한 레밍턴 랜드를 1955년에 인수했다.

얼마나 특이한 일이었는지, 1946년 남녀가 함께 있던 에니악 팀에서 얼마나 즐겁게 지냈는지 들려주었다.

1980년대 중반 케이는 유명한 사진작가 세베로 안토넬리Severo Antonelli와 약혼하며 에니악 프로그래머 친구들을 초대해 작은 동창회를 열기로 했다. 시연일 이후 40년이 지난 시점이었고 필라델피아에서 진, 펜실베이니아 야들리에서 말린과 필립 멜처, 메릴랜드 포토맥에서 베티와 존 홀버턴, 뉴욕 사이오셋에서 프랜과 호머 스펜스, 텍사스 댈러스에서 루스와 아돌프 테이텔바움까지 모두가 왔다.

1996년 케이와 동료 에니악 프로그래머들은 WITIWomen in Technology International 명예의 전당에 헌액되었다. 케이는 그날 참석하지 못했지만 그 행사와 홍보 덕에 많은 초대가 이어져서 전국 곳곳에 강연을 나갔고 종종 진도 함께했다. 이들은 시애틀의 마이크로소프트 캠퍼스, 보스턴과 뉴욕에 있는 WITI 행사를 비롯한 여러 필라델피아 행사에서 강연했다.

2000년대 초반 케이에 대해 알게 된 아일랜드 다큐멘터리 작가가 다큐멘터리 촬영을 위해 아일랜드로 그녀를 초대했다. 케이는 초대에 열렬히 응했고 진에게도 함께 하자고 권했으며 두 사람은 그 여행에서 대단히 즐거운 시간을 보냈다. 케이는 사진작가와 제작진을 만나고 촬영을 진행한 리머릭 대학교를 비롯해 더블린 대학교, 레터케니 공과 대학교에서 강연했다. "아주 멋진 시간을 보냈어요. 그들은 저를 기리기 위해 제 이름으로 된 상을 만들었어요. 매해 컴퓨터 과학 분야 최우수 학생에게 이 상을 수여할 예정이었어요."[4] 그녀는 더없이 기뻤다.

케이는 2006년에 세상을 떠났고 딸 지니는 그 이후에도 어머니에게 수여되는 영예를 기리기 위해 연설을 하곤 한다. 지니는 2017년 케이를 기리기 위해 컴퓨터 과학 건물을 맥널티 건물이라고 명명한 더블린 시티 대학교에 방문했고, 2019년에는 아일랜드계 미국인 명예의 전당에 케이가 헌액되어 시카고로 갔다.[5] 지니는 어머니가 다녔던 체스트넛 힐 대학교 기관 발전 부분의 연구 및 데이터 관리 선임 이사다.

## 루스 릭터먼 테이텔바움(1924~1986)

루스는 애버딘 성능 시험장 일을 마친 후 1948년 말 무어 스쿨로 돌아왔으나 아주 단기간만 머물렀다. 그해 초 신혼여행으로 아돌프와 함께 미국 중서부와 남서부를 여행한 후에 텍사스와 사랑에 빠졌다. 댈러스에서 사업을 시작할 기회가 오자 뛰어들어 보기로 하고 새로운 지역으로 이주했다.

루스는 자판기 사업을 시작한 아돌프를 도왔다. 두 사람은 아침마다 설탕과 물을 섞은 진한 혼합물을 휘저었다. 이 혼합물은 커피 자판기로 들어갔는데, 당시 첨단 기술이었던 커피 자판기는 컵이 나온 뒤 그 안에 몹시 뜨거운 커피를 따랐고, 특정 버튼을 누르면 설탕 혼합물도 넣어줬다. 빠르게 자리를 잡은 아돌프 커피 서비

스Adolph's Coffee Services는 아들 제이 테이텔바움이 오늘날까지도 운영 중이다.[6]

루스는 폴록 페이퍼Pollock Paper의 초기 컴퓨터 부서에 있다가 나중에는 찬스 보우트 에어크래프트Chance Vought Aircraft 컴퓨팅 부서에서 일했다. 찬스 보우트는 제2차 세계 대전 시절부터 해군 항공 모함에서 이착륙할 수 있는 비행기 수천 대를 설계하고 제작했다. 그녀는 둘째 아들 데이비드가 태어난 1954년까지 그곳에서 일했다.

그 후에 그녀는 가정을 꾸렸고 가정의 재정을 관리했다. 아들들은 어머니가 가족의 주식 포트폴리오를 잘 관리했다고 기억했다. 그녀는 매일 『월 스트리트 저널』을 읽고 매일 저녁 식사를 하기 전에 아돌프와 사업과 뉴욕 증권거래소에 관해 대화를 나눴다.

루스의 아들과 며느리들은 루스와 아돌프를 사이좋은 부부였다고 기억한다. 두 사람을 알거나 가깝게 지낸 많은 친구가 이들을 본보기로 삼을 정도였다.

1970년대에 에니악 특허 소송이 진행되는 동안 루스는 1940년대 중반에 맡았던 에니악 업무에 대해 증언하기 위해 버지니아 알링턴으로 갔다.

루스는 은퇴하며 경영권을 제이에게 넘긴 아돌프와 함께 전국을 여행하며 엘더호스텔*을 다녔다. 두 사람은 하이킹을 좋아했고

---

* 노인을 대상으로 다양한 교육 프로그램을 제공하는 비영리 노인 교육 기관이다.

새로운 장소를 보고 함께 새로운 걸 발견하는 걸 즐겼다.

수년간 루스와 아돌프 부부는 말린과 필립 부부와 연락하며 지냈고 가족을 만나러 필라델피아에 가면 함께 모였다. 1985년에는 케이의 동창회에 초대받아 즐거운 시간을 보냈다. 에니악 6인이 함께한 마지막 시간이었다. 루스는 에니악 40주년 기념행사 직전인 다음 해에 세상을 떠났다.

에니악 프로그래머들이 1997년 WITI 명예의 전당에 헌액되었을 때 아돌프가 참석해서 루스의 업적과 유산을 기념했다. 무대에 오른 남성은 아돌프가 유일했다.

### 프랜시스(프랜) 빌라스 스펜스(1922~2012)

프랜은 결혼한 후에도 계속 애버딘에서 일했다. 호머 스펜스가 그후 몇 년간 에니악 일을 했기에 그녀도 애버딘에서 일하기 좋은 상황이었다. 프랜은 세 아들, 조지프, 리처드, 윌리엄의 엄마가 되었고 엄마와 아내의 역할을 즐겁게 받아들였다. 훗날 호머가 뉴욕 사이오셋에 일자리를 얻자 가족이 함께 가서 그곳에 새로운 뿌리를 내렸다.

케이가 1985년에 연 동창회에서 찍은 사진 속 프랜과 호머는 웃고 있다. 하지만 프랜은 나중에 열린 기념행사에는 참석하지 않았고 구술 역사 프로젝트에 참여하는 것도 거절했다. 1996년 에니악 50주년 기념행사 무렵 호머의 몸이 안 좋았기에 프랜이 참여하기 어려웠을 거라고 이해한다.[7] 프랜은 2012년에 세상을 떠났다.

## 말린 웨스코프 멜처(1922~2008)

말린과 필립은 결혼 직후 10년간 뉴저지 트렌턴에 위치한 필립의 치과 건물 2층에 살았다. 말린은 도전을 피하는 법이 없었기에 치과 엑스레이 촬영 자격증을 취득해 수년간 환자들의 엑스레이를 촬영했다. 그녀가 배운 일은 이뿐이 아니었다. 치아 충전재용 아말감을 혼합했고 치과 위생사 역할을 했으며 전화 응대, 예약 접수, 청구, 지급까지 담당했다. 젊은 치과 의사에게 필요한 일이라면 뭐든 배워서 해냈다.

둘은 1957년 펜실베이니아 야들리에 크고 밝은 창이 있는 집을 마련했다. 조지 워싱턴 장군이 미국 독립 전쟁 당시 주요 전투에서 이기기 위해 부대를 이끌고 델라웨어강을 건넜던 유명한 장소에서 멀지 않은 곳이었다.

말린과 필립은 조이와 휴, 두 아이를 키웠고 여생을 야들리에 머물렀다.

말린은 수년간 많은 지역 단체 활동에 참여해서 여성들이 훈련을 받고 일자리를 찾고 가족에 필요한 돈을 마련하도록 도왔다. 이런 단체의 이사회에서 회계나 비서를 자주 맡았고 비영리 단체의 사명을 위해 항상 열심히 일했지만 연설을 좋아하지 않았기에 회장이나 부회장직은 맡지 않았다.

말린은 본인의 뜨개질 실력을 끊임없이 비판하면서도 어른이나 아이 암 환자를 위해 수천 개의 모자를 떠준 덕에 지역 병원의 유명 인사였다.

말린과 필립은 중국, 홍콩, 태국, 이탈리아, 그리스 등 당시 미국 인들이 많이 방문하지 않던 여러 지역을 여행했다. 유람선을 타고 소비에트 연방의 상트페테르부르크에 가서 1764년 예카테리나 2세 가 개관한, 세계에서 두 번째로 큰 예르미타시 미술관을 관람했다.

이스라엘에는 자주 방문했는데 단순한 관광 목적이 아니었다. 필립과 말린은 한 키부츠*를 후원했고 일 년에 한 번씩 그들에게 무 료로 치과 치료를 해주었다. 필립이 은퇴한 후에는 가끔 한 달씩 그 곳에 머물며 작은 치과에서 일하곤 했다.

1997년 말린은 WITI 명예의 전당 헌액을 위해 캘리포니아 샌타 클래라에 갔을 때 기술과 컴퓨팅 분야에서 일하는 젊은 여성 수천 명을 만날 수 있어서 무척 기뻤다. "놀라운 경험이었고 너무 흥미진 진했어요."라고 그녀는 말했다.[8]

## 진 제닝스 바르틱(1924~2011)

진도 베티처럼 존과 프레스가 있는 에커트–모클리 컴퓨터 주식

---

\* 이스라엘의 고유한 생활 공동체다.

회사에 합류했다. 2년 반 동안 그녀는 비낙Binary Automatic Computer, BINAC과 유니박 I의 프로그래머로 일했고 나중에는 유니박 I의 로직 디자이너가 되었다.

빌이 워싱턴 D.C. 지역에서 일하게 되었을 때 진은 당시 에커트–모클리 컴퓨터 주식회사를 인수한 레밍턴 랜드의 워싱턴 D.C. 사무실에서 일자리를 찾았다. 몇 년 후 이들은 필라델피아로 돌아왔고 진은 집에서 머물며 거기서 태어난 팀, 제인, 메리, 세 자녀를 키웠다. 그녀는 엄마 역할을 사랑했다.

진은 여성 유권자 동맹 지역의 어린이 병원에서 활동했고 펜실베이니아에 있는 학교로 돌아와 1967년 석사 학위를 취득했다. 이혼한 후 아이작 아우어바흐Isaac Auerbach가 있는 아우어바흐 출판사에 합류해 당대의 '미니컴퓨터'를 다루는 '아우어바흐 미니컴퓨터 보고서Auerbach Minicomputer Reports'의 편집자가 되었다. 미니컴퓨터라고 해도 오늘날의 기준으로 보면 여전히 큰 컴퓨터였지만 에니악을 포함한 이전 컴퓨터에 비해 작았다. 미니컴퓨터 등장 이후 훨씬 많은 소규모 사업체나 기관이 컴퓨터 성능을 이용할 수 있었다.[9] 1970년대 미니컴퓨터의 가격은 1만~2만 5천 달러로 당시 메인프레임 컴퓨터보다 훨씬 저렴했다.

진은 새로운 컴퓨터 사용자에게 적합한 컴퓨터를 찾아주는 일을 즐겼다. 거의 십 년 동안 아우어바흐 출판사에서 일한 후 인터데이터Interdata, 허니웰, 데이터 디시전스Data Decisions 같은 첨단 기술

회사에서 일했다.

진은 WITI 명예의 전당에 참석했다. 얼마 지나지 않아 근처에 있는 노스웨스트 미주리 주립 대학교에 다니는 제닝스가의 젊은 조카가 학교에 진의 업적에 대해 이야기했다. 학교 정보 시스템 부학장이던 존 릭먼Jon Rickman은 진에게 연락했고 2001년 7월 진의 사진과 '45년 졸업생인 컴퓨터 선구자 진 바르틱이 기회의 문을 열다'라는 제목이 노스웨스트 동문회지 앞표지를 장식했다. 1년 후 진은 졸업식 연사로 서는 영예를 얻었고 2002년 4월 27일, 자랑스럽게 대학 총장과 함께 졸업식 행렬에 참여했다.

진은 신중하게 고민한 끝에 졸업식 연설에 '인생 금언 10가지'라는 제목을 붙였다. 수십 년간 일과 경험에서 얻은 가장 좋아하는 조언을 젊은 졸업생들에게 전했다. 조언 일부를 여기에 담았다.

**1.** 꿈꾸는 것은 보람이 있다.

**3.** 기회가 문을 두드리면 문을 열어라.

**5.** 새롭고 흥미로운 것이 지루하고 따분한 것을 이긴다.

그녀는 껄껄 크게 웃으며 가장 좋아하는 구절로 연설을 마무리했다. "미주리에서 몸은 떠나더라도 마음은 떠나지 못하는 법이죠."[10]

노스웨스트 미주리 주립 대학교는 진의 수집품과 파일, 회고록의 보금자리를 마련했다. 현재는 진 제닝스 바르틱 컴퓨팅 박물관의 소장품이다. 진이 소중하게 간직한 노트, 도표, 에니악, 비낙, 유니박의 사진, 미니컴퓨터 등을 보관하고 있다.

노스웨스트 미주리 주립 대학교의 존 릭먼과 킴 토드는 진의 아들 팀 바르틱과 함께 진의 원고 편집을 도왔고 그 원고는 2013년에 『Pioneer Programmer: Jean Jennings Bartik and the Computer that Changed the World(선구자적인 프로그래머: 진 제닝스 바르틱과 세계를 바꾼 컴퓨터)』로 출판됐다. 아무나 흉내 낼 수 없는 진의 독창적인 문체로 쓰인 이 책에는 컴퓨터에 관한 그녀의 해박한 지식, 솔직함, 그리고 강렬한 유머 감각이 담겨 있다.

## 프랜시스 엘리자베스(베티) 스나이더 홀버턴(1917~2001)

컴퓨팅과 프로그래밍에 대한 베티의 폭넓은 기여를 고작 몇 문단에 요약하는 건 불가능하다. 1940년대 중반에 컴퓨팅을 시작한 그녀는 1980년대 초반까지 쉬지 않고 경력을 쌓았다. 그사이 그녀는 최초의 현대적인 정렬 알고리즘과 초창기 소프트웨어 응용 프로그램을 포함한 프로그래밍용 첨단 도구를 제작했다. 1947년 9월 15일 베티, 진, 그레이스 호퍼는 존 모클리를 비롯한 약 스무 명의 초기 프로그래밍 선구자들과 함께 컬럼비아 대학교에 모여 미국 컴퓨터 학회 헌장에 서명했다. 그들은 컴퓨팅과 프로그래밍의 교육과 연구에 헌신하기로 서약했다.

베티는 애버딘 성능 시험장의 탄도 연구소에서 근무한 후 에커트-모클리 컴퓨터 주식회사의 초창기 직원 10명 중 한 명으로 합류했다. 그녀의 직급은 '관리직'이었고 직함은 '기술자'로 높아졌다.

자기 테이프와 테이프 구동 장치를 설계하며 입출력 시스템이 필요해진 프레스는 베티를 찾았다. 베티는 시스템 설계 및 작성을 부탁받고 요청대로 시스템을 만들었다. 매우 다재다능한 시스템이었고 데이터를 저장하고 정방향, 역방향으로 읽을 수 있었다.

유니박 명령 코드가 필요했던 존도 베티에게 작성을 요청했다. 그 결과 완성된 것이 C-10 명령 코드였고 이 코드는 모든 유니박 I 제품에 탑재됐다. 에커트-모클리 컴퓨터 주식회사의 유니박 프로그래머였고 후에 하버드 대학교의 정보 기술 부학장이 된 밀드러드 코스Mildred Koss는 베티의 C-10이 매우 강력하고 기억하기 쉬웠다고 했다.

베티는 C-10을 활용해 정렬 알고리즘을 만들고 이를 모든 유니박 I에 탑재해야 한다고 주장했다. 그녀가 만든 정렬 알고리즘은 1950년대의 '킬러 앱'이었다.

도널드 커누스 교수는 본인의 저서 『The Art of Computer Programming, Volume 3: 정렬과 검색』에서 베티의 획기적인 정렬 알고리즘을 '여섯 개의 입력 버퍼를 사용해 읽기, 쓰기, 계산을 완벽하게 해낸다'고 묘사했다. 커누스는 2001년 『뉴욕 타임스』에 실린 그녀의 부고에서 베티를 '진정한 소프트웨어 선구자'라고 칭송했다.

베티는 기업이 컴퓨터를 활용하는 방법을 알리기 위해 존 모클리와 함께 여러 곳을 여행했다. 보험료와 지급금을 비롯해 넘치는 고객 데이터를 다뤄야 하는 프루덴셜 생명, 원하는 만큼 빠르게 설문을 처리하지 못하던 국가적인 설문 조사 기관 닐슨과 대화를 나눴고, 두 회사 다 유니박의 초기 고객이 되었다.

1950년 베티는 존 홀버턴과 결혼했다. 이들은 신혼여행을 1년 동안 연기했는데, 베티가 첫 번째 유니박 I 선적을 준비하는 존 모클리와 프레스를 돕기로 했기 때문이다. 1년 후 두 사람은 오래 미뤄 둔 신혼여행을 위해 영국으로 향하는 배에 올랐다.

베티는 새롭고 강력한 프로그래밍 언어를 작성하고 테스트하는 데 핵심적인 역할을 담당했다. 그녀는 초기 코볼 보고서의 편집장을 역임했고(코볼의 편집자로서 새로운 언어가 도입되기 전 모든 명령과 사양을 검토했다), 강력한 초기 프로그래밍 언어인 포트란의 중요한 테스트 루틴도 작성했다.

베티는 그녀가 아는 한 메릴랜드 포토맥에서 유일한 워킹 맘이었다. 일을 마치고 집에 오면 그녀는 딸이 속한 걸스카우트 단을 비롯한 다양한 활동의 리더로서 두 번째 근무를 시작했다. 베티와 존에게는 프리실라와 패멀라, 두 딸이 있었고, 식탁에서 컴퓨터 이야기를 많이 들은 두 아이는 '하드볼,* 소프트웨어, 코볼'이라는 말을 노래의 후렴구처럼 외치며 마당을 뛰어다녔다.

1960년대 베트남 전쟁에 반대한 베티와 존은 둘 다 군사 업무를 떠났다. 베티는 국립 표준국에 합류해 많은 프로젝트에 참여하며 여러 역할을 담당했다. 이탈리아에 설치한 컴퓨터를 점검할 전문가를 나토 측에서 미국에 요청했을 때 문제를 파악하기 위해 베티가 파견됐다. 후일 미국이 대서양 너머로 쉽게 데이터를 주고받도록 자기 테이프 표준에 관한 조약을 유럽과 협상할 때, 그녀에게 미국 대표를 맡아달라는 요청도 했다. 베티는 이런 역할을 맡은 극소수의 여성 중 한 명이었고 외로움을 느꼈다. 하지만 상황에 굴하지 않고 양측 컴퓨팅 분야의 최고위 구성원으로서 맡은 역할을 감당했다.

베티는 평생 컴퓨터 사용자에게 깊은 관심을 기울였다. "돈을 내는 건 사용자잖아요. 그러니까 사용자가 매우 중요했어요."[11]

국립 표준국에서 은퇴하기 전 베티는 '이례적인 기여'를 인정받아 은장을 받았다. 매우 드문 영예였다. 엘리엇 리처드슨Elliot Richardson 상무장관이 그녀에게 이 훈장을 수여했고 그는 그녀에게 훈장을 건네며 "여성이 이 훈장을 수상하게 되어 기쁩니다."라고 귓속

---

* 소프트볼에 대비하여 야구를 이르는 말이다.

말을 했다. 그녀의 경력은 40년 이상 이어졌다.

✦

80세에 뇌졸중을 앓은 베티는 WITI 명예의 전당 헌액 기념행사에서 에니악 6인을 만나러 워싱턴 D.C.에서 캘리포니아 샌타클래라로 향했다. IBM 메인프레임 부서 책임자였던 린다 샌퍼드<sup>Linda Sanford</sup>는 제2차 세계 대전 당시 여섯 여성이 맡았던 탄도 궤도를 계산하고 에니악 프로그래밍을 만든 업무를 설명하는 연설을 했다. 아무도 모르는 역사였다.

베티는 짧은 수상 소감을 전했다. 시연일 버그가 자신의 첫 번째 루프 오류였다는 농담으로 시작한 소감은 뒤로 갈수록 진지해졌다.

*"50년 전에는 WITI 같은 게 없었죠. 있었다면 좋았을 텐데요. 여성 여러분 모두, 여성을 부정하는 사람을 신경 쓰지 않는다면 성공할 수 있을 거예요. 그럴 필요가 있습니다. 그리고 저는 여성을 인정하는 사람들이 너무 자랑스럽습니다."*[12]

그녀의 목소리는 갈라졌고 눈물이 흘렀다. 회의장에 박수 소리가 울려 퍼졌다. 거대한 공간에 모인 청중이 물결처럼 일어섰다. 첫 번째 줄에 있던 여성들이 일어났고 그 뒤로 그 뒷줄에 있는 여성들이, 그렇게 회의장 전체의 여성이 일어서며 거대한 물결을 이뤘다. 일어선 모두가 박수치고 눈물을 흘리며 베티, 진, 말린, 아돌프

에게 예상치 못한 기립 박수를 보냈다. 방을 가득 채울 때까지 환호
는 점점 더 커졌다.

# 옮긴이의 말

직업마다 떠오르는 성별이 있는 경우가 있다. 굳이 통계를 찾아보지 않더라도 택시 기사라면 남성, 간호사라면 여성이 먼저 떠오른다. 성 역할이 고정되어 있다는 의미로 하는 말은 물론 아니다. 그저 해당 직업 종사자들을 접해온 경험상 비율에 차이가 컸다는 정도의 의미로 볼 수 있을 것이다.

그렇다면 개발자는 어떨까? 일단 개인적으로 아는 개발자는 모두 남성이다. 공역자인 배우자도 개발자이고 동성 친구 중에도 본인이 개발자인 경우는 없고 그들의 배우자가 개발자인 경우는 더러 있다. 그도 그럴 것이 글로벌 시장 조사 기관 스태티스타가 2022년 7만 명을 대상으로 조사한 결과에 따르면 전 세계 소프트웨어 개발자 중 남성의 비율은 90%가 넘는 수준이라고 한다.

하지만 최초의 개발자, 다시 말해 프로그래머로 알려진 사람은 여성이었다. 그녀의 이름을 딴 프로그래밍 언어가 있기도 한, 에이다 러브레이스가 바로 그 주인공이다. 최초라는 타이틀 덕분인지 그녀의 이름은 그나마 알려진 편이지만, 사실 역사 속에 이름 없이 사라져 간 여성 개발자들이 더 많았다. 어릴 적 세계 최초의 컴퓨터라고 배웠던 에니악을 운용했던 여성 프로그래머 6명도 그에 속했다. 에니악에 대해서는 배웠지만 에니악 프로그래머에 대해서는 전혀 들은 바가 없었다는 사실을 본서의 번역 의뢰를 받고 나서야 떠올릴 수 있었다. 그리고 어디에서도 볼 수 없었던, 감추어진 그들의 이야기가 궁금해졌다.

예상했던 대로 번역하는 동안 만난 에니악 6인의 여정은 기대만큼 흥미로웠다. 전쟁이 아니었다면 교사나 사무직으로 일했을 에니악 6인은 여성 수학 전공자에 대한 제2차 세계 대전 당시의 긴급한 수요로 인해 컴퓨터(당시에는 계산수를 의미했다) 업무에 투입되었다가 군 기밀 프로젝트로 제작된 에니악의 프로그래머가 되고 본인들도 예상하지 못한 인생을 살았다. 이들이 거친 개인적인 삶의 궤적을 통해 우리는 컴퓨터와 프로그래밍의 기원뿐 아니라 20세기 초반 남성 중심의 문화를 견디며 싹을 틔운 미국 여성의 역사까지도 확인할 수 있다.

그런데 예상치 못했던 건 저자인 캐시 클라이먼의 여정이었다. 그녀는 1980년대 하버드 대학교 재학 중 마주한 흑백 사진 한 장을 통해 품은 의문에 대한 해답을 찾기까지 수십 년의 시간을 거치며 한 편의 다큐멘터리와 여러분의 손에 들린 이 책을 완성했다. 이를 위해 그녀는 에니악 6인을 비롯한 관련 인물을 직접 찾아서 인터뷰했고 방대한 분량의 참고 서적 등을 꼼꼼히 확인했으며 새로운 시대의 또 다른 편견과 싸웠다. 두려운 기회 앞에 주저하지 않고 장애물은 묵묵히 견딘 두 개의 여정, 모두 그 자체로 영감이었다.

그래서 가능하다면 프롤로그부터 에필로그까지 이들의 여정을 함께 따라가는 방식으로 일독할 것을 추천한다. 저자가 고된 고증을 거쳐서 엮은 책답게 필요한 정보를 단편적으로 얻기에도 충분히 가치 있는 책이긴 하나, 이 두 개의 서사를 처음부터 끝까지 함께 따른다면 번역을 마무리할 즈음에 조금은 가슴이 먹먹해졌던 두 역자처럼 독자 여러분에게도 조금 더 긴 여운이 남지 않을까 한다.

사이사이 오늘날 독자에게 던지는 뜻밖의 화두도 만날 수 있다는 것도 이 책의 또 다른 장점이다. 예컨대 에니악 등장 당시 당대의 사람들은 '사람이 쓸모없어지는 것인지' 두려워했지만, 그 과정에서 탄생한 건 프로그래머라는 새로운 직업이었다. 챗GPT 같은 AI의 등장을 두고 인간의 창의성은 어떤 방향으로 진화해야 할지 깊은 고민에 직면한 우리 세대에게 이런 역사적 사례는 시사하는 바가 있다. 에니악 6인의 인생 이야기를 통해 각자 고민하는 바에 대한 실마리를 얻는 독자가 있다면 역자들로서는 더할 나위 없이 기쁠 것이다.

끝으로 수십 페이지 분량의 참고 문헌과 자료에서 알 수 있듯이 구술 역사서를 지향하는 이 책의 본문 대부분은 철저히 인터뷰와 자료를 통해 검증한 내용을 바탕으로 한다. 이 책의 모든 문장에 에니악 6인에 대한 감사와 존경의 마음이 담기길 바란다는 저자의 소망이 그렇게 발현된 것이리라 감히 예상해본다. 프로그래밍 선구자들의 알려지지 않은 이야기를 전하고 STEM 경력의 문을 모두에게 열어주기 위해 지구촌 마을 모든 이들의 도움이 필요하다던 저자의 바람이 이루어지는 데 한국어판 『사라진 개발자들』도 작은 보탬이 되길 바란다.

이미령, 김태곤

# 추천의 글

샌프란시스코로 돌아가는 비행편이 한 시간 연착되었다는 안내 메시지를 받은 건 공항 라운지에 앉아 한창 이 책을 읽던 중이었다. 연착 메시지가 이렇게 반가울 수가. 비행기 보딩으로 읽던 책의 흐름이 끊기는 게 싫었던 차였다. 이 책은 그렇게 시작되어 샌프란시스코에 도착할 때까지 나와 함께였다.

분명 에니악 6인의 '여성' 개발자에 대한 이야기였는데, 중간에 나는 그 점을 완전히 잊고 내용에 집중했다. 아서의 다이어그램 도면을 보며 나도 함께 답답해했고, 분할과 정복 방식으로 문제를 해결해나가는 모습에서는 감탄이 저절로 흘러나왔다. 각 유닛에 대한 설명은 대학생 때 배웠던 아키텍처 과목을 떠올리게 했으며 이들이 문제의 순서를 정의하고, 로직을 만들고, 서로 손을 맞춰 스위치를 조작하는 모습에서는 인간 운영 체제를 떠올렸다. 무엇보다 나를 놀라게 한 것은 백만분의 1초도 낭비할 수 없다는 생각에 고안해낸 병렬 처리였으며, 이 모든 논리의 무결함을 증명하기 위해 테스트까지 고려했다는 점이었다. 솔직히 컴퓨터를 전공한 사람으로서 아주 멋진 역사를 읽는 고마움이 마음속에 자리 잡았다. 아마 그 역사적 순간들만큼은 에니악 6인의 개발자들 또한 에니악이라는 기계를 작동시킬 논리적 프로그래밍 기법을 만들어가는 데에 집중했을 것이다.

이렇게 지금 이 세상의 모든 개발자가 읽어도 좋을 그런 내용에 '아, 예상치 못했는데'라고 생각했고, 그 예상 못 함에 스스로 부끄러움도 생겼다. 어쩌면 여성 개발자들의 내용은 좀 다를 것이라고 무의식중에 생각했던 것 같다. 이러한 무의식의 안타까움을 이 책은 동시에 담고 있다. 바로 '사라진' 개발자들. 이들이 개발자로서 등장하게 된 배경과 역사에서 사라지게 된 배경은 모두 근본적으로 동일하다. 그 근본적인 문제는 2007년 내가 구글에 조인하게 되었을 때 마주한 다양성 팀Diversity team과의 대화에서 재현되었다.

구글 코리아의 첫 번째 PM이면서 첫 번째 여성 엔지니어 그룹 멤버로서 당시 이름마저 생소했던 다양성 팀으로부터 받은 질문은 이러했다. "초등학생 때 학급에 여학생이 몇 명이었나요?", "중고등학생 때는요?", "대학생 때는 어땠나요?", "그들은 지금 개발자의 길을 걷고 있나요?"

여중 여고를 나왔던 나는 100% 여학생이었다고 대답하자 우리는 잠시 웃었다. 하지만 마지막 질문에서 우물쭈물 대답을 못 하고 있자 다양성 팀은 나에게 '바로 그것이 우리의 관심이다'라는 말을 전했고, 그때부터 자의 반 타의 반 한국에서 여성 개발자를 늘리는 방법을 강구하라는 미션이 나에게 주어졌다. 그 후 한국의 첫 번째 Women Tech Maker 행사, Mind the Gap 프로그램 등을 도입하며 다양한 활동을 하게 되었는데 그 공로로 구글 내에서 다양성 관련 상을 받기도 했다.

이러한 활동을 하면서 내가 수없이 마주했던 여성 개발자로서의 고민이 이 책에서 뿜어내는 안타까움, '사라진' 개발자들이 된 배경과 맞닿아 있다. 놀라운 건 지금도 현재 진행형이라는 점이다. 문제는 그 근본을 들여다봐야 해결 방법이 나온다. 이 책은 굳이 여성, 남성을 나누어 개발자를 인식하는 문제의 근본을 마주하고, 그 해결 방법을 다양한 각도로 찾아볼 수 있는 시작점이다. 이 책에서 자주 등장하는 메릴랜드에서 컴퓨터 과학을 전공하고 있는 딸에게 이 책을 제일 먼저 건네주고 싶다. 흑백 사진 한 장에서 이 역사를 끌어올린 저자 캐시 클라이먼에게 깊은 감사의 마음을 전한다.

이해민
오픈서베이 CPO,
전 구글 시니어 프로덕트 매니저

# 감사의 말

군사, 수학, 기술, 그리고 여성의 이야기를 전하기 위해 한 마을에 비견될 만한 많은 이들의 도움을 받았다. 나를 도운 이들은 지리적으로 멀리 떨어져 있고 다양한 배경을 지녔지만, 알려지지 않은 이야기가 널리 알려지는 걸 보고 싶다는 열망에 있어서 만큼은 모두가 한마음이었다.

그랜드 센트럴 퍼블리싱과 편집자 수잰 오닐에게 감사한다. 원고를 세심하게 편집하고 '여성의 시각에서 이야기하라'고 끊임없이 상기시켜줬다. 훌륭하게 지도해준 3 아츠 엔터테인먼트의 에이전트 리처드 어베이트에게도 감사한다.

뛰어난 동료인 하버드 대학교의 소냐 미셸 교수, 이 여정의 첫걸음이 된 3, 4학년 과제를 지원하고 격려한 MIT의 조지프 와이젠바움 교수, 엄청난 컴퓨터 과학 강의를 해준 시카고 대학교의 스튜어트 커츠 교수에게 감사한다.

학계에서 받은 격려에도 감사를 보낸다. 동료, 학생을 비롯해 프린스턴 대학교의 정보 기술 정책 센터의 학자들, 아메리칸 대학교 워싱턴 로스쿨의 인상 프로그램 교수진과 친구들, 글루시코-새뮤얼슨 지적 재산권 법률 클리닉의 비키 필립스, 지적 재산권과 정보 정의 프로그램의 크리스틴 팔리, 마이클 캐럴, 숀 플린, 태니앗 사울랏에게 특히 감사하다.

전문적인 내용을 살펴봐준 오랜 친구들에게도 고마움을 전한다. 몇 시간을 들여서 탄도 궤도 방정식과 수치 해석 기법을 검토한 앨라배마 대학교 수학과 학과장 데이비드 크루스-우리베 교수, 에니악 다이어그램과 설명에 참여하고 회로 기판과 배선반에 대한 개인적인 경험을 공유해준 전기 공학자이자 수학 교수 겸 통신 변호사인 미첼 라자루스 박사, 두 사람 모두에게 감사한다! 특히 미첼 라자루스 박사의 책『The Implosion Method』는 제2차 세계 대전 관련 필독서가 되어야 마땅하다.

『사라진 개발자들(원제: Proving Ground)』은 에니악 프로그래머들의 구술 역사에 기초하며, 현대 컴퓨터 선구자들의 지원이 없었다면 그들의 연구와 기록은 존재하지 못했을 것이다. 캘리포니아 대학교 버클리 최초의 여성 컴퓨터 과학 박사이자 미국 컴퓨터 학회 두 번째 여성 회장인 바버라 사이먼스도 그중 한 명이다. 그녀는 내 역사 작업과 컴퓨터 학회 후원을 장려했다. 로터스 디벨롭먼트 코퍼레이션의 설립자인 미치 케이퍼는 케이퍼 가족 재단을 통해 자금을 지원했다. 그 덕분에 의회 도서관 과학·기술 열람실에서 1940~50년대 컴퓨팅 기술에 대해 몇 개월 간 조사하고 최고의 팀을 꾸려 말린, 케이, 진, 베티와 함께 방송 품질 수준의 방대한 구술 역사를 녹음할 수 있었다.

PBS의 책임 프로듀서이자 피보디상 전 의장인 데이비드 롤런드에게 감사하다. 그는 구술 역사를 제작하고 촬영 감독 실라 스미스, 음향 기사 메리 카이글러로 이루어진 뛰어난 제작 팀을 구성해주었다. 팀이 대부분 여성으로 구성된 덕에 에니악 프로그래머들이 젊은 시절 겪은 몇 가지 문제에 대해 편하게 이야기하는 데 도움이 되었다.

십 년 후, 당시 구글 X 부사장이었고 곧 미국의 최고 기술 담당자가 된 메건 스미스가 내게 앤 워치츠키, 루시 사우스워스 페이지를 소개했다. 두 사람은 그들의 재단을 통해 내 다큐멘터리 제작과 이 책을 위한 연구를 지원했다. 수상 경력에 빛나는 우리의 다큐멘터리 〈The Computers: The Remarkable Story of the ENIAC Programmers〉를 제작한 BBC, WGBH, 프런트라인 다큐멘터리 베테랑 존 팔프리먼, 감독인 케이트 맥마흔, 촬영 감독이자 뛰어난 편집자였던 마크 루블리에게 감사한다. 우리를 지도하고 조언해준 텔 휘트니 박사, 트레이시 캠프 박사, 폴 세루치 박사에게도 크게 감사한다.

애버딘 성능 시험장에 있는 육군 연구소를 여러 차례 방문한 것에 대해서도 감사 인사를 빼놓을 수 없다. 탄도 연구소의 명맥을 잇는 조직이자 오늘날 육군의 주요 슈퍼컴퓨팅 센터 중 하나인 애버딘 성능 시험장의 육군 연구소는 자랑스럽게도 에니악 혈통을 직접 이어받았다. 찰스 니투비츠, 로버트 셰로크, 브라이언 시먼즈와 함께할 수 있어서 좋았다. 애버딘 성능 시험장을 방문한 진에 대한 공경도 감사했고, 제2차 세계 대전 당시 운영했던 것처럼 탄도 연구소와 애버딘 성능 시험장을 둘러볼 수 있게 도와준 점도 고마웠다. 새로운 슈퍼컴퓨터 6개의 이름을 에니악 6인의 이름을 따라 지어 그들의 역사를 훌륭하게 공유했다.

나는 애버딘 성능 시험장에 있던 육군 무기 박물관과 오랜 시간 이곳의 관장이었던 불굴의 윌리엄 앳워터 박사가 그리울 것이다. 제2차 세계 대전 도중과 그 이후 육군 포병 운용에 대한 팀 중심의 특수 접근 방식과 컴퓨터와 통신의 혁명이 미 포병을 어떻게 그토록 성공적으로 만들었는지 하루에 걸쳐 배웠고, 그날은 제2차 세계 대전 포병에 대한 내 연구의 하이라이트였다고 자부한다.

IEEE 학회 눈문집에 실린 두 편의 뛰어난 논문 「Programming the ENIAC(에니악 프로그래밍)」과 「Debugging the ENIAC(에니악 디버깅)」을 작성한 드렉셜 대학교의 브라이언 스튜어트 박사에게도 크게 감사한다. 그와 많은 토론을 나눴고 그는 아낌 없이 역사적 문서, 사진, 조언, 편집을 제공했다.

연구와 관련된 보고서, 편지, 사진을 찾아 이야기를 더 생생하게 만들어준 펜실베이니아 대학교 기록 보관 센터의 담당자들에게도 감사한다. 전 기록 보관 담당자인 게일 피터지크는 아무런 설명도 붙지 않은 오래된 에니악 사진을 깊이 파고들었고, 에니악 프로그래머들도 50년간 본 적 없는 사진을 찾아서 설명을 추가할 수 있게 도와줬다. 최근에는 팀 호닝, 짐 더핀이 코로나19로 인한 봉쇄 기간에도 이 책을 위한 연구와 사진을 제공해줬다. 그전에는 에니악 프로그래머 자녀를 위한 특별전을 개최해 이전에 본 적 없는 어머니와 아버지가 남긴 편지, 사진, 보고서를 선보였다. 특별한 순간이었다.

체스트넛 힐 대학교의 로렌 쿤스, 펜실베이니아 대학교 키슬락 센터의 에릭 딜라로그, 필라델피아 무료 도서관Free Library of Philadel-phia의 마리아 구다스카스, 템플 대학교 도서관 특별 소장품 특별 연구 센터의 호세 우르타도, 마저리 슬라이에게도 감사하다.

프로그래밍의 다음 세대 선구자들과의 우정에도 감사한다. 이들은 본인의 작업과 본인보다 앞선 에니악 프로그래머들의 작업에 대한 이야기를 공유해줬다. 미국 컴퓨터 학회의 첫 번째 여성 회장이자 오랜 시간 IBM에서 새로운 길을 끊기 있게 개척해온 진 새멧, 하버드 정보 기술 그룹의 부회장이자 수십 년 전 컴퓨팅 경력 초반에 에커트-모클리 컴퓨터 주식회사에서 프로그래머로 일했던 밀드러드 코스가 여기에 포함된다.

에니악 6인에 대한 감사와 존경의 마음이 이 책의 모든 문장에 담기길 소망한다. 나와 이 프로젝트를 채택해준 에니악 프로그래머들의 자녀들에게도 감사한다. 수많은 질문에 답하고 날짜를 찾고 액자와 사진첩에서 오래된 사진을 발굴해준 프리실라 홀버턴, 조이 멜처, 지니 모클리 칼세라노, 빌 모클리, 팀 바르틱, 제인 바르틱, 메리 바르틱, 데이비드 테이텔바움, 제이 테이텔바움, 조 스펜스에게 특히 감사하다. 그들이 어머니와 아버지의 유산을 지지하는 방식에 존경을 표한다. 지니는 수상을 위해 어머니 케이를 모시고 아일랜드로 갔고, 팀은 어머니의 자서전 『Pioneer Programmer: Jean Jennings Bartik and the Computer that Changed the World(선구자적인 프로그래머: 진 제닝스 바르틱과 세계를 바꾼 컴퓨터)』를 편집하고 홍보했다. 프리실라는 고맙게도 에니악 프로그래머 프로젝트의 첫 번째 웹사이트를 설계해줬다.

많은 지도와 지원이 필요했던 제안서 작성과 도서 편집 과정에 티나 캐시디와 스튜어트 호로비츠가 귀중한 조언과 도움을 줬다. 어려운 문제를 해결하기 위해 훌륭한 변호사가 필요하던 내게 탁월한 조언과 자문을 해준 제임스 그레고리오, 지크 루빈, 마크 밀러에게도 감사하다.

원고를 면밀히 검토해준 헬렌 에더샤임과 수많은 질문에 답해준 그랜드 센트럴 퍼블리싱의 재클린 영, 3 아츠 엔터테인먼트의 마사 스티븐스, 미주 작업 전문가 애널리 그루셀에게 감사하다.

마지막으로 가족은 나에게 소중한 버팀목이었다. 아버지는 언제나 에니악 프로그래머와 내 연구에 대해 궁금해하셨다. 아버지는 반도체 산업 창시자들을 인터뷰해 논문을 집필했었다. 그 인터뷰는 현재 스탠퍼드 대학교 도서관에 소장되어 있다. 아버지는 기술 선구자들의 구술 역사가 미래 세대에 큰 가치를 지닌다는 걸 알고 계셨다.

어머니는 역사에 다양한 관점이 존재하며 말하는 사람마다 시각이 다르다고 내게 알려줬다. 에니악 프로젝트에 많은 도움을 주셔서 감사하다.

시아버지 제롬 매시 중령은 제2차 세계 대전 이야기를 내게 들려줬다. 이등병 시절 북아프리카 사막을 가로지르며 전투를 벌이고 이탈리아로 진군한 경험과 프랑스로 항해한 후 독일로 진군한 경험을 말씀해주셨다. 그 이야기는 이 책의 배경에 녹아있다.

셀 수 없이 많은 에니악 프로그래머 이야기를 들어주고 직접 재미있는 에피소드까지 만든 두 아들, 샘과 로빈에게는 특별한 미소를 보낸다. 나는 샘이 진과 머리를 맞대고 앉아서 진이 들려주는 에니악 유닛 특허 다이어그램 이야기, 재미있는 에니악 작업 이야기를 들으며 함께 웃던 날을 절대 잊지 못한다. 어느 날에는 진이 에니악의 거대한 크기에 대해 이야기했고, 로빈이 작은 닌텐도 DS를 손에 쥐고 진에게 깡충 뛰어올라 함께 웃던 날도 있었다. 나중에 로빈은 다큐멘터리와 책의 전담 검토자가 되었고, 샘은 본인이 가르치는 컴퓨터 과학 학생들에게 에니악 프로그래머들의 이야기를 들려주곤 한다. 끊임없는 조언과 기술적 지원을 해준 형제 스티브, 집필 사무실에서 사진과 파일이 든 상자를 수없이 옮겨 준 내 의붓아들 에런에게도 감사하다.

남편이자 동반자인 마크 매시에게 가장 큰 고마움을 전한다. 자칭 '오래된 기술 애호가'라는 마크는 14년 전에 이 여정에 합류해 전체 이야기의 자문역, 지지자, 격려자, 사실 확인 담당자, 기술 디버거, 편집자, 토론자였다.

마지막으로 이야기를 연구하고 전달하는 데 기여한 모든 분들과 에니악 6인의 이야기를 통해 본인의 이야기를 전하고, 문제를 공유하고, 네트워크를 구축하고, 본인의 컴퓨팅 분야 작업을 지지할 사람을 찾은 모든 이들에게 감사한다. 컴퓨팅 세계에 입문하도록 영감을 준 에니악 할머니와 고모할머니의 이야기를 널리 전하고 여러분의 딸과 아들에게 과학, 기술, 공학, 수학, 즉 STEM 분야에서 경력을 쌓도록 격려하길 바란다. 프로그래밍 선구자들의 알려지지 않은 이야기를 전하고 STEM 경력의 문을 모두에게 열어주려면 지구촌 마을 모든 이들의 도움이 필요하다.

**캐시 클라이먼**

# ✧ 참고 문헌

## 여성 수학 전공자 구함

[1] 조지핀 벤슨 만프레디(Josephine Benson Manfredi), 저자와 에이미 손(Amy Sohn)과의 인터뷰, 2020년 2월 29일.2. "Chestnut Hill College Graduates Class of 107(체스트넛 힐 대학교 졸업생 107명)", *Philadelphia Inquirer*, June 3, 1942, 13.

[2] "Chestnut Hill College Graduates Class of 107(체스트넛 힐 대학교 졸업생 107명)", *Philadelphia Inquirer*, June 3, 1942, 13.

[3] "Chestnut Hill College Graduates Class of 107".

[4] "Students Graduating into World at War(전쟁 중에 세상으로 진출하는 졸업생들)", *Philadelphia Inquirer*, June 3, 1942, 20.

[5] 조지핀 베츠 콜드웰(Josephine Betts Caldwell), "History of the Class of 1940(1940년 학급 역사)", Record Book of the Class of 1940 University of Pennsylvania, 24. https://archives.upenn.edu/digitized-resources/docs-pubs/womens-yearbooks/yearbook-1940

[6] 캐슬린 맥널티 모클리 안토넬리(Kathleen McNulty Mauchly Antonelli), 데이비드 롤런드 감독하에 이루어진 저자의 인터뷰, 안토넬리 부인 집에서 녹음됨, 1997년 8월 18일, 녹취록, 에니악 프로그래머 구술 역사 프로젝트, 4(이후 '안토넬리, 구술 역사'로 인용).

[7] "College Girls to Present Style Show(스타일 쇼를 선보이는 여대생들)", *Philadelphia Inquirer*, May 10, 1942, 68.

[8] 안토넬리, 구술 역사, 5.

[9] 다음 예시 참고, *Philadelphia Inquirer*, June 28, 1942, 53.

[10] "The Kathleen McNulty Mauchly Antonelli Story(캐슬린 맥널티 모클리 안토넬리 이야기)", 2004년 3월 26일. https://sites.google.com/a/opgate.com/eniac/Home/kay-mcnulty-mauchly-antonelli(이후 'KMMA 이야기'로 인용)

[11] 킴벌리 아마데오(Kimberly Amadeo), "Unemployment Rate by Year Since 1929 Compared to Inflation and GDP(1929년 이후 인플레이션과 GDP 대비 실업률)", The Balance, November 10, 2021. https://www.thebalance.com/unemployment-rate-by-year-3305506

[12] 다음 예시 참고, "Women & World War II(여성 & 제2차 세계 대전)", 덴버 메트로폴리탄 주립 대학교. https://msudenver.edu/camphale/thewomensarmycorps/womenwwii

[13] 다음 예시 참고, "「Rosie the Riveter」 노래 가사". http://www.protestsonglyrics.net/Historic_Songs/Rosie-the-Riveter.phtml

[14] 앨프리드 파머(Alfred Palmer), 사진가, *The More Women at Work, the Sooner We*

*Win!(일하는 여성이 더 많아질수록 승리가 더 가까워진다)*, 1943년, 제2차 세계 대전 포스터, 프린트와 사진 부서, LC—USZC4—5600. https://www.loc.gov/resource/ppmsca.12895

[15] 노먼 록웰 박물관, "Rosie The Riveter—1943". https://www.nrm.org/rosie-the-riveter

[16] 루스 밀크먼(Ruth Milkman), "Women and Work(여성과 일)"에서 "Redefining 'Women's Work': The Sexual Division of Labor in the Auto Industry during World War II(여성의 일 재정의: 제2차 세계 대전 동안 자동차 산업의 성별 분업)", *Feminist Studies* 8, no. 2 (Summer 1982): 336—72.

[17] 에벌린 스틸(Evelyn Steele), Wartime Opportunities for Women(전시 여성을 위한 기회) (New York, 1943), 99—100, 제니퍼 S. 라이트(Jennifer S. Light), "When Computers Were Women(컴퓨터가 여성이었을 때)", *Technology and Culture* 40, no. 3 (July 1999): 457.

[18] "Specialized War Jobs Seek Girl Math Majors(특수 전쟁 일자리가 수학 전공 여성을 찾는다)", *Brooklyn Daily Eagle*, 1943년 1월 28일, 4.

[19] "'Haven't Felt Pinch of War,' Women Told('전쟁을 조금도 느끼지 못했다'라고 여성들이 말했다)", *Philadelphia Inquirer*, February 11, 1943, 20.

[20] 안토넬리, 구술 역사, 5.

[21] 안토넬리, "KMMA 이야기".

[22] 안토넬리, "KMMA 이야기".

[23] 안토넬리, "KMMA 이야기".

[24] 안토넬리, "KMMA 이야기".

[25] 안토넬리, "KMMA 이야기".

[26] 케이는 자서전에 이렇게 썼다. "아일랜드와 미국에 있는 우리 집에서는 게일어만 썼다." 안토넬리, "KMMA 이야기".

[27] 안토넬리, "KMMA 이야기".

[28] 안토넬리, "KMMA 이야기".

[29] 안토넬리, 구술 역사, 2.

[30] 안토넬리, 구술 역사, 2.

[31] 안토넬리, 구술 역사, 2.

[32] 안토넬리, "KMMA 이야기".

[33] 안토넬리, "KMMA 이야기".

[34] 안토넬리, "KMMA 이야기".

[35] 안토넬리, "KMMA 이야기".

[36] 안토넬리, "KMMA 이야기".

[37] 안토넬리, 구술 역사, 4.

[38] W. 바클리 프리츠(W. Barkley Fritz), "The Women of ENIAC(에니악의 여성들)", *IEEE Annals of the History of Computing* 18, no. 3 (1996): 23.

[39] Engineering and Technology Wiki, "Frances Spence". https://ethw.org/Frances_Spence

[40] 안토넬리, 저자와의 인터뷰, 2000년 4월 18일.

[41] Engineering and Technology Wiki, "Frances Spence".

[42] 만프레디, 인터뷰, 2020년 2월 29일.

[43] 안토넬리, "KMMA 이야기".

[44] "Changes in Women's Occupations 1940–1950(여성 직업의 변화 1940–1950)", *Women's Bureau Bulletin* 253, 미국 노동부(1954): 3.

[45] 안토넬리, "KMMA 이야기".

[46] 안토넬리, "KMMA 이야기".

[47] 허버트 에르슈코위츠(Herbert Ershkowitz), "World War II", Encyclopedia of Greater Philadelphia, 2011. https://philadelphiaencyclopedia.org/archive/world-war-ii

[48] 에르슈코위츠, "World War II".

[49] 만프레디, 인터뷰, 2020년 2월 29일. 만프레디는 자신과 캐럴린 맥널티의 우정, 대학 과 제2차 세계 대전 동안 했던 활동에 관해 설명했다. 그녀는 제2차 세계 대전 동안 군인들 을 위해 정확히 자정에 끝나던 무도회를 열던 약 50명의 여성으로 이루어진 신데렐라 그룹 에 관한 정보를 공유했다.

[50] 다음 예시 참고. https://en.wikipedia.org/wiki/Edward_R._Murrow

[51] 리처드 홈스(Richard Holmes), "Maria Mitchell at 200: A Pioneering Astronomer Who Fought for Women in Science(마리아 미첼 탄생 200주년: 과학계에서 여성을 위해 싸운 선구적인 천문학자)", Nature, June 18, 2018. https://www.nature.com/articles/d41586-018-05458-6

[52] 안토넬리, 구술 역사, 5.

[53] 전문적이고 과학적인 일은 '직업이나 과학의 확립된 원칙에 기반'했고 인정받는 대학 교 육에 준하는 전문적이고 과학적이거나 기술적인 교육을 요구했다. 레이철 페슬러 나이스원 더(Rachel Fesler Nyswander), 재닛 M. 훅스 (Janet M. Hooks), *Employment of Women in the Federal Government, 1923 to 1939(연방 정부의 여성 고용, 1923~1939년)*, *Bulletin of the Women's Bureau No. 182*, US Government Printing Office, 1941, 12.

[54] W. 바클리 프리츠, "ENIAC—A Problem Solver(에니악—문제 해결사)", *IEEE Annals of the History of Computing* 16, no. 1 (1994): 28.

[55] 프랜시스 엘리자베스 스나이더 홀버턴, 데이비드 롤런드 감독하에 이루어진 저자의 인터뷰, 메릴랜드 록빌, 셰이디 그로브 센터(Shady Grove Center) 도서관에서 녹음됨, 1997년 9월 23~24일, 녹취록, 에니악 프로그래머 구술 역사 프로젝트, 12(이후 '홀버턴, 구술 역사'로 인용).

## 우리는 그곳에서 이방인이었다

[1] 안토넬리, 구술 역사, 9.

[2] J. N. 슈르킨(J. N. Shurkin), *Engines of the Mind: The Evolution of the Computer from Mainframes to Microprocessors(사고의 엔진: 메인프레임에서 마이크로프로세서까지 컴퓨터의 진화)* (New York: W. W. Norton & Company, 1996):118–19(이후 '슈르킨, Engines of the Mind'로 인용).

[3] 피터 엑스타인(Peter Eckstein), "J. Presper Eckert", *IEEE Annals of the History of Computing* 18, no. 1 (1996): 36.

[4] 해럴드 펜더가 머서(Musser) 박사에게, 1942년 6월 8일, University Relations Information Files, UPF 51, Box 108, File "Ballistics Calculations Courses," 대학 기록 보관 센터, 펜실베이니아 대학교.

[5] 안토넬리, 구술 역사, 5.

[6] 안토넬리, 구술 역사, 5.

[7] 안토넬리, 구술 역사, 5.

[8] 안토넬리, 구술 역사, 5.

[9] 프리츠, "The Women of ENIAC", 13–28.

[10] 토머스 J. 버긴(Thomas J. Bergin), *50 Years of Army Computing, From ENIAC to MSRC: A Record of a Symposium and Celebration(육군 컴퓨팅 50년사, 에니악부터 MSRC까지: 심포지엄과 기념식 기록)*, 1996년 11월 13~14일(육군 연구소와 미국 육군 군수품 센터 & 스쿨 후원, 2000년 9월), 40.

[11] 프리츠, "The Women of ENIAC", 15.

[12] "꽤 복잡했어요. 기압, 습도, 지구의 곡률 등 온갖 요인에 따라 달라지거든요. 데이터 포인트별로, 총 조준을 계산하고 싶은 범위별로 풀어야 하는 매우 복잡한 방정식이었어요." 스미스소니언 협회의 역사학자 폴 세루치(Paul Ceruzzi) 박사의 발언. 캐시 클라이먼(Kathy Kleiman), *The Computers: The Remarkable Story of the ENIAC Programmers(컴퓨터: 에니악 프로그래머들의 놀라운 이야기)*, 캐시 클라이먼, 존 팰프리먼(Jon Palfreman), 케이트 맥마흔(Kate McMahon) 제작, 동영상 다큐멘터리, 우먼 메이크 무비(Women Make Movies) 배급, 2014년.

[13] 안토넬리, 구술 역사, 6.

[14] 본인이 작업할 때 사용한 먼로 앤드 마천트(Monroe and Marchant) 탁상용 계산기에 관한 셜리 블룸버그 멜빈(Shirley Blumberg Melvin)의 의견. 리앤 에릭슨(LeAnn Erickson)

감독, *Top Secret Rosies*, 2011년. https://www.amazon.com/Top-Secret-Rosies-Female-Computers/dp/B00443FMKC

[15] 안토넬리, 구술 역사, 9.

## 기지 한쪽에 자리 잡다

[1] 애버딘 성능 시험장, "역사". https://home.army.mil/apg/index.php/about/history

[2] 애버딘 성능 시험장, "역사".

[3] 다음 예시 참고, 셸퍼드 비드웰(Shelford Bidwell), *Brassey's Artillery of the World: Guns, Howitzers, Mortars, Guided Weapons, Rockets and Ancillary Equipment in Service with the Regular and Reserve Forces of All Nations(브래시 세계의 포: 각국 정규군과 예비군에서 사용되는 총, 곡사포, 박격포, 유도 무기, 로켓과 보조 장치)*, (London: Brassey's Publishers Ltd., 1977), 29.

[4] 제1차 세계 대전 당시 통신 수단에는 야전 전화, 라디오, 통신용 개뿐 아니라 통신용 비둘기도 포함되었다. "미국 육군 통신대의 통신용 비둘기 셰르 아미(Cher Ami)는 고립되어 도움이 필요한 대대의 메시지를 전달하기 위해 부상을 입었음에도 날아왔다. 덕분에 거의 200명에 달하는 병사들의 생명을 구했다."는 유명한 일화도 있다. 스미스소니언 국립 미국사 박물관 역사, "Cher Ami(셰르 아미)". https://www.si.edu/object/cher-ami%3Anmah_425415

[5] 손더스 맥 레인(Saunders Mac Lane), *Oswald Veblen(오즈월드 베블런)*, 1880-1960, 국립 과학 아카데미. http://www.nasonline.org/publications/biographical-memoirs/memoir-pdfs/veblen-oswald.pdf

[6] 오즈월드 베블런 소령 휘하의 발사 거리(range firing) 부서는 애버딘 성능 시험장에 처음부터 있던 아홉 개 부서 중 하나였다. 헨리 리드(Henry Reid), "Ballisticians in War and Peace, Volume I(전쟁과 평화의 탄도학자들, 1권), 1914-1956." 메릴랜드 애버딘 성능 시험장 미국 육군 연구소. https://apps.dtic.mil/sti/pdfs/ADA300523.pdf

[7] 리드, "Ballisticians in War and Peace, Volume I", 3.

[8] 리드, "Ballisticians in War and Peace, Volume I", 4-5.

[9] 허먼 H. 골드스틴(Herman H. Goldstine), *The Computer from Pascal to Von Neumann(파스칼부터 폰 노이만까지의 컴퓨터)* (Princeton, NJ:Princeton University Press, 1993), 132.

[10] 리드, "Ballisticians in War and Peace, Volume I", 8.

[11] 예를 들어 155mm M59 평사포(155mm M59 Long Tom). https://weaponsystems.net/system/920-155mm+M59+Long+Tom

[12] 리드, "Ballisticians in War and Peace, Volume I", 9.

[13] 탄도 연구소 과학 자문 위원회, 1940년, 첫 만남. https://ftp.arl.army.mil/~mike/comphist/40sac/index.html

[14] 리드, "Ballisticians in War and Peace, Volume I", 29.

[15] 골드스틴, *The Computer from Pascal to Von Neumann*, 132.

## 타인도 나만큼 인정하라

[1] 홀버턴, 구술 역사, 30.

[2] 다음 예시 참고, "In the Military during World War II, National Women's History Museum(제2차 세계 대전 중 군대에서, 국립 여성 역사 박물관)". https://www.womens history.org/resources/general/military

[3] 홀버턴, 구술 역사, 30.

[4] 홀버턴, 구술 역사, 43.

[5] 홀버턴, 구술 역사, 46.

[6] 콜드웰, "1940년 졸업반의 역사" 21-23. https://archives.upenn.edu/digitized -resources/docs-pubs/womens-yearbooks/yearbook-1940

[7] 홀버턴, 구술 역사, 45.

[8] 팜 저널(Farm Journal). https://www.agweb.com/farm-journal-magazine

[9] 홀버턴, 구술 역사, 46.

[10] 프리츠, "The Women of ENIAC", 17.

[11] 홀버턴, 구술 역사, 31.

[12] 데이비드 앨런 그리어(David Alan Grier), *When Computers Were Human(컴퓨터가 여성이었을 때)* (Princeton, NJ: Princeton University Press, 2005), 260.

## 최상의 상태는 아니었다

[1] 골드스틴, *The Computer from Pascal to Von Neumann*, 133.

[2] 시브라이트 매케이브(Seabright McCabe), "Adele Goldstine, The Woman Who Wrote the Book(아델 골드스틴, 그 책을 쓴 여성)", SWE Magazine, spring 2019.

[3] 골드스틴, *The Computer from Pascal to Von Neumann*, 133.

[4] 진 제닝스 바르틱(Jean Jennings Bartik), 데이비드 롤런드 감독하에 이루어진 저자의 인터뷰, 바르틱의 집에서 녹음됨, 1997년 9월 17일, 녹취록, 에니악 프로그래머 구술 역사 프로젝트, 10(이후 '바르틱, 구술 역사'로 인용).

[5] 1962년경 아델 골드스틴의 공책에 적힌 내용 인용. 버긴, *50 Years of Army Computing(육군 컴퓨팅 50년사)*, 28.

# 가산기와 레이더

[1] 말린 웨스코프 멜처(Marlyn Wescoff Meltzer), 데이비드 롤런드 감독하에 이루어진 저자의 인터뷰, 멜처 부인의 집에서 녹음됨, 1997년 9월 16일, 녹취록, 에니악 프로그래머 구술 역사 프로젝트, 10(이후 '멜처, 구술 역사'로 인용).

[2] 멜처, 구술 역사, 7.

[3] 멜처, 구술 역사, 5. 저자와의 논의. 그리고 "Houses with Family Members Born in Italy, West Philadelphia 1940(이탈리아에서 태어난 가족 구성원이 있는 가정, 필라델피아 서부 1940년)," West Philadelphia Collaborative History(필라델피아 서부 공동 역사). https://collaborativehistory.gse.upenn.edu/media/houses-family-members-born-italy-west-philadelphia-1940

[4] 조이 멜처(Joy Meltzer, 멜처 부인의 딸), 저자와의 인터뷰, 2021년 4월 29일.

[5] 멜처, 구술 역사, 1.

[6] 멜처, 토머스 페칭어 주니어와의 인터뷰, 1996.

[7] 멜처, 구술 역사, 3.

[8] 멜처, 구술 역사, 9.

[9] 멜처, 구술 역사, 6.

[10] 안토넬리, 구술 역사, 12.

[11] 홀버턴, 구술 역사, 9. 그리고 'LOOSE LIPS SINK SHIPS(입이 가벼우면 화를 부른다)' 포스터(예: https://www.nh.gov/nhsl/ww2/loose.html).

[12] 멜처, 토머스 페칭어 주니어와의 인터뷰, 1996.

[13] 멜처, 구술 역사, 7-8.

[14] "Anecdotes from Some of the Pioneers, from Joseph Chapline(일부 선구자의 일화, 조지프 채플린의 일화)," VIP Club(1980년에 설립): Information Technology Pioneers: Retirees and Former Employees of Unisys, Lockheed Martin, and Their Predecessor Companies(IT 선구자들: 유니시스, 록히드 마틴 및 그 전신 회사의 퇴직자 및 전직 직원), Chapter 34, Blue Bell. http://vipclubmn.org/BlueBell.html(이후 '일부 선구자의 일화'로 인용)

[15] 안토넬리, "KMMA 이야기".

[16] 존 코스텔로(John Costello), "As the Twig Is Bent: The Early Life of Mauchly(될성부른 나무는: 모클리의 초기 생애)", *IEEE Annals of the History of Computing* 18, no. 1 (1996): 50.

[17] 안토넬리, "KMMA 이야기".

[18] 안토넬리, "KMMA 이야기".

[19] 안토넬리, "KMMA 이야기".

[20] 폴 데이비드(Paul David), 감독, *Mauchly: The Computer and the Skateboard(모클리: 컴퓨터와 스케이트보드)*, Blastoff Media, 2011.

## 월넛가 3436번지

[1] 아델 골드스틴 수업을 듣던 말린 웨스코프 멜처가 미국 대학 여성 협회 전단 뒤에 손으로 쓴 메모(교실에 남아 있던 메모지인 듯 보인다). 아델이 여자 대학생을 모집하기 위해 뉴욕에 있는 미국 대학 여성 협회 본부로 방문하는 것을 알리는 전단이었으며 멜처 부인이 저자에게 사본을 제공했다.

[2] 멜처, 구술 역사, 14, 23.

[3] 멜처, 토머스 페칭어 주니어와의 인터뷰, 1996.

[4] 멜처, 구술 역사, 11.

[5] 멜처, 구술 역사, 11.

[6] 멜처, 구술 역사, 9.

[7] 프리실라 홀버턴(Priscilla Holberton), 저자와의 인터뷰, 2003.

[8] 멜처, 구술 역사, 13.

[9] 멜처, 구술 역사, 13.

[10] 멜처, 구술 역사, 15.

[11] 에릭슨, *Top Secret Rosies*.

[12] 그레이스 예거 포츠 본(Grace Yeager Potts Vaughan) 부고. https://www.legacy.com/obituaries/timesunion/obituary.aspx?n=grace-yeager-potts-vaughan&pid=425473

[13] 이본 라티(Yvonne Latty), "Alyce McLaine Hall, Talented in Math(수학에 재능을 보인 앨리스 맥레인 홀)", *Philadelphia Daily News*, November 20, 2003, 61.

[14] 이본 라티, "Alyce McLaine Hall, Talented in Math".

[15] 시브라이트 매케이브(Seabright McCabe), "Finding Alyce Hall(앨리스 홀 찾기)", *SWE Magazine*, Winter 2014, 28.

[16] 멜처, 구술 역사, 11.

[17] 스콧 매카트니(Scott McCartney), *ENIAC: The Triumphs and Tragedies of the World's First Computer(ENIAC: 세계 최초 컴퓨터의 승리와 비극)* (New York: Walker and Company, 1999), 54.

[18] 존 모클리, 낸시 스턴(Nancy Stern)과의 인터뷰, 구술 역사, 1977년 5월 6일.

[19] 그리어, *When Computers Were Human*, 260, 그리고 아델 골드스틴이 곧 대학교 방문을 위해 뉴욕으로 떠난다는 것을 알리는 미국 대학 여성 협회 전단. 멜처가 저자에게 공유.

[20] "Army Needs Math Majors(육군에는 수학 전공자가 필요하다)", *Brooklyn Daily Eagle*, June 14, 1943, 4.

[21] "Army Needs Math Majors".

[22] 그리어, When Computers Were Human, 260.

[23] 루스 릭터먼 테이텔바움(Ruth Lichterman Teitelbaum), 가족과의 인터뷰, 1986.

[24] 테이텔바움, 가족과의 인터뷰, 1986.

[25] 테이텔바움, 가족과의 인터뷰, 1986.

[26] 테이텔바움, 가족과의 인터뷰, 1986.

[27] 테이텔바움, 가족과의 인터뷰, 1986.

[28] 테이텔바움, 가족과의 인터뷰, 1986.

[29] 테이텔바움, 가족과의 인터뷰, 1986.

[30] 에릭슨의 *Top Secret Rosies* 다큐멘터리에 이런 가사가 타이핑된 종이가 등장한다.

[31] 에릭슨, *Top Secret Rosies*.

## 지하실의 괴물

[1] 안토넬리, 구술 역사, 7.

[2] 안토넬리, 구술 역사, 7.

[3] 슈르킨, *Engines of the Mind*, 97.

[4] 슈르킨, *Engines of the Mind*, 101.

[5] 프리츠, "The Women of ENIAC", 16.

[6] 안토넬리, 구술 역사, 7.

[7] 조지프 와이젠바움 교수, MIT, 저자와의 인터뷰, 1986-1987.

[8] 안토넬리, 구술 역사, 8.

[9] 안토넬리, 구술 역사, 8.

[10] 안토넬리, 구술 역사, 8.

[11] "일부 선구자의 일화".

[12] 캐슬린 맥널티 모클리 안토넬리, "오찬 연설, 회고", 에니악 40주년 소개 연설, 저자가 제공한 녹취록, 1986년 10월.

[13] 프리츠, "The Women of ENIAC", 14.

[14] 안토넬리, 구술 역사, 9.

[15] 데이비드, *Mauchly: The Computer and the Skateboard*, Blastoff Media, 2001.

# 분실한 메모

[1] 슈르킨, *Engines of the Mind*, 134.

[2] 골드스틴은 낙관한 이유를 이렇게 말했다. 육군 병기부는 전시에 탱크 프로토타입을 제작을 의뢰하며 제너럴 모터스에 백만 달러를 지원했다가 요구 사항을 충족하지 못할 경우 그 탱크를 폐기할 정도의 여력이 있었다. "그렇다면 전자 컴퓨터 제작에 그 정도 비용을 쓰지 못할 이유가 무엇이겠는가?", 슈르킨, *Engines of the Mind*, 137.

[3] 존 모클리, 낸시 스턴과의 인터뷰, 1977년 5월 6일.

[4] 존 모클리, 낸시 스턴과의 인터뷰, 1977년 5월 6일.

[5] 슈르킨, *Engines of the Mind*, 134.

[6] 도로시 시슬러, 얼사이너스 대학교 1941, 미국, *School Yearbooks, 1900-1999* [데이터 베이스 온라인]. Provo, UT, USA: Ancestry.com Operations, 2011.

[7] "일부 선구자의 일화", 그리고 존 모클리, 낸시 스턴과의 인터뷰, 1977년 5월 6일.

[8] 프리츠, "ENIAC−A Problem Solver", 25−45.

[9] 캐슬린 R. 모클리, "John Mauchly's Early Years(존 모클리의 어린 시절)", *Annals of the History of Computing* 6, no. 2 (April 1984): 137.

[10] 슈르킨, *Engines of the Mind*, 137.

[11] 슈르킨, *Engines of the Mind*, 110.

[12] 모클리, "John Mauchly's Early Years," 137.

[13] 매카트니, *ENIAC*, 71.

[14] 존 앰브로즈 플레밍은 1904년에 다이오드를 발명했다. 리 디포리스트가 1906년에 더 발전된 버전인 트라이오드를 발명했고, 이는 에니악에 사용되었다.

[15] 모클리, "John Mauchly's Early Years", 137.

[16] 슈르킨, *Engines of the Mind*, 150−152.

[17] 엑스타인, "J. Presper Eckert", 25−44.

[18] 엑스타인, "J. Presper Eckert", 29.

[19] 슈르킨, *Engines of the Mind*, 122.

[20] 엑스타인, "J. Presper Eckert," 37−38. J. 프레스퍼 에커트 주니어, "Development of the ENIAC: Session One(에니악의 개발: 세션 1)", 데이비드 앨리슨과의 인터뷰, Smithsonian Video History Program, February 2, 1988.

[21] 모클리, "John Mauchly's Early Years", 131.

[22] 슈르킨, *Engines of the Mind*, 123.

[23] 슈르킨, *Engines of the Mind*, 166−67.

[24] 슈르킨, *Engines of the Mind*, 166−67.

[25] 슈르킨, *Engines of the Mind*, 133.

[26] 엑스타인, "J. Presper Eckert," 39.

[27] 엑스타인, "J. Presper Eckert," 19.

## 골드스틴에게 돈을 주게

[1] 존 모클리는 일기에 '브레이너드는 그런 생각을 진지하게 한 사람이 있다는 점에서 콧방귀를 뀌었다'고 기록했다. 매카트니, *ENIAC*, 57. J. 프레스퍼 에커트, 낸시 스턴과의 인터뷰, 1977년 10월 28일.

[2] 버긴, *50 Years of Army Computing*, 30.

[3] 모클리, "John Mauchly's Early Years", 137.

[4] 골드스틴, *The Computer from Pascal to Von Neumann*, 149.

[5] 골드스틴, *The Computer from Pascal to Von Neumann*, 150.

[6] 매카트니, *ENIAC*, 57.

[7] 슈르킨, *Engines of the Mind*, 137.

[8] 슈르킨, *Engines of the Mind*, 137.

[9] 존 모클리, 에스터 카(Esther Carr)와의 인터뷰, 1977.

[10] 존 모클리, 에스터 카와의 인터뷰, 1977.

## 전쟁의 어두운 날들

[1] 안토넬리, "KMMA 이야기".

[2] 안토넬리, "KMMA 이야기".

[3] 안토넬리, "KMMA 이야기".

[4] 슈르킨, *Engines of the Mind*, 148.

[5] 슈르킨, *Engines of the Mind*, 148.

[6] 슈르킨, *Engines of the Mind*, 149.

[7] 슈르킨, *Engines of the Mind*, 148.

[8] 매카트니, *ENIAC*, 65–66.

[9] 멜처, 구술 역사, 9.

[10] 말린 웨스코프 멜처, 저자와의 인터뷰, 1996년 2월 6일.

[11] 멜처, 저자와의 인터뷰, 1996년 2월 6일.

# 그렇게 큰 기계로 그토록 사소한 일을 한다니

[1] 매카트니, *ENIAC*, 87.

[2] 매카트니, *ENIAC*, 69.

[3] 아서와 앨리스 버크스, 낸시 스턴과의 인터뷰, 1980.

[4] 안토넬리, "KMMA 이야기".

[5] 매카트니, *ENIAC*, 77. 토머스 헤이그(Thomas Haigh), 마크 프리스틀리(Mark Priestley), 크리스핀 로프(Crispin Rope)가 『ENIAC in Action(작동 중인 에니악)』의 3장 각주 15번에 해당 시기 재무제표에서 찾은 약 30명의 여성 이름을 나열하고, 이 여성들이 '문자 그대로 각주'로 남은 것을 안타깝게 생각한다는 메모를 남긴 점에 주목했다. 컴퓨터의 역사를 기록한 다른 이들이 여성들의 가족을 찾아내어 제2차 세계 대전에 했던 여성들의 경험을 알아내기를 바란다. 여성과 남성 모두 컴퓨터 분야에 속했던 여성의 역사를 잘 전달할 수 있다는 점에 주목하자.

[6] 1930~40년대 파인 캠프(현 포트 드럼). https://www.northcountryatwork.org/collections/pine-camp-now-fort-drum-in-the-1930s-and-40s

[7] 진 제닝스 바르틱과 프랜시스 엘리자베스 스나이더 홀버턴, 헨리 S. 트로프(Henry S. Tropp)와의 인터뷰, 녹취록, Computer Oral History Collection(컴퓨터 구술 역사 컬렉션), 1969–1973, 1977. Archives Center, 스미스소니언 국립 미국사 박물관(이후 '바르틱과 홀버턴, 스미스소니언 구술 역사'로 인용).

[8] 마이크 스트라서(Mike Strasser), 제2차 세계 대전 중 파인 캠프의 음파 기만 훈련을 보여주는 포트 드럼 전시. https://www.army.mil/article/240486/fort_drum_exhibit_to_highlight_sonic_deception_training_at_pine_camp_during_wwii(이후 '육군 파인 캠프 웹사이트'로 인용)

[9] 육군 파인 캠프 웹사이트.

[10] 바르틱과 홀버턴, 스미스소니언 구술 역사, 1973.

[11] 안토넬리, "오찬 연설, 회고", 1986.

[12] 안토넬리, "오찬 연설, 회고", 1986.

[13] 안토넬리, 구술 역사, 10.

[14] 안토넬리, 저자와의 인터뷰, 2003년 7월 20일.

[15] 안토넬리, 구술 역사, 10.

[16] 안토넬리, 구술 역사, 11.

[17] 안토넬리, 구술 역사, 11.

[18] 안토넬리, 구술 역사, 11.

[19] 안토넬리, 구술 역사, 11.

## 키스 다리

[1] 바르틱, 구술 역사, 5.

[2] 바르틱, 구술 역사, 5.

[3] 바르틱, 구술 역사, 6.

[4] 바르틱, 구술 역사, 4.

[5] 바르틱, 구술 역사, 1.

[6] 바르틱, 구술 역사, 2.

[7] 바르틱, 구술 역사, 1.

[8] 진 제닝스 바르틱, *Pioneer Programmer: Jean Jennings Bartik and the Computer that Changed the World(선구자적인 프로그래머: 진 제닝스 바르틱과 세계를 바꾼 컴퓨터)* (Kirksville, MO: Truman State University Press, 2013), 33.

[9] 바르틱, *Pioneer Programmer*, 30.

[10] 바르틱, 구술 역사, 1.

[11] 바르틱, 구술 역사, 3.

[12] 바르틱, *Pioneer Programmer*, 35.

[13] 바르틱, 구술 역사, 2-3.

[14] 바르틱, 구술 역사, 4.

[15] 바르틱, *Pioneer Programmer*, 44.

[16] 바르틱, *Pioneer Programmer*, 44.

[17] 바르틱, *Pioneer Programmer*, 46.

[18] 바르틱, *Pioneer Programmer*, 48.

[19] 바르틱, *Pioneer Programmer*, 51.

[20] 바르틱, *Pioneer Programmer*, 50.

[21] 바르틱, *Pioneer Programmer*, 51.

[22] 바르틱, *Pioneer Programmer*, 51-52.

[23] 바르틱, *Pioneer Programmer*, 53.

[24] 바르틱, *Pioneer Programmer*, 55.

[25] 바르틱, 구술 역사, 6.

[26] 바르틱, *Pioneer Programmer*, 58.

[27] 바르틱, 구술 역사, 6.

[28] 바르틱, *Pioneer Programmer*, 58.

[29] 바르틱, *Pioneer Programmer*, 58.

[30] 바르틱, 구술 역사, 6.

## 전기가 무서운가요?

[1] 바르틱, *Pioneer Programmer*, 58.

[2] 바르틱, *Pioneer Programmer*, 58.

[3] 바르틱, *Pioneer Programmer*, 58-59.

[4] 바르틱, *Pioneer Programmer*, 58.

[5] "전쟁부, 인사 조치 통지(전장), 수신: 베티 J. 제닝스, 발신: 탄도 연구 부서 랜드리 중위", 1945년 3월 30일. 저자에게 공유한 사본.

[6] 바르틱, *Pioneer Programmer*, 60.

[7] 바르틱, *Pioneer Programmer*, 59.

[8] 바르틱, *Pioneer Programmer*, 59.

[9] 바르틱, *Pioneer Programmer*, 60.

[10] 바르틱, 구술 역사, 11.

[11] 바르틱, *Pioneer Programmer*, 60.

[12] 바르틱, *Pioneer Programmer*, 61.

[13] "Roosevelt Dead(루스벨트 사망)", *Philadelphia Inquirer*, April 13, 1945, 1.

[14] 바르틱, *Pioneer Programmer*, 61.

[15] 세라 프루잇(Sarah Pruitt), "How FDR's 'Fireside Chats' Helped Calm a Nation in Crisis(프랭클린 델러노 루스벨트의 '노변담화'는 위기에 처한 국가를 진정시키는 데 어떤 도움을 주었는가)", History.com, April, 7, 2020. https://www.history.com/news/fdr-fireside-chats-great-depression-world-war-ii

[16] 프루잇, "How FDR's 'Fireside Chats' Helped Calm a Nation in Crisis".

[17] 바르틱, *Pioneer Programmer*, 65.

[18] 바르틱, 구술 역사, 7.

[19] 바르틱, 구술 역사, 7.

[20] 바르틱, 구술 역사, 7.

[21] 바르틱, *Pioneer Programmer*, 65.

## 자기만의 방식으로 배우기

[1] 안토넬리, 구술 역사, 10.

[2] 안토넬리, 구술 역사, 10.

[3] 안토넬리, "The KMMA Story".

[4] 프리츠, "The Women of ENIAC", 15.

[5] 골드스틴, *The Computer from Pascal to Von Neumann*, 202.

[6] 멜처, 구술 역사, 14.

[7] 멜처, 구술 역사, 14.

[8] 홀버턴, 구술 역사, 1.

[9] 안토넬리, 구술 역사, 11.

[10] 테이텔바움, 가족과의 인터뷰, 1986.

[11] 다음 예시 참고, 애버딘 성능 시험장, "역사", https://home.army.mil/apg/index.php/about/history

[12] 안토넬리, 구술 역사, 24.

[13] 안토넬리, 구술 역사, 12. 그리고 홀버턴, 구술 역사, 2.

[14] IBM 제어 보드(이전에는 'plugboard'라고 불림) 참고. http://www.columbia.edu/cu/computinghistory/plugboard.html

[15] 안토넬리, 구술 역사, 12.

[16] 홀버턴, 구술 역사, 2.

[17] 홀버턴, 구술 역사, 2.

[18] 홀버턴, 구술 역사, 2.

[19] 테이텔바움, 가족과의 인터뷰, 1986.

[20] 바르틱, *Pioneer Programmer*, 68.

[21] 홀버턴, 구술 역사, 2.

## 독수리에 둘러싸여

[1] 바르틱, *Pioneer Programmer*, 69.

[2] 바르틱, *Pioneer Programmer*, 70.

[3] 바르틱, 저자와의 인터뷰.

[4] 바르틱, *Pioneer Programmer*, 66.

[5] 바르틱, 구술 역사, 8.

[6] 홀버턴, 구술 역사, 12.

[7] 안토넬리, 구술 역사, 24.

[8] 바르틱, *Pioneer Programmer*, 72.

[9] 바르틱, *Pioneer Programmer*, 72.

[10] 바르틱, *Pioneer Programmer*, 73.

[11] 바르틱, *Pioneer Programmer*, 74.

## 학장실의 대기실

[1] 바르틱, 구술 역사, 42.

[2] 안토넬리, 구술 역사, 13.

[3] "More Jap Cities Put on 'Death List'(더 많은 일본 도시가 '죽음의 목록'에 올랐다)" *Philadelphia Inquirer*, August 1, 1945, 1. 8월 1일자 신문은 커티스 르메이(Curtis LeMay) 소장이 일본 도시 열두 곳에 사전 통고를 했고, 미국 폭격기가 도달하기 전에 시민을 대피시키라고 명령했다고 보도했다.

[4] 7월 말 미군은 혼슈 본섬을 폭격했다. 1945년 7월 31일 『필라델피아 인콰이어러』 1면 헤드라인은 이렇게 알렸다. '함대가 도쿄에서 130킬로미터 떨어진 마을을 폭격했다. 긴 해안이 화염에 휩싸였다.'

[5] "12 More Jap Cities Placed on 'Surrender or Die' List(일본 도시 열두 곳이 추가로 '항복하지 않으면 죽음뿐' 목록에 올랐다)", *Philadelphia Inquirer*, August 5, 1945, 1.

[6] 신문에 실린 도표는 미국 육군, 해군, 공군 함대와 병력의 위치를 보여준다. "Where MacArthur Is Forging Mighty Invasion Forces(맥아더가 강력한 침공 병력을 양성하는 곳)", *Philadelphia Inquirer*, August 5, 1945, 2.

[7] "12 More Jap Cities Placed on 'Surrender or Die' List", 1.

[8] 다음 예시 참고, "'Hell to Pay' Sheds New Light on A-Bomb Decision('Hell to Pay'가 원자 폭탄 결정에 새로운 빛을 비추다)" NPR. https://www.npr.org/templates/story/story.php?storyId=122591119

[9] "Atomic Bomb, World's Most Deadly, Blasts Japan; New Era in Warfare Is Opened by U.S. Secret Weapon(세계에서 가장 치명적인 무기인 원자 폭탄이 일본을 폭파하다: 미국의 비밀 무기가 전쟁의 새로운 시대를 열다)", *Philadelphia Inquirer*, August 7, 1945, 1.

[10] "Atom Bomb Hits Nagasaki(원자 폭탄이 나가사키를 강타하다)", *Philadelphia Inquirer*, August 9, 1945, 1.

[11] 안토넬리, 구술 역사, 13.

[12] 바르틱, *Pioneer Programmer*, 83.

[13] 히로히토 천황, 포츠담 선언 수락, 라디오 방송. https://ko.wikipedia.org/wiki/옥음방송

[14] "PEACE(평화)", *Philadelphia Inquirer*, August 15, 1945, 1.

[15] 안토넬리, "KMMA 이야기".

[16] 프리츠, "The Women of ENIAC," 14, 26.

[17] 테이텔바움, 가족과의 인터뷰, 1986.

## 새 프로젝트

[1] 바르틱, 구술 역사, 11. "물론 가장 중요한 문제는 궤도였어요. 그게 가장 중요한 문제였던 이유는 기계(에니악)의 자금이 애버딘 성능 시험장을 위해 지원된 거였기 때문이에요. 그래서 승인 테스트는 궤도 계산이 될 예정이었고... 우리의 임무 중 하나는 승인 테스트를 위한 궤도를 프로그래밍하는 것이었어요."

[2] 안토넬리, 구술 역사, 23.

[3] 어니 파일 인용, *Right of the Line: A History of the American Field Artillery—US Army Field Artillery School, Fort Sill, Oklahoma*(선의 오른쪽: 미국 야전 포병의 역사—미국 육군 야전 포병 학교, 포트 실, 오클라호마), *"Quotations(인용)"*, April 1984.

[4] 아델 골드스틴, "Report on THE ENIAC(Electronic Numerical Integrator and Computer)," *Technical Report I, Volume I* ( June 1, 1946), 미국 육군 병기부 감독 하에 개발. https://ftp.arl.army.mil/~mike/comphist/46eniac-report/index.html(이후 'A. 골드스틴, ENIAC *Technical Report I, Volume I*'으로 인용).

[5] 바르틱, 구술 역사, 9.

[6] 안토넬리, 구술 역사, 13.

[7] 홀버턴, 구술 역사, 2.

[8] 홀버턴, 구술 역사, 3.

[9] 안토넬리, 구술 역사, 14.

[10] 안토넬리, 구술 역사, 20.

[11] 다른 에니악 관련 자료에는 아서 버크스가 에니악을 만들기 전에 탄도 궤도 프로그램 작업을 했다는 논의가 일부 존재한다. 만약 그렇다면 그런 경험이 무어 스쿨과 육군 사이의 두 번째 협의에서 확장된 에니악의 크기와 범위를 결정하는 데 도움이 되었을지 모른다. 하지만 아서가 자신의 궤도 관련 업무를 에니악 프로그래머들과 공유했다는 기록은 존재하지 않으며 그에 관해 여성들이 알고 있었다는 걸 보여주는 자료도 없다. 우리가 아는 건 에니악 프로그래머들은 자신의 임무가 탄도 연구소를 위한 '승인 프로그램'을 준비하는 것이라 들었고 아서가 제공한 배선도, 블록 다이어그램, 논리 다이어그램을 가지고 작업을 시작했다는 것이다.

[12] 안토넬리, 구술 역사, 16. 베티도 그 의견에 공감했다. "우리는 블록 다이어그램을 읽으며 장비에 대해 배웠어요... 읽을 수 있는 설명서가 하나도 없었어요." 홀버턴, 구술 역사, 5.

[13] 바르틱, 구술 역사, 9.

[14] 멜처, 구술 역사, 15.

## 분할과 정복

[1] 홀버턴, 구술 역사, 2.

[2] 바르틱, 구술 역사, 9.

[3] 안토넬리, "KMMA 이야기".

[4] 에니악 특허 3,120,606, 시트 91 중 37, 고속 곱셈기. https://patents.google.com/patent/US3120606A/en

[5] 멜처, 구술 역사, 21.

[6] 홀버턴, 구술 역사, 9.

[7] 에니악 특허 3,120,606, 시트 91 중 25, 덧셈기. https://patents.google.com/patent/US3120606A/en

[8] 바르틱, 구술 역사, 75.

[9] 바르틱, 구술 역사, 75.

[10] 바르틱, *Pioneer Programmer*, 75.

[11] 바르틱, 구술 역사, 9.

[12] 바르틱, *Pioneer Programmer*, 75.

[13] 바르틱, *Pioneer Programmer*, 88–89.

[14] 멜처, 구술 역사, 23.

[15] 홀버턴, 구술 역사, 2.

[16] 아델 골드스틴의 'ENIAC *Technical Report I, Volume I*'은 에니악 궤도 작업이 시작된 지 2년 후인 1947년 전에는 에니악 프로그래머들에게 공유되지 않았기 때문에 이들이 에니악 유닛을 배우는 데에는 도움이 되지 못했다. 하지만 75년 후 이 기술 보고서는 에니악 유닛의 네 가지 유형에 대한 아델의 명확한 설명을 포함하여 우리에게 핵심적인 자료가 되었다. 아델 골드스틴, ENIAC *Technical Report I, Volume I*, p. I-2.

[17] 아델 골드스틴의 ENIAC 기술 보고서는 순환 유닛과 해당 유닛의 "덧셈 동작 때마다 반복되는 기본적인 일련의 신호에 대해서도 설명한다…" 아델 골드스틴, ENIAC *Technical Report I, Volume I*, p. I-3.

## 문제의 순서

[1] 아델 골드스틴의 'ENIAC *Technical Report I, Volume I*'은 이듬해인 1946년 6월 1일에 발간되었다. 아델 골드스틴, *Technical Report I, Volume I*, title page.

[2] 홀버턴, 구술 역사, 3.

[3] 안토넬리, 구술 역사, 14.

[4] 홀버턴, 구술 역사, 6.

[5] 토머스 페칭어 주니어, "History of Software Begins with the Work of Some Brainy Women(소프트웨어의 역사가 똑똑한 여성들의 작업과 함께 시작되다)", *Wall Street Journal*, November 15, 1996. 이 기사는 일주일 후 같은 저자가 쓴 2부로 이어졌다. 페칭어, "Female Pioneers Fostered Practicality in the Computer Industry(여성 선구자들 덕분에 컴퓨터 산업의 실현 가능성이 만들어졌다)", Wall Street Journal, November 22, 1996.

[6] R. F. 클리핑어(R. F. Clippinger), "A Logical Coding System Applied to the ENIAC(에니악에 적용된 논리적 코딩 시스템)", Report No. 673, Ballistic Research Laboratories, Aberdeen, MD, September 29, 1948, 3.

[7] 프리츠는 '직접 프로그래밍'을 '당면 과제를 해결하는 데 필요한 에니악 작동의 순서를 제어하기 위해 개별 유닛을 케이블로 직접 연결하고 스위치를 설정해 프로그래밍하는 것'이라고 정의했다. 프리츠, "ENIAC−A Problem Solver", 25.

[8] 드렉셀 대학교 컴퓨터 과학과의 브라이언 스튜어트(Brian Stuart) 교수는 에니악 프로그래밍과 디버깅에 대해 광범위한 저술을 남겼다. 그가 작성한 논문 중에는 다음과 논문이 있다. "Programming the ENIAC [Scanning Our Past]," *Proceedings of the IEEE* 106, no. 9 (2018): 1760−70; "Debugging the ENIAC [Scanning Our Past]," *Proceedings of the IEEE* 106, no. 12 (2018): 2331−45; and "Simulating the ENIAC [Scanning Our Past]," *Proceedings of the IEEE* 106, no. 4 (2018): 761−72.

[9] 바르틱, 구술 역사, 11, 19. 몇 년 후 진은 종종 "에니악은 프로그래밍하기 지독히 어려웠다!"고 말하곤 했다.

[10] 바르틱, 구술 역사, 20.

[11] "Kay Mauchly on Finding Out about ENIAC, Programming It, and Marrying John Mauchly(케이 모클리, 에니악에 대해 배우고 프로그래밍하고 존 모클리와 결혼하다)", Open Transcripts, January 1, 1977. http://opentranscripts.org/transcript/kay-mauchly-eniac-programming

## 엄청나게 큰 것

[1] 멜처, 구술 역사, 16.

[2] 바르틱, *Pioneer Programmer*, 84.

[3] 홀버턴, 구술 역사, 4.

[4] 테이텔바움, 가족과의 인터뷰, 1986.

[5] 안토넬리, 구술 역사, 17.

[6] "Deposition of Ruth Teitelbaum(루스 테이텔바움 증언)", 에니악 특허 소송 컬렉션, 16번 상자, 펜실베이니아 대학교 아카이브, Deposition, 30(이후 '테이텔바움, 증언'으로 인용).

[7] 테이텔바움, 증언, 30.

[8] 진은 이 설정에 대해 조금 더 자세하게 다음과 같이 설명했다. "그러므로 덧셈기 1은 알파 메모리 버스에서 덧셈기 2의 콘텐츠를 수신해 덧셈기 1 콘텐츠에 추가했다. 펄스 A-1은 다음 연산을 시작했다." 바르틱, *Pioneer Programmer*, 84.

[9] 바르틱, 구술 역사, 13.

[10] 바르틱, 구술 역사, 12.

[11] 바르틱, *Pioneer Programmer*, 84.

[12] 홀버턴, 구술 역사, 4.

[13] "IBM 카드 백만 개가 쓰였다." 슈르킨, *Engines of the Mind*, 189.

[14] 슈르킨, *Engines of the Mind*, 189.

[15] 프리츠, "The Women of ENIAC", 29.

[16] 테이텔바움, 증언, 31.

[17] 매카트니, *ENIAC*, 104.

## 프로그램과 페달링 시트

[1] 홀버턴, 구술 역사, 3.

[2] 탄도 연구소의 탄도 궤도 프로그램이 기밀이었기 때문에 에니악 6인은 페달링 시트의 사본을 보관할 수 없었다. 하지만 케이는 책 후반부의 '백 년 문제와 프로그래머들'장에서 설명한 그다음 프로그램 하트리(Hartree)의 문제를 위한 페달링 시트 사본을 간직하고 있다가 저자에게 공유했다. 이는 'Compressible Boundary Layer, Zero-Order Functions'라는 제목이 붙은 커다란 흰 종이였고 베티와 진이 만든 페달링 시트 구조를 사용했다.

[3] 바르틱과 홀버턴, 스미스소니언 구술 역사, 1973.

[4] "에니악은 현대적인 용어로 데이터 플로 머신(data flow machine)이다. 한 연산이 끝나면 다음 차례의 연산을 시작할 때 사용하는 제어 신호를 생성한다." 브라이언 스튜어트, "Debugging the ENIAC [Scanning Our Past]," *Proceedings of the IEEE* 106, no. 12, (2018): 2332.

[5] 홀버턴, 구술 역사, 3.

[6] 홀버턴, 구술 역사, 3-4.

[7] 바르틱, 구술 역사, 10.

[8] 바르틱, 구술 역사, 19, 그리고 바르틱, *Pioneer Programmer*, 84.

[9] 홀버턴, 구술 역사, 2.

[10] 홀버턴, 구술 역사, 2.

[11] 홀버턴, 구술 역사, 2.

[12] 예컨대 오늘날 초·중등교육 프로그래밍 커리큘럼은 '16.2 If-Then문'을 가르친다,

cK-12, `https://www.ck12.org/book/ck-12-precalculus-concepts/r514/section/16.2`. 브라이언 스튜어트 교수는 대학생들에게 이렇게 설명한다. "다시 말해 에니악은 단순한 카운트에 기반한 제어 구조에 국한되지 않고, 계산 결과에 기반하여 논리적인 의사결정도 가능했다." 스튜어트, "Debugging the ENIAC [Scanning Our Past]", 2340–2341.

[13] 케이는 자신의 구술 역사에서 이렇게 말했다. "에니악의 마스터 프로그래머는 에니악의 심장이자 영혼이었어요." 안토넬리, 구술 역사, 18. 아델은 'ENIAC *Technical Report I, Volume I*'에 이렇게 기술했다. "마스터 프로그래머는 중앙 프로그래밍 유닛이었고, 주요 기능은 계산에 입력되는 다양한 수준의 프로그램 시퀀스 실행을 지시하고 활성화하는 것이었다... 하지만 프로그램 시퀀스의 반복을 체인으로 구성하거나(1.4절 참고) 체인과 프로그램 시퀀스를 연결하려면 반드시 마스터 프로그래머를 사용해야 했다.", 아델 골드스틴, ENIAC *Technical Report I, Volume I*, p. X–1.

[14] 바르틱, 구술 역사, 44.

## 벤치 테스트와 단짝 친구

[1] "그녀와 베티가 '궤도를 프로그래밍'하는 동안 말린과 루스는 ADD 시간을 한 번 진행할 때마다 궤도를 계산하는 임무를 맡았어요... 그래서 ADD 시간이 진행될 때마다 모든 누산기에 저장된 값을 알 수 있게요. 시간이 아주 많이 드는 작업이었어요." 바르틱, 구술 역사, 14.

[2] 안토넬리, 구술 역사, 12.

[3] 멜처, 구술 역사, 22.

[4] 스테이시아 프리드먼(Stacia Friedman), "Historic Jewish Women's Shelter Transformed Into Lux Apartments(고급 아파트로 변신한 역사적 유대계 여성 쉼터)", Hidden City. `https://hiddencityphila.org/2020/05/historic-jewish-womens-shelter-transformed-into-lux-apartments`

[5] 멜처, 구술 역사, 12–13.

[6] 멜처, 구술 역사, 13.

[7] 조이 멜처, 저자와의 인터뷰, 2021.

[8] 멜처, 구술 역사, 13.

## 병렬 프로그래밍

[1] 바르틱, *Pioneer Programmer*, 84–85.

[2] 바르틱, 구술 역사, 11.

[3] 바르틱, 구술 역사, 11.

[4] 홀버턴, 구술 역사, 7.

[5] 홀버턴, 구술 역사, 7.

[6] 홀버턴, 구술 역사, 12.

[7] 베티는 니컬러스 메트로폴리스에게 로스앨러모스를 위해 실행하던 에니악 계산의 정확성이 떨어지는데 어떻게 해야 하느냐고 물었다. 그는 로스앨러모스 업무의 애초 목적에 맞게 "대략적인 수치를 맞추기만 하면 된다."고 답했다. 홀버턴, 구술 역사, 4.

[8] 케이는 에니악 병렬 프로그래밍을 준비하던 때를 이렇게 회상했다. "병렬로 실행되던 다른 모든 것이 실제 작업을 마칠 때까지 프로그램의 다음 부분이 시작하지 않게 해야 했어요... 그런 부분을 걱정해야 했죠." 안토넬리, 구술 역사, 16.

[9] 안토넬리, 구술 역사, 16.

[10] 바르틱, *Pioneer Programmer*, 89.

[11] "Gale-Battered Ships Arrive with Troops(강풍에 시달린 전함들이 병사들과 함께 돌아오다)", *Philadelphia Inquirer*, 1945년 12월 25일, 1.

## 사진을 찍다

[1] 슈르킨, *Engines of the Mind*, 197.

[2] 헨리 허버트(Henry Herbert), 펜실베이니아 대학교 홍보 담당자, "Demonstration of ENIAC(에니악 시연)", February 1, 1946, 펜실베이니아 대학교 아카이브. 허버트는 "에니악 기자 회견에 참석한 여러 사람의 요청으로" 해당 요약문을 제공한다고 밝혔다.

[3] 전쟁부, 홍보국, 언론부, "Military Applications of ENIAC Described(에니악의 군사적 적용 설명)", "High Speed, General Purpose Computing Machines Needed(고속 범용 컴퓨팅 기기 필요)", "Physical Aspects, Operation of ENIAC Are Described(물리적 측면, 에니악의 작동 설명)", 1946, 펜실베이니아 대학교 아카이브.

[4] 이 세 사람은 전쟁부 홍보국을 위해 이외에도 "Industrial and Scientific Applications of the ENIAC(에니악의 공업적, 과학적 적용)", "History of Development of Computing Devices(컴퓨팅 기기 개발의 역사)" 등의 보도 자료를 작성했다. 1946, 펜실베이니아 대학교 아카이브(에니악과 그 사용법에 대한 일반적인 설명의 일부로써 작성함).

[5] 전쟁부, "Profiles of Personnel Who Developed ENIAC(에니악 개발 담당자 프로필)", 1946, 펜실베이니아 대학교 아카이브.

[6] 매카트니, *ENIAC*, 129-130.

[7] 전쟁부, "Profiles of Personnel Who Developed ENIAC", 4.

[8] 이 '엠바고' 경고의 내용은 보도 자료마다 조금씩 달랐지만, 신문 출판이나 라디오 방송에 이 자료를 사용하는 게 2주간 제한된다는 전체적인 목표는 명확했다.

[9] Demonstration of ENIAC, February 1, 1946, 펜실베이니아 대학교 홍보 담당자 헨리 허버트 작성, "FOR RELEASE FEBRUARY 16, 1946" 저자 컬렉션 사본.

[10] 스티븐 포크(Stephen Falk), 에니악과 에니악 프로그래머 사진, 저자와의 인터뷰, 1996

년 2월.

[11] 펜실베이니아 대학교 아카이브, 디지털 이미지 컬렉션. https://library.artstor.org/#/asset/SS7732016_7732016_12329883;prevRouteTS=1641178556553

[12] 펜실베이니아 대학교 아카이브, 디지털 이미지 컬렉션. https://library.artstor.org/#/asset/SS7732016_7732016_12331236;prevRouteTS=1641178887083

[13] 컴퓨터 역사 박물관. https://www.computerhistory.org/collections/catalog/102622392

[14] 테이텔바움, 증언, 3.

[15] 골드스틴, *The Computer from Pascal to Von Neumann*, 228.

[16] 골드스틴, *The Computer from Pascal to Von Neumann*, 228.

[17] 테이텔바움, 증언, 3.

[18] 홀버턴, 구술 역사, 9.

[19] 홀버턴, 구술 역사, 9.

[20] 안토넬리, 구술 역사, 21.

[21] 바르틱, *Pioneer Programmer*, 91.

[22] 바르틱, *Pioneer Programmer*, 91

[23] 홀버턴, 구술 역사, 54.

[24] 바르틱, 구술 역사, 16.

[25] 바르틱과 홀버턴, 스미스소니언 구술 역사, 1973, 50.

[26] 바르틱과 홀버턴, 스미스소니언 구술 역사, 1973, 51.

[27] 바르틱, 구술 역사, 16.

[28] 바르틱, Pioneer Programmer, 92.

## 에니악 방을 차지하다!

[1] 홀버턴, 구술 역사, 7.

[2] 바르틱과 홀버턴, 스미스소니언 구술 역사, 1973, 50.

[3] 홀버턴, 구술 역사, 6.

[4] 바르틱, 저자와의 인터뷰, 1996.

[5] 브라이언 스튜어트, "Programming the ENIAC [Scanning Our Past]", *Proceedings of the IEEE* 106, no. 9 (2018): 1760–70.

[6] 홀버턴, 구술 역사, 3.

[7] 홀버턴, 구술 역사, 3.

[8] 홀버턴, 구술 역사, 7.

[9] 홀버턴, 구술 역사, 7.

[10] 다음 예시 참고, "Testing(테스팅)", Bitesize. https://www.bbc.co.uk/bitesize/guides/zg4j7ty/revision/5

[11] 진은 이렇게 회상했다. "다음 날 프로그램 작업을 하던 에니악 방으로 돌아왔는데 와이어가 우리가 기억하는 자리에 있지 않다는 걸 발견했어요." 바르틱과 홀버턴, 스미스소니언 구술 역사, 1973, 52.

[12] 바르틱과 홀버턴, 스미스소니언 구술 역사, 1973.

[13] 멜처, 구술 역사, 16.

[14] 바르틱, 구술 역사, 15.

[15] 바르틱, 구술 역사, 14-15.

[16] 바르틱, *Pioneer Programmer*, 85.

[17] 바르틱, *Pioneer Programmer*, 85.

[18] 바르틱, 구술 역사, 24.

[19] 슈르킨, *Engines of the Mind*, 149.

[20] 진 제닝스 바르틱, "My Personal Impressions(나의 개인적인 인상)", 저자에게 공유한 출간되지 않은 노트.

[21] 바르틱, *Pioneer Programmer*, 86.

[22] 슈르킨, *Engines of the Mind*, 154-155.

[23] 바르틱, *Pioneer Programmer*, 89.

## 시연일 전 마지막 버그

[1] 홀버턴, 구술 역사, 9.

[2] 바르틱, 구술 역사, 16.

[3] 홀버턴, 구술 역사, 9.

[4] 바르틱, *Pioneer Programmer*, 95.

[5] 홀버턴, 구술 역사, 9.

[6] 바르틱, *Pioneer Programmer*, 95.

[7] 바르틱, *Pioneer Programmer*, 96.

[8] 바르틱, *Pioneer Programmer*, 96.

[9] 바르틱, *Pioneer Programmer*, 85.

[10] 홀버턴, 구술 역사, 9.

[11] 홀버턴, 구술 역사, 9.

[12] 바르틱, *Pioneer Programmer*, 96.

[13] 안토넬리, 구술 역사, 22.


## 1946년 2월 15일, 시연일

[1] 홀버턴, 구술 역사, 10.

[2] 다음 예시 참고. 딜리스 와인그래드(Dilys Winegrad)와 아츠시 아케라(Atsushi Akera), *A Short History of the Second American Revolution(두 번째 미국 혁명의 짧은 역사)*, 펜실베이니아 대학교, 50th anniversary celebration. https://almanac.upenn.edu/archive/v42/n18/eniac.html

[3] 바르틱, *Pioneer Programmer*, 98-99.

[4] 바르틱, 구술 역사, 17.

[5] 안토넬리, 구술 역사, 22.

[6] 바르틱, 구술 역사, 15.

[7] 바르틱, 구술 역사, 24.

[8] 바르틱, *Pioneer Programmer*, 96-97. 할리우드에서는 수년 동안 컴퓨터를 작은 조명이 반짝이는 커다란 기계로 묘사했다.

[9] 바르틱, 구술 역사, 17.

[10] 홀버턴, 구술 역사, 11.

[11] 멜처, 구술 역사, 19.

[12] 안토넬리, 구술 역사, 22.

[13] 안토넬리, 구술 역사, 22.

[14] 안토넬리, 구술 역사, 23.

[15] 멜처, 구술 역사, 19.

[16] 바르틱, *Pioneer Programmer*, 99.

[17] 바르틱, *Pioneer Programmer*, 99.

[18] 바르틱, *Pioneer Programmer*, 99.

[19] "U. of P. Exhibits Electronic 'Brain'(펜실베이니아 대학교 전자 '두뇌'를 전시하다)", *Philadelphia Inquirer*, February 16, 1946, 3.

[20] "U. of P. Exhibits Electronic 'Brain'".

[21] "U. of P. Exhibits Electronic 'Brain'".

[22] 바르틱, Pioneer Programmer, 99.

[23] 1946년 2월 15일 연회 메뉴, 에릭슨, *Top Secret Rosies*.

[24] "Blinkin' ENIAC's a Blinkin' Whiz(깜빡이는 에니악의 반짝이는 능력)", *Philadelphia Record*, February 15, 1946, 1. 말린 웨스코프 멜처 컬렉션.

[25] 멜처, 구술 역사, 19.

[26] 홀버턴, 구술 역사, 10.

[27] 홀버턴, 구술 역사, 10.

## 이상한 결말

[1] 멜처가 저자에게 공유한 시연일 뉴스 기사 스크랩 컬렉션.

[2] 홀버턴, 구술 역사, 10.

[3] "World's Fastest Calculator Cuts Years' Task to Hours(전 세계에서 가장 빠른 계산기가 몇 년짜리 업무를 몇 시간으로 단축시키다)", *Boston Globe*, February 15, 1946, 7.

[4] "Betty [Jean] Jennings in Scientific Work(과학 연구에 참여한 베티 [진] 제닝스)", *Stanberry Herald-Headlight* (Missouri), March 14, 1946, 1.

[5] 홀버턴, 구술 역사, 10.

[6] 안토넬리, 구술 역사, 22.

[7] 이 영상은 캐시 클라이먼, 존 팰프리먼, 케이트 맥마흔이 2014년 제작한 *The Computers: The Remarkable Story of the ENIAC Programmers*를 비롯한 수많은 다큐멘터리에서 볼 수 있다.

[8] *The Computers: The Remarkable Story of the ENIAC Programmers*.

[9] 바르틱, *Pioneer Programmer*, 99.

[10] 슈르킨, *Engines of the Mind*, 198.

[11] 슈르킨, *Engines of the Mind*, 199.

[12] 슈르킨, *Engines of the Mind*, 199.

[13] 슈르킨, *Engines of the Mind*, 199.

[14] 슈르킨, *Engines of the Mind*, 200.

[15] 슈르킨, *Engines of the Mind*, 200.

[16] 바르틱, *Pioneer Programmer*, 101.

[17] 슈르킨, *Engines of the Mind*, 201. 스미스소니언의 컴퓨터 역사학자 폴 세루치 박사도 비슷하게 기술했다. "한때 컴퓨팅 기술의 중심이라는 칭호를 두고 겨루던 필라델피아-프린스턴 지역은 그 후 결코 회복하지 못했다." 폴 E. 세루치(Paul E. Ceruzzi), *A History of Modern Computing(현대 컴퓨팅의 역사)* (Cambridge, MA: MIT Press, 1998), 25.

# 백 년 문제와 프로그래머들

[1] 슈르킨, *Engines of the Mind*, 197.

[2] 안토넬리, 구술 역사, 27.

[3] 안토넬리, 구술 역사, 119.

[4] 안토넬리, "KMMA 이야기".

[5] 캐슬린 맥널티 모클리 안토넬리와 더글러스 하트리가 주고받은 편지, UPD 8.12, ENIAC Trial Exhibits Master Collection, 대학 기록 보관 센터, 펜실베이니아 대학교.

[6] 다음 예시 참고, 실제 기체의 열역학적 특성에 대한 랜드 연구소(Rand Corporation) 보고서. https://www.rand.org/content/dam/rand/pubs/research_memoranda/2009/RM442.pdf

[7] 홀버턴, 구술 역사, 11.

[8] 바르틱, 구술 역사, 12.

[9] 바르틱, 구술 역사, 12.

[10] 바르틱, *Pioneer Programmer*, 106.

[11] 진은 아델을 애정 어린 마음으로 추억했다. "전 아델을 무척 좋아했어요. 그녀와 전 매우 가까운 관계였죠. 그녀는 허먼과 나이 차이가 좀 났었고, 우리는 마치 어린 소녀들처럼 깔깔거렸어요. 함께 있을 때 정말 즐거웠거든요." 바르틱, 구술 역사, 12.

[12] 한스 라데마허(Hans Rademacher), "On the Accumulation of Errors in Numerical Integration on the ENIAC(에니악의 수치 적분 오차 누적에 대하여)", Lecture 19, July 22, 1946, *The Moore School Lectures*, Charles Babbage Institute Reprint Series for the History of Computing, Volume 9, 223–238.

[13] D. R. 하트리(D. R. Hartree), "The Eniac, an Electronic Computing Machine(에니악, 전자 컴퓨팅 기계)", *Nature* 158 (1946): 500–506.

[14] "그는 영국으로 돌아와서야 문제에 대한 자신의 분석에 중대한 실수가 있었다는 걸 깨달았다. 따라서 그의 결과도 잘못된 것이었다. 그는 프로그램을 변경하고 재실행하길 원했다." 안토넬리, "KMMA 이야기".

[15] 하트리, "The Eniac, an Electronic Computing Machine."

[16] 안토넬리, 구술 역사, 28. 그리고 캐슬린 맥널티 모클리 안토넬리와 더글러스 하트리가 주고받은 편지, UPD 8.12, ENIAC Trial Exhibits Master Collection, 대학 기록 보관 센터, 펜실베이니아 대학교.

[17] A. H. 토브(A. H. Taub), "Refraction of Plane Shock Waves(비행기 충격파의 굴절)", *Physical Review* 72 (1947): 51–60.

[18] W. 바클리 프리츠는 "A Survey of Eniac Operations and Problems(에니악 작동과 문제에 대한 조사), 1946–1952"에서 고프 학장의 작업에 대한 정보를 공유했다. 그는 이를 '압력이 0일 때 이원자 가스의 특성—(펜실베이니아 대학교)'이라고 설명했다. 프리츠, "A

Survey of Eniac Operations and Problems, 1946−1952," Report No. 617, 탄도 연구소, 애버딘 성능 시험장, MD, August 1952, 23−24.

[19] 프리츠, "ENIAC−A Problem Solver", 26.

[20] 멜처, 구술 역사, 20.

## 무어 스쿨 강의

[1] 바르틱, *Pioneer Programmer*, 104.

[2] 바르틱, 구술 역사, 25.

[3] 조이 멜처, 저자와의 인터뷰, 2020−2021.

[4] 강의에 등록한 28명은 *The Moore School Lectures*, Charles Babbage Institute Reprint Series for the History of Computing, Volume 9, xvi−xvii에서 확인할 수 있다.

[5] *The Moore School Lectures*, ix−xvii.

[6] *The Moore School Lectures*, ix−xvii.

[7] 홀버턴, 구술 역사, 11.

[8] *The Moore School Lectures*, ix−xvii.

[9] 다음 예시 참고, 모리스 윌크스, 영국 컴퓨터 과학자. `https://www.britannica.com/biography/Maurice-Wilkes`

[10] 매카트니, *ENIAC*, 142.

[11] "Wife Drowns in Night Swim with Scientist(과학자와 밤 수영 중이던 아내가 익사하다)", *Philadelphia Inquirer*, September 9, 1946, 1.

[12] "Wife Drowns in Night Swim with Scientist", *Philadelphia Inquirer*, September 9, 1946, 3.

[13] 바르틱, *Pioneer Programmer*, 109.

## 각자의 모험

[1] 멜처, 구술 역사, 11.

[2] 혁명 이전: 1950년대에 쿠바로 몰려든 사교계 명사와 유명 인사. `https://www.smithsonianmag.com/history/before-the-revolution-159682020`

[3] 바르틱, *Pioneer Programmer*, 106.

[4] 바르틱, *Pioneer Programmer*, 107.

[5] 바르틱, *Pioneer Programmer*, 107.

[6] 바르틱, *Pioneer Programmer*, 130.

[7] 안토넬리, 구술 역사, 29.

[8] 안토넬리, "KMMA 이야기".

[9] 안토넬리, "KMMA 이야기".

[10] 안토넬리, "KMMA 이야기".

[11] 홀버턴, 구술 역사.

[12] 안토넬리, "KMMA 이야기".

[13] 안토넬리, "KMMA 이야기".

[14] 안토넬리, "KMMA 이야기".

[15] 안토넬리, "KMMA 이야기".

[16] 안토넬리, 구술 역사, 30.

[17] 그래도 66번 국도는 그들을 애리조나의 페인티드 사막, 그랜드캐니언 같은 멋진 곳으로 데려다주었다. 안토넬리, "KMMA 이야기".

[18] 홀버턴, 구술 역사, 12.

[19] 홀버턴, 구술 역사, 11.

[20] 홀버턴, 구술 역사, 11.

## 애버딘 안팎의 에니악 5인

[1] 바르틱, *Pioneer Programmer*, 111.

[2] 바르틱, 구술 역사, 10.

[3] 바르틱, *Pioneer Programmer*, 110.

[4] 안토넬리, 구술 역사, 29.

[5] 홀버턴, 구술 역사, 13.

[6] 바르틱, 구술 역사, 18.

[7] 조이 멜처, 저자와의 인터뷰, 2021년 4월 29일.

[8] 멜처, 구술 역사, 20.

[9] 테이텔바움, 가족과의 인터뷰, 1986.

[10] 로버트 셰로크(Robert Sheroke), 미국 육군 연구소의 컴퓨터 과학자, 저자와의 인터뷰, 날짜 미상.

[11] 안토넬리, 구술 역사, 30-31.

[12] 안토넬리, 구술 역사, 31.

[13] 안토넬리, 구술 역사, 30.

[14] 테이텔바움, 가족과의 인터뷰, 1986.

[15] 프리츠, "The Women of ENIAC", 23.

[16] 프리츠, "The Women of ENIAC", 15.

[17] 프리츠, "The Women of ENIAC", 24.

[18] 홀버턴, 구술 역사, 13.

[19] 홀버턴, 구술 역사, 13.

[20] 바르틱, 구술 역사, 18.

[21] 바르틱, *Pioneer Programmer*, 115.

[22] 바르틱, *Pioneer Programmer*, 116.

[23] 바르틱, 구술 역사, 18.

[24] 다음 예시 참고, 풍동에 대한 NASA 웹페이지. https://www.nasa.gov/centers/langley/news/factsheets/WindTunnel.html

[25] 바르틱, 구술 역사, 17–18.

[26] 클리펑어, "A Logical Coding System Applied to the ENIAC(에니악에 적용된 논리적 코딩 시스템)" (1947년 11월 13일에 작성된 60개 단어를 사용하는 명령과 테스트 프로그램 포함).

[27] 바르틱, 구술 역사, 28.

[28] 바르틱, *Pioneer Programmer*, 116.

[29] 바르틱, 구술 역사, 26.

[30] 바르틱, 구술 역사, 28.

[31] 바르틱, *Pioneer Programmer*, 117.

[32] 바르틱, *Pioneer Programmer*, 117.

[33] 바르틱, 구술 역사, 26.

[34] 바르틱, 구술 역사, 26.

[35] 바르틱, *Pioneer Programmer*, 118.

[36] 바르틱, *Pioneer Programmer*, 118.

[37] 바르틱, *Pioneer Programmer*, 118–119.

[38] 바르틱, *Pioneer Programmer*, 119.

# 새로운 삶

[1] 안토넬리, "KMMA 이야기".

[2] 안토넬리, "KMMA 이야기".

[3] 바르틱, *Pioneer Programmer*, 117.

[4] W. 바클리 프리츠는 이러한 분업이 탄도 연구소에서 (처음에는 수학에, 다음에는 프로 그래밍에) 허용되는 업무 분할 방식이 되었으며, 탄도 연구소에서 팀을 구성해 에니악 문제를 해결한 방식이라고 설명한다. 프리츠, "ENIAC—A Problem Solver", 30.

[5] 바르틱, *Pioneer Programmer*, 117-118.

[6] 바르틱, *Pioneer Programmer*, 114, 119.

[7] 바르틱, 구술 역사, 29.

[8] 바르틱, *Pioneer Programmer*, 119.

[9] 바르틱, *Pioneer Programmer*, 120.

[10] H. 뉴콤(H. Neukom), "에니악의 두 번째 삶", *IEEE Annals of the History of Computing* 28, no. 2 (April–June 2006): 4–16, doi:10.1109/MAHC.2006.39.

[11] 토머스 헤이그(Thomas Haigh), 마크 프리스틀리(Mark Priestley), 크리스핀 로프 (Crispin Rope), "Engineering 'The Miracle of the ENIAC': Implementing the Modern Code Paradigm('에니악의 기적' 엔지니어링: 현대 코드 패러다임 구현)", *IEEE Annals of the History of Computing* 36, no. 2 (2014): 47.

[12] 안토넬리, 구술 역사, 31.

[13] 프리츠, "The Women of ENIAC", 24.

[14] 프리츠, "The Women of ENIAC", 24.

[15] 클리핑어, "A Logical Coding System Applied to the ENIAC," 1.

[16] 퍼트리샤 설리번(Patricia Sullivan), "Gloria Gordon Bolotsky, 87", [부고 기사], *Washington Post*, July 26, 2009.

[17] "The Secret History of Women in Coding(코딩 분야 여성의 숨겨진 역사)", *New York Times Magazine*, February 17, 2019(커버).

[18] 프리츠, "The Women of ENIAC", 23. 릴라 토드 버틀러를 비롯한 다른 여성들은 육아 휴가를 마치고 탄도 연구소로 복귀했다. "The Women of ENIAC," 15.

[19] 홀버턴, 구술 역사, 14.

[20] 바르틱, *Pioneer Programmer*, 119.

[21] 테이텔바움, 가족과의 인터뷰, 1986.

[22] 안토넬리, 구술 역사, 32.

[23] 안토넬리, 구술 역사, 32.

[24] 안토넬리, "KMMA 이야기".

[25] 프리츠, "ENIAC-A Problem Solver", 39.

[26] 프리츠, "A Survey of Eniac Operations and Problems, 1946-1952".

[27] 프리츠는 1952년 "A Survey of Eniac Operations and Problems, 1946-1952", 1994년 "ENIAC-A Problem Solver", Appendix 41-45에 군사 단체, 정부 기관, 대학, 기업, 기관이 에니악에서 실행한 복잡하고 분류되지 않은 많은 문제의 포괄적인 목록을 발표했다.

[28] 프리츠, "ENIAC-A Problem Solver", 44.

[29] 허먼의 책에는 로스앨러모스에서 일하는 그의 아내가 쓴 편지를 보여주는 각주가 있다. 골드스틴, *The Computer from Pascal to Von Neumann*.

[30] 프리츠, "ENIAC-A Problem Solver", 40.

[31] 프리츠, "ENIAC-A Problem Solver", 33.

## 에필로그

[1] 슈르킨, *Engines of the Mind*, 각주 13, 230-231.

[2] 네이선 엔스멩거(Nathan Ensmenger), *The Computer Boys Take Over*(컴퓨터 소년들이 장악하다) (Cambridge, MA: MIT Press, 2010): 35-36.

[3] 코리 닥터로우(Cory Doctorow), "The ENIAC Programmers: How Women Invented Modern Programming and Then Were Written Out of the History Books(에니악 프로그래머: 현대 프로그래밍을 발명한 여성들은 어떻게 역사책에서 사라졌는가)", *Boing Boing*, June 21, 2019. https://boingboing.net/2019/06/21/founding-mothers-of-computing.html

[4] "Black Women Oral History Project Interviews(흑인 여성 구술 역사 프로젝트 인터뷰), 1976-1981", Harvard Radcliffe Institute. https://guides.library.harvard.edu/schlesinger_bwohp

## 집필 후기

[1] 안토넬리, 구술 역사, 33.

[2] 안토넬리, "KMMA 이야기".

[3] 지니 모클리 칼세라노(Gini Mauchly Calcerano), 저자와의 인터뷰, 2018.

[4] 안토넬리, "KMMA 이야기".

[5] 다른 목록에도 많이 올랐고 지니 모클리 칼세라노가 최신 목록을 가지고 있다.

[6] 제이 테이텔바움, 데이비드 테이텔바움, 저자와 에이미 손(Amy Sohn)과의 인터뷰, 2020년 5월 25일.

[7] 저자는 케이를 통해 프랜의 남편 호머 스펜스가 에니악 50주년이었던 1996년쯤 병이 났다는 걸 알게 되었다. 2012년 프랜이 세상을 떠난 후 그녀의 자매 주디스 비치(Judith Veitch)는 저자에게 편지를 보내 가족 역사를 알려주었다. 그녀의 아들과 며느리도 프랜의 어릴 적 사진, 대학 시절 사진, 남편, 아들과 함께 찍은 사진을 공유했다.

[8] 멜처, 구술 역사, 33.

[9] 진 제닝스 바르틱, "Minicomputers Turn Classic(미니컴퓨터 고전이 되다)", Auerbach Scientific and Control Computers Reports, *Data Processing Magazine*, January 1970, 42.

[10] 진 제닝스 바르틱의 '인생 금언 10가지'는 저자에게 공유되었으며 2002년 4월 27일 노스웨스트 미주리 주립 대학교 졸업식 연설에서도 언급됐다.

[11] 홀버턴, 구술 역사, 18.

[12] "에니악 명예의 전당 헌액자", 1997, WITI, 동영상. https://www.youtube.com/watch?v=DsctkUrUYgo

# ✧ 참고 자료

## 도서

- 바르틱, 진 제닝스(Bartik, Jean Jennings), *Pioneer Programmer: Jean Jennings Bartik and the Computer that Changed the World*(선구자적인 프로그래머: 진 제닝스 바르틱과 세계를 바꾼 컴퓨터), Kirksville, MO: Truman State University Press, 2013.

- 비드웰, 셸퍼드(Bidwell, Shelford) 편집, *Brassey's Artillery of the World: Guns, Howitzers, Mortars, Guided Weapons, Rockets and Ancillary Equipment in Service with the Regular and Reserve Forces of All Nations*(브래시 세계의 표: 각국 정규군과 예비군에서 사용되는 총, 곡사포, 박격포, 유도 무기, 로켓과 보조 장치), London: Brassey's Publishers Ltd., 1977.

- 캠벨-켈리, 마틴(Campbell-Kelly, Martin), 마이클 R. 윌리엄스(Michael R. Williams) 편집, *The Moore School Lectures: Theory and Techniques for Design of Electronic Digital Computers*(무어 스쿨 강의: 전자 디지털 컴퓨터 설계를 위한 이론과 기법), volume 9 in the Charles Babbage Institute Reprint Series for the History of Computing, Cambridge, MA: MIT Press, 1985.

- 세루치, 폴 E.(Ceruzzi, Paul E.), *A History of Modern Computing*(현대 컴퓨팅의 역사), Cambridge, MA: MIT Press, 1998.

- 골드스틴, 허먼 H.(Goldstine, Herman H.), *The Computer from Pascal to Von Neumann*(파스칼부터 폰 노이만까지의 컴퓨터), Princeton, NJ: Princeton University Press, 1993.

- 그리어, 데이비드 앨런(Grier, David Alan), *When Computers Were Human*(컴퓨터가 여성이었을 때), Princeton, NJ: Princeton University Press, 2005.

- 아이작슨 월터(Isaacson, Walter), *The Innovators: How a Group of Hackers, Geniuses, and Geeks Created the Digital Revolution*(혁신가들: 해커, 천재, 괴짜 그룹이 디지털 혁명을 만든 방법), New York: Simon & Schuster, 2014.

- 커누스, D. E.(Knuth, D. E.), *The Art of Computer Programming, Vol. 3, Sorting and Searching*(컴퓨터 프로그래밍의 기술 3권, 정렬과 검색), London: Pearson Education, 1998.

- 리, J. A. N.(Lee, J. A. N.), "John Grist Brainerd" in *Computer Pioneers*(컴퓨터 선구자들 중 '존 그리스트 브레이너드'), Los Alamitos, CA: IEEE Computer Society Press, 1995.

- 매카트니, 스콧(McCartney, Scott), *ENIAC: The Triumphs and Tragedies of the World's First Computer(ENIAC: 세계 최초 컴퓨터의 승리와 비극)*, New York: Walker and Company, 1999.

- 메트로폴리스 N.(Metropolis, N.), J. 하울렛(J. Howlett), 장칼로 로타(GianCarlo Rota) 편집, *A History of Computing in the Twentieth Century: A Collection of Essays(20세기 컴퓨팅의 역사: 에세이 선집)*, New York: Academic Press, 1980.

- 로즈, 리처드(Rhodes, Richard), *Dark Sun: The Making of the Hydrogen Bomb(어두운 태양: 수소 폭탄 제조)*, New York: Simon & Schuster, 1995.

- 로시터 마거릿 W.(Rossiter, Margaret W.), *Women Scientists in America, Before Affirmative Action, 1940-1972(미국 여성 과학자, 소수 집단 우대 정책 이전, 1940-1972년)*, Baltimore: Johns Hopkins University Press, 1998.

- 로시터 마거릿 W., *Women Scientists in America, Struggles and Strategies to 1940(미국 여성 과학자, 1940년까지의 투쟁과 전략)*, Baltimore: Johns Hopkins University Press, 1982.

- 슈르킨, J. N.(Shurkin, J. N.), *Engines of the Mind: The Evolution of the Computer from Mainframes to Microprocessors(사고의 엔진: 메인프레임에서 마이크로프로세서까지 컴퓨터의 진화)*, New York: W. W. Norton & Company, 1996.

## 구술 역사

- 안토넬리, 캐슬린(케이) 맥널티 모클리, 데이비드 롤런드 감독하에 이루어진 저자의 인터뷰, 안토넬리 부인 집에서 녹음됨, 1997년 8월 18일, 녹취록, 에니악 프로그래머 구술 역사 프로젝트.

- 바르틱, 진 제닝스, 데이비드 롤런드 감독하에 이루어진 저자의 인터뷰, 바르틱의 집에서 녹음됨, 1997년 9월 17일, 녹취록, 에니악 프로그래머 구술 역사 프로젝트.

- 바르틱, 진 제닝스와 프랜시스 엘리자베스(베티) 스나이더 홀버턴, 헨리 S. 트로프(Henry S. Tropp)와의 인터뷰, 녹취록, 컴퓨터 구술 역사 컬렉션, 1969-1973, 1977, 스미스소니언 국립 미국사 박물관 아카이브 센터, 1973년 4월 27일. https://amhistory.si.edu/archives/AC0196_abstracts_h.pdf

- 버크스, 앨리스 R.과 아서 W. 버크스, 낸시 스턴과의 인터뷰, 앨리스 R. 버크스와 아서 W. 버크스와의 구술 역사 인터뷰, 찰스 배비지 연구소, 구술 역사, 정보 처리 역사 센터, 미네소타 대학교, 미니애폴리스, 1980년 6월 20일. https://conservancy.umn.edu/handle/11299/107206

- 에커트, J. 프레스퍼, 낸시 스턴과의 인터뷰, J. 프레스퍼 에커트와의 구술 역사 인터뷰, 스페리 유니박(블루 벨, 펜실베이니아), 찰스 배비지 연구소, 정보 처리 역사 센터, 미네소타 대학교, 미니애폴리스, 1977년 10월 28일. https://conservancy.umn.edu/handle/11299/107275

- 홀버턴, 프랜시스 엘리자베스(베티) 스나이더. 데이비드 롤런드 감독하에 이루어진 저자의 인터뷰, 메릴랜드 록빌, 셰이디 그로브 센터 도서관에서 녹음됨, 1997년 9월 23~24일, 녹취록, 에니악 프로그래머 구술 역사 프로젝트.
- 모클리, 존. 자전적 인터뷰, 3부. 에스터 카와의 인터뷰, 동영상, 1977년. https://www.youtube.com/playlist?list=PL0IDvwajM_78cEx-KaJdixj8cFFuC8FUC
- 모클리, 존. 낸시 스턴과의 인터뷰, 동영상, 닐스 본 도서관과 아카이브 구술 역사, 미국 물리 학회, 1977년 5월 6일 금요일. https://www.aip.org/history-programs/niels-bohr-library/oral-histories/31773
- 멜처, 말린 웨스코프. 데이비드 롤런드 감독하에 이루어진 저자의 인터뷰, 멜처 부인의 집에서 녹음됨, 1997년 9월 16일, 녹취록, 에니악 프로그래머 구술 역사 프로젝트.
- 테이텔바움, 루스. 아돌프, 제이, 데이비드 테이텔바움과의 인터뷰. 테이텔바움가에서 녹음됨, 1986년 7월 18일. 루스 릭터먼 테이텔바움 구술 역사.

## 선별한 인터뷰

- 안토넬리, 캐슬린(케이) 맥널티 모클리. 저자와의 인터뷰, 2000년 4월 18일.
- 안토넬리, 캐슬린(케이) 맥널티 모클리. 저자와의 인터뷰, 2003년 7월 20일.
- 앳워터, 윌리엄 박사 겸 관장. 저자와의 인터뷰. 메릴랜드 애버딘 미국 육군 무기 박물관에서, 날짜 미상.
- 벤슨, 조지핀. 줌을 통한 저자와 에이미 손과의 인터뷰, 2020년 2월 29일.
- 칼세라노, 지니 모클리. 줌을 통한 저자와 에이미 손과의 인터뷰, 2021년 5월 25일.
- 포크, 스티븐 M. 저자와의 인터뷰, 필라델피아, 1996년 2월 14일.
- 매들렌 사이먼. 아렐과 허먼 골드스틴의 딸. 줌을 통한 저자와 에이미 손과의 인터뷰, 2021년 5월 25일. 2020년 6월 15일.
- 멜처, 조이. 전화를 통한 저자와의 인터뷰, 20201년 4월 29일.
- 멜처, 말린. 저자와의 인터뷰, 1996년 2월 6일.
- 멜처, 말린. 토머스 페칭어 주니어와의 인터뷰, 1996년.
- 테이텔바움, 제이, 데이비드 테이텔바움, 멀린다 테이텔바움, 수잰 테이텔바움. 줌을 통한 저자와 에이미 손과의 인터뷰, 20201년 5월 28일.
- 테이텔바움, 제이, 데이비드 테이텔바움. 스카이프 영상 통화를 통한 저자와 에이미 손과의 인터뷰, 2020년 5월 25일.

# 기사(출판된 원고)

- 세루치, 폴 E.(Ceruzzi, Paul E.), "When Computers Were Human(컴퓨터가 인간이었을 때)", *Annals of the History of Computing* 13, no. 3 (1991): 237–44.

- 코스텔로, J.(Costello, J.), "As the Twig Is Bent: The Early Life of Mauchly(될성부른 나무는: 모클리의 초기 생애)", *IEEE Annals of the History of Computing* 18, no. 1 (1996): 45–50.

- 엑스타인, P.(Eckstein, P.), "J. 프레스퍼 에커트(J. Presper Eckert)", *IEEE Annals of the History of Computing* 18, no. 1 (1996): 25–44.

- 프리츠, W. 바클리(Fritz, W. Barkley), "ENIAC—A Problem Solver(에니악—문제 해결사)", *IEEE Annals of the History of Computing* 16, no. 1 (March 1994): 25–45.

- 프리츠, W. 바클리, "The Women of ENIAC(에니악의 여성들)", *IEEE Annals of the History of Computing* 18, no. 3 (1996): 13–28.

- 그리어, 데이비드(Grier, David), "The ENIAC, the Verb 'to Program' and the Emergence of Digital Computers(에니악, '프로그래밍하다'라는 동사, 그리고 디지털 컴퓨터의 출현).", *IEEE Annals of the History of Computing* 18, no. 1 (March 1996): 51–55.

- 헤이그, 토머스(Haigh, Thomas), 마크 프리스틀리(Mark Priestley), 크리스핀 로프(Crispin Rope), "Engineering 'The Miracle of the ENIAC': Implementing the Modern Code Paradigm('에니악의 기적' 엔지니어링: 현대 코드 패러다임 구현)", *IEEE Annals of the History of Computing* 36, no. 2 (2014): 41–59.

- 하트리, D. R.(Hartree, D. R.), "The Eniac, an Electronic Computing Machine(에니악, 전자 컴퓨팅 기계)", *Nature* 158, no. 4015 (October 1, 1946): 500–506.

- 라이트, 제니퍼 S.(Light, Jennifer S.), "When Computers Were Women(컴퓨터가 여성이었을 때)", *Technology and Culture* 40, no. 3 (1999): 455–83.

- 모클리, 존 W.(Mauchly, John W.), "Amending the ENIAC Story(에니악 이야기 수정)", *Datamation* 25, no. 11 (1979).

- 모클리, 존 W. "Mauchly: Unpublished Remarks(모클리: 미공개 발언)", *IEEE Annals of the History of Computing* 4, no. 3 ( July 1982): 245–56.

- 모클리, 캐슬린 R.(Mauchly, Kathleen R.) "John Mauchly's Early Years(존 모클리의 어린 시절)", *IEEE Annals of the History of Computing* 6, no. 2 (1984): 116–38.

- 메트로폴리스, N.(Metropolis, N.), E. C. 넬슨(E. C. Nelson), "Early Computing at Los Alamos(로스앨러모스 초기 컴퓨팅)", *IEEE Annals of the History of Computing* 4, no. 4 (1982): 348–57.

- 메트로폴리스, N.(Metropolis, N.), J. 월튼(J. Worlton), "A Trilogy on Errors in the History of Computing(컴퓨팅 역사 오류 삼부작)", *IEEE Annals of the History of Computing* 2, no. 1 (1980): 49–59.

- 뉴콤, H.(Neukom, H.), "The Second Life of ENIAC(에니악의 두 번째 삶)", *IEEE Annals of the History of Computing* 28, no. 2 (April 2006): 4–16.

- 시브라이트, 매케이브(Seabright, McCabe), "Adele Goldstine, The Woman Who Wrote the Book(아델 골드스틴, 그 책을 쓴 여성)", *SWE Magazine*, spring 2019.

- 시브라이트, 매케이브, "Finding Alyce Hall(앨리스 홀 찾기)", *SWE Magazine*, Winter 2014.

- 스턴, 낸시(Stern, Nancy), "John William Mauchly(존 윌리엄 모클리), 1907–1980", *IEEE Annals of the History of Computing* 2, no. 2 (1980): 100–103.

- 스튜어트, 브라이언 L.(Stuart, Brian L.), "Debugging the ENIAC [Scanning Our Past](에니악 디버깅[과거 스캔])", *Proceedings of the IEEE* 106, no. 12 (2018): 2331–45.

- 스튜어트, 브라이언 L. "Programming the ENIAC [Scanning Our Past](에니악 프로그래밍[과거 스캔])", *Proceedings of the IEEE* 106, no. 9 (2018): 1760–70.

- 스튜어트, 브라이언 L. "Simulating the ENIAC [Scanning Our Past](에니악 시뮬레이션[과거 스캔])", *Proceedings of the IEEE* 106, no. 4 (2018): 761–72.

- 토브, A. H.(Taub, A. H.), "Refraction of Plane Shock Waves(비행기 충격파의 굴절)", *Physical Review* 72, no. 1 ( July 1, 1947): 51–60.

- 위크, 마틴 H.(Weik, Martin H.), "The ENIAC Story(에니악 이야기)", *Ordnance* 45, no. 244 (1961): 571–75.

- 와인그래드, 딜리스(Winegrad, Dilys), "Celebrating the Birth of Modern Computing: The Fiftieth Anniversary of a Discovery at the Moore School of Engineering of the University of Pennsylvania(현대 컴퓨팅 탄생 기념: 펜실베이니아 대학교 무어 스쿨 전기 공학부의 발견 50주년)", *IEEE Annals of the History of Computing* 18, no. 1 (March 1996): 5–9.

## 기사, 팸플릿, 에세이, 연설(출판되지 않은 원고)

- "루스 테이텔바움 녹취록", 에니악 특허 소송 컬렉션, 16번 상자, 펜실베이니아 대학교 기록 보관 센터.

- 안토넬리, 캐슬린 맥널티 모클리, "Compressible Boundary Layer, Zero-order functions. Set-up for programming of integrations(압축 가능한 경계층, 상수 함수, 적분 프로그래밍을 위한 설정)", 페달링 시트, 1946년.

- 안토넬리, 캐슬린 맥널티 모클리, "The Kathleen McNulty Mauchly Antonelli Story(캐슬린 맥널티 모클리 안토넬리 이야기)", 2004년 3월 6일. https://sites.google.com/a/opgate.com/eniac/Home/kay-mcnulty-mauchly-antonelli

- 안토넬리, 캐슬린 맥널티 모클리, "Luncheon Speech, Reminiscences(오찬 연설, 회상)", 에니악 40주년 기념사 소개 연설, 저자가 녹취, 1986년 10월.

- 버긴, 토머스 J.(Bergin, Thomas J.) 편집, *50 Years of Army Computing, From ENIAC to MSRC: A Record of a Symposium and Celebration(육군 컴퓨팅 50년사, 에니악부터 MSRC까지: 심포지엄과 기념식 기록)*, 1996년 11월 13~14일. 육군 연구소와 미국 육군 군수품 센터 & 스쿨 후원, 2000년 9월.

- 클리핑어, R. F.(Clippinger, R. F.), "A Logical Coding System Applied to the ENIAC(에니악에 적용된 논리적 코딩 시스템)", 보고서 673번, 메릴랜드 애버딘 탄도 연구소, 1948년 9월 29일. https://apps.dtic.mil/sti/citations/ADB205179

- 프리츠, W. 바클리(Fritz, W. Barkley), "A Survey of Eniac Operations and Problems, 1946-1952(에니악 운용 및 문제 조사, 1946~1952년)" 보고서 617번, 메릴랜드 애버딘 탄도 연구소, 1952년 8월. https://apps.dtic.mil/sti/pdfs/AD1003735.pdf

- 골드스틴, 아델 K.(Goldstine, Adele K.), "Report on THE ENIAC(에니악에 대한 보고서)", *Technical Report I* (1946년 6월 1일), 필라델피아 펜실베이니아 대학교 무어 스쿨 전기 공학부, 미국 육군 병기부 감독하에 개발됨.

- 클라이먼, 캐스린(Kleiman, Kathryn), "Biography of Mrs. Frances Elizabeth Snyder Holberton(프랜시스 엘리자베스 스나이더 홀버턴 부인의 전기)", Fletcher, Heald & Hildreth, Arlington, VA, 1996.

- 리드, 헨리(Reid, Henry), "Ballisticians in War and Peace, Volume I, 1914-1956(전쟁과 평화의 탄도학자들, 1권, 1914~1956년)", 메릴랜드 애버딘 성능 시험장 미국 육군 연구소. https://apps.dtic.mil/sti/pdfs/ADA300523.pdf

## 원고와 기록 출처

- Ancestry.com
- 스미스소니언 국립 미국사 박물관 아카이브 센터
- 하버드 대학교 래드클리프 고등 연구소, 아서와 엘리자베스 슐레진저 미국 여성 역사 도서관
- 미니애폴리스 미네소타 대학교 정보 처리 역사 센터 찰스 배비지 연구소 구술 역사
- 드렉설 대학교 기록 보관소
- 노스웨스트 미주리 주립 대학교 진 제닝스 바르틱 컴퓨팅 박물관
- 펜실베이니아 대학교의 특별 수집품, 희귀 도서, 원고를 위한 키슬락 센터
- 의회 도서관 과학, 기술 & 비즈니스 부서
- 국립 문서 기록 관리청
- 미국 물리 학회 닐스 본 도서관과 아카이브 구술 역사, https://www.aip.org/history-programs/niels-bohr-library/oral-histories/31773
- 필라델피아 무료 도서관 사회 과학 & 역사/신문 부서

- 템플 대학교 도서관 특별 소장품 연구 센터
- 펜실베이니아 대학교 기록 보관 센터
- 펜실베이니아 대학교 기록 보관 센터, 강의 기록과 연감
- 펜실베이니아 대학교 기록 보관 센터, 디지털 이미지 컬렉션
- 펜실베이니아 대학교 기록 보관 센터, 에니악 특허 소송 컬렉션
- 펜실베이니아 대학교 기록 보관 센터, 대학교 관계 정보 파일
- 미국 육군 무기 박물관

## 선별한 뉴스 기사

- 로, 스티브(Lohr, Steve), "Frances E. Holberton, 84, Early Computer Programmer(프랜시스 E. 홀버턴, 84세, 초기 컴퓨터 프로그래머)", *New York Times*, December 17, 2001. https://www.nytimes.com/2001/12/17/business/frances-e-holberton-84-early-computer-programmer.html

- 로, 스티브, "Jean Bartik, Software Pioneer, Dies 86(진 바르틱, 소프트웨어 개척자, 86세에 사망하다)", *New York Times*, April 8, 2011. https://www.nytimes.com/2011/04/08/business/08bartik.html

- 페칭어, 토머스 주니어(Petzinger, Thomas Jr.), "Female Pioneers Fostered Practicality of Computers(여성 선구자들 덕분에 컴퓨터 산업의 실현 가능성이 만들어졌다)", *Wall Street Journal*, November 22, 1996. https://www.wsj.com/articles/SB848618358629375500

- 페칭어, 토머스 주니어, "History of Software Begins with the Work of Some Brainy Women(소프트웨어의 역사가 똑똑한 여성들의 작업과 함께 시작되다)", *Wall Street Journal*, November 15, 1996. https://www.wsj.com/articles/SB848012407846877000

- 색슨, 볼프강(Saxon, Wolfgang), "Herman Goldstine Dies at 90; Helped Build First Computers(첫 번째 컴퓨터 제작을 도운 허먼 골드스틴 90세에 사망하다)", *New York Times*, June 26, 2004. https://www.nytimes.com/2004/06/26/us/herman-goldstine-dies-at-90-helped-build-first-computers.html

- 설리번, 퍼트리샤(Sullivan, Patricia), "Gloria Gordon Bolotsky, 87; Programmer Worked on Historic ENIAC Computer(글로리아 고든 볼로츠키 87세, 역사적인 에니악 컴퓨터에서 작업한 프로그래머)", *Washington Post*, July 26, 2009. https://www.washingtonpost.com/wp-dyn/content/article/2009/07/25/AR2009072502045.html

## 웹사이트, 영화, 다큐멘터리

- 코플린, 빌(Coughlin, Bill), "Commercial Digital Computer Birthplace(상업용 디지털 컴퓨터 탄생지)", Historical Marker Database. March 14, 2011, Updated June 16, 2016. https://www.hmdb.org/m.asp?m=40918

- 데이비드, 폴(David, Paul), *Mauchly: The Computer and the Skateboard(모클리: 컴퓨터와 스케이트보드)*, 동영상, 다큐멘터리, Blastoff Media, 2011.

- 도너휴, 빅토리아(Donohoe, Victoria), "Narberth—A History(나버스—역사)", Friends of Narberth History, October 14, 1994. https://narberthhistory.org/stories/narberth-history

- 에릭슨, 리앤(Erickson, LeAnn), *Top Secret Rosies*, 동영상, 다큐멘터리, PBS Distribution, 2010. http://topsecretrosies.com

- 에번스, 숀(Evans, Shawn), "Historic Movie Theaters of Center City(센터 시티의 역사적인 극장들)", *The PhillyHistory Blog*, February 9, 2011. https://blog.phillyhistory.org/index.php/2011/02/historic-movie-theaters-of-center-city

- "팜 저널 잡지", AG Web. https://www.agweb.com/farm-journal-magazine

- 프리드먼, 스테이시아(Friedman, Stacia), "Historic Jewish Women's Shelter Transformed into Lux Apartments(고급 아파트로 변신한 역사적 유대계 여성 쉼터)", Hidden City Phila. May 16, 2020. https://hiddencityphila.org/2020/05/historic-jewish-womens-shelter-transformed-into-lux-apartments

- "History of Chestnut Hill College(체스트넛 힐 대학교 역사)", 체스트넛 힐 대학교. https://www.chc.edu/history-chestnut-hill-college

- "History of ESE at Penn(펜실베이니아 대학교의 전기 공학부 역사)", 펜실베이니아 대학교 전기 공학부. https://www.ese.upenn.edu/history

- "Homes of Families with Members Born in Italy, West Philadelphia, 1940(이탈리아 출신 가족들의 필라델피아 서부 주거지, 1940년)", West Philadelphia Collaborative History. https://collaborativehistory.gse.upenn.edu/media/houses-family-members-born-italy-west-philadelphia-1940

- 클라이먼, 캐시(Kleiman, Kathy), *The Computers: The Remarkable Story of the ENIAC Programmers(컴퓨터: 에니악 프로그래머들의 놀라운 이야기)*, 캐시 클라이먼, 존 팰프리먼(Jon Palfreman), 케이트 맥마흔(Kate McMahon) 제작, 동영상, 다큐멘터리, 우먼 메이크 무비(Women Make Movies) 배급, 2014. http://eniacprogrammers.org/see-the-film

- 랭, 월터(Lang, Walter), *사랑의 전주곡*, 영화, 20세기 폭스, 1957년.

- 무스, 마이클(Muuss, Michael) 편집, "History of Computing Information(정보 컴퓨팅의 역사)", 미국 육군 연구소. https://ftp.arl.army.mil/~mike/comphist

- 무스, 마이클, "Historic Computer Images(역사적 컴퓨터 이미지)", 미국 육군 연구소. https://ftp.arl.army.mil/ftp/historic-computers

- "Northwest History(노스웨스트 역사)", 노스웨스트 미주리 사범 대학교. https://www.nwmissouri.edu/aboutus/history.htm

- "Our History(우리의 역사)", Central High School, School District of Philadelphia, Modified February 19, 2020. https://centralhs.philasd.org/about-central-high-school/about-us

- "Pine Camp, now Fort Drum, in the 1930s and 40s(지금은 포트 드럼으로 불리는 파인 캠프의 1930~40년대 모습)", A North Country Public Radio Project. https://www.northcountryatwork.org/collections/pine-camp-now-fort-drum-in-the-1930s-and-40s

- 스클래로프, 수전(Sklaroff, Susan), "The Rebecca Gratz Club(리베카 그라츠 클럽)", Rebecca Gratz & 19th-Century America. August 24, 2010. http://rebeccagratz.blogspot.com/2010/08/rebecca-gratz-club.html

- 스프링, 켈리 A.(Spring, Kelly A.) "In the Military during World War II(제2차 세계 대전 도중의 군대에서)", 미국 여성 역사 도서관. 2017. https://www.womenshistory.org/resources/general/military

- 스트라서, 마이크(Strasser, Mike), "Fort Drum exhibit to highlight sonic deception training at Pine Camp during WWII(제2차 세계 대전 중 파인 캠프의 음파 기만 훈련을 보여주는 포트 드럼 전시)" 미국 육군, November 2, 2020. https://www.army.mil/article/240486/fort_drum_exhibit_to_highlight_sonic_deception_training_at_pine_camp_during_wwii

- WITI(Women in Technology International), ENIAC Keynote @ WITI New York Network Meeting, Six-part video(WITI 뉴욕 네트워크 회의 에니악 기조 연설 6부 동영상), February 23, 1998. https://www.youtube.com/watch?v=P2AjiPhtoJ0&t=13s

- WITI, 50th Anniversary induction of ENIAC Programmers into Hall of Fame(에니악 프로그래머 명예의 전당 헌액 50주년 기념행사), 동영상, 1997. https://www.youtube.com/watch?v=kstqypCpHx8&list=PL9zninK8B_FTo-H_H6BhspjQ8J0QXXu7r

- "Women & World War II(여성과 제2차 세계 대전)", Metropolitan State University of Denver. https://temp.msudenver.edu/camphale/thewomensarmycorps/womenwwii

- "YWCA in Philadelphia(필라델피아의 YWCA)", 템플 디지털 컬렉션, 템플 대학교 도서관. https://digital.library.temple.edu/digital/custom/ywcaphiladelphia

## ✧ 사진집

**1940년대와 1950년대 초에 찍은 에니악 6인의 사진\***

캐슬린(케이) 맥널티 모클리 안토넬리,
1940년대.　　　　　　– 빌 맥널티 제공

프랜시스(프랜) 빌라스 스펜스, 1947년.
　　　　　　　　　– 스펜스 가족 제공

프랜시스 엘리자베스(베티) 스나이더 홀버
턴, 1940년대.　　– 프리실라 홀버턴 제공

말린 웨스코프 멜처, 1942년 6월.
　　　　　　　　　– 멜처 가족 제공

루스 릭터먼 테이텔바움, 1950년대 초.
　　　　　　– 테이텔바움 가족 제공

진 제닝스 바르틱, 1940년대.
　　　　　　　　– 바르틱 가족 제공

---

\* 인물 이름은 원서 표기에 따라 결혼 전 성과 결혼 후 성을 모두 표기했다.

## 1942~1945년, 무어 스쿨의 컴퓨팅 팀

**[사진 1]** 월넛가 3436번지에 위치한 육군 필라델피아 컴퓨팅 부서의 3층 컴퓨팅 팀. 이 여성들은 몇 년간 한 팀으로 일했다. 2주씩 주간, 야간 근무를 교대했고 전자 기계식 탁상용 계산기를 사용해 탄도 궤도를 계산했다. 가장 왼쪽은 앨리스 홀이고, 가장 오른쪽이 말린 웨스코프 멜처다(루스는 나중에 합류했다).

— 멜처 가족 제공

[사진 2] 캐슬린(케이) 맥널티 모클리 안토넬리(왼쪽)가 제2차 세계 대전 중 무어 스쿨 지하에서 미분 해석기를 사용한 탄도 궤도 계산을 감독하고 있다. 오른쪽에 있는 시스 스텀프가 자료를 입력하고, 왼쪽에 있는 케이가 출력된 계산 결과를 읽고 기록하고 있다. 중앙의 앨리스 스나이더는 샤프트와 기어를 점검하고 있다.

— 펜실베이니아 대학교, 대학 기록 보관 센터

[사진 3] 말린 웨스코프 멜체(왼쪽)와 루스 릭터먼 테이텔바움이 해변에서 얼마 없던 휴일을 만끽하는 중이다. 뉴욕 파 로커웨이에 있는 루스의 부모님을 방문하러 가는 중이었을 것으로 추정한다.

– 멜처 가족 제공

SHARPLY POINTED PROJECTILE
MOVING THROUGH THE AIR

$$(a^2 - u^2)\frac{\partial u}{\partial x} - u\,v\left(\frac{\partial u}{\partial y} + \frac{\partial v}{\partial x}\right)$$
$$+ (a^2 - v^2)\frac{\partial v}{\partial y} + \frac{a^2\,v}{y} = 0,$$
$$\frac{\partial v}{\partial x} - \frac{\partial u}{\partial y} = 0$$

## 1945~1946년, 무어 스쿨에서 에니악을 프로그래밍하고 디버깅하는 여성들

[사진 6] 휴대용 원격 조작 리모컨은 에니악 6인이 탄도 궤도 프로그램을 디버깅할 때 사용한 중요한 도구였다. 이 도구 덕분에 프로그램을 단계별로 진행할 수 있었고 로직과 하드웨어에서 문제를 찾는 데 도움이 되었다.

− © 베트만 / 게티 이미지

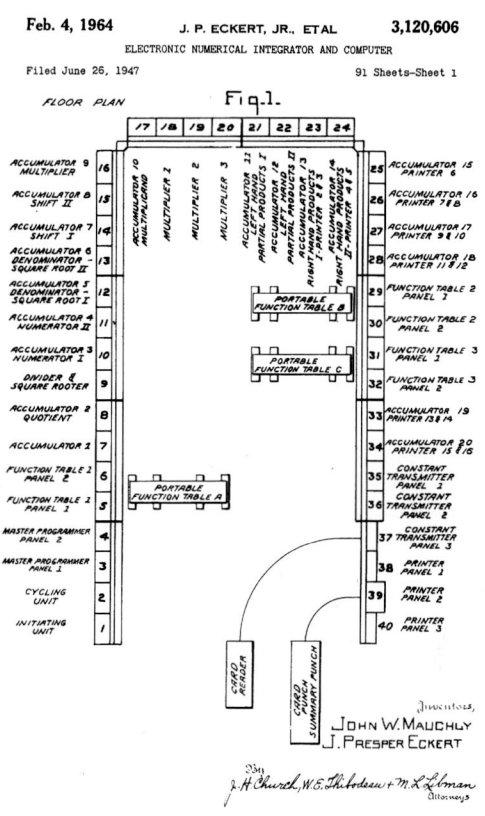

[사진 9] 에니악 프로그래머 두 명을 찍은 이 유명한 사진은 여성들의 이름을 밝히지 않은 채 수십 년간 공유됐다. 진 제닝스 바르틱은 왼쪽에 서 있고 오른쪽에는 프랜시스(프랜) 빌라스 스펜스가 있다. 시연일을 준비하면서 찍은 사진이다.

– 펜실베이니아 대학교, 대학 기록 보관 센터

[사진 10] 유명한 에니악 팀 사진으로 시연일 날 육군 사진사가 찍어 기자에게 공유했고, 미국 전역의 신문에 실렸다. 50년 넘게 여성들의 이름은 사진 설명에 없었다. 왼쪽부터 호머 스펜스 일병, J. 프레스퍼 에커트, 존 모클리 박사, 진 제닝스 바르틱, 허먼 골드스틴 대령, 루스 릭터먼 테이텔바움.

— 펜실베이니아 대학교, 대학 기록 보관 센터

[사진 11] 에니악 이야기는 50년이 넘도록 육군, 무어 스쿨을 대표하는 이들과 에니악 발명가로 구성된 남성들의 역사로만 전해졌다. 왼쪽부터 에니악 공동 발명가 J. 프레스퍼 에커트, 무어 스쿨의 학장 겸 연구 책임자 존 그리스트 브레이너드 박사, 육군 병기부 탄도학 수석 엔지니어 샘 펠트먼, 탄도 연구소의 무어 스쿨 연락관 허먼 골드스틴 대위, 에니악 공동 발명가 존 모클리 박사, 무어 스쿨의 최초 학장 해럴드 펜더 박사, 육군 병기부 연구 개발 서비스(AORDS)의 책임자 글래디언 반스 소장. AORDS 연구부서장 폴 길런 대령.

– 펜실베이니아 대학교, 대학 기록 보관 센터

[사진 12] 에니악 팀은 에니악 작업뿐만 아니라 점심, 저녁을 같이 먹으며 유대감을 쌓았다. 식사 중에는 컴퓨팅의 미래에 관해 브레인스토밍하기도 했다. 리도 레스토랑을 즐겨 찾았다. 1946년 2월. 왼쪽부터 어윈 골드스틴 일병, 프랜시스 빌라스 스펜스, 호머 스펜스, 제임스 커밍스, 말린 웨스코프 멜처, 존 모클리, 루스 릭터먼 테이텔바움, 진 제닝스 바르틱, 캐슬린 맥널티 모클리 안토넬리.

– 빌 모클리 제공

[사진 13] 1946년 12월 14일, 진의 결혼식 날. 에니악 팀이 함께 축하하는 자리였다. 왼쪽부터 신부 들러리 프랜시스 엘리자베스(베티) 스나이더, 신랑 윌리엄 빌 바르틱, 신부 진 제닝스 바르틱, 신부 입장을 함께 한 존 모클리.

— 빌 모클리 제공

## 1947년, 메릴랜드 애버딘 성능 시험장으로 이전한 에니악

[사진 14] 1947년 에니악은 애버딘 성능 시험장의 탄도 연구소에서 작동하기 시작했다. 오른쪽 아래의 루스 릭 터먼 테이텔바움은 프로그래머 겸 감독관으로 계속 근무했다. 중앙에 서 있는 에스터 거스턴은 제2차 세계 대전 당시 컴퓨터로 근무했고, 이후 육군에서 2세대 에니악 프로그래머로 근무했다.

[사진 15] 1955년까지 다수의 여성과 남성들이 애버딘에서 에니악을 프로그래밍해 중요한 군사적, 학술적, 상업적 문제를 해결하려 했다. 이 유명한 사진은 2세대 프로그래머인 글로리아 고든 볼로츠키(앉아 있는 사람)와 에스터 거스턴이 두꺼운 숫자 케이블, 가는 프로그램 펄스 와이어, 스위치를 사용해 에니악을 프로그래밍하는 장면이다.

— 미국 육군 연구소

## 기념행사와 재회

[사진 16] 1985년, 캐슬린(케이) 맥널티 모클리는 모든 에니악 프로그래머를 필라델피아로 초대해 재회했다. 루스와 함께했던 마지막 자리였다. 뒷줄 왼쪽부터 루스 릭터먼 테이텔바움, 아돌프 테이텔바움, 프랜시스(프랜) 빌라스 스펜스, 호머 스펜스, 말린 웨스코프 멜처, 캐슬린(케이) 맥널티 모클리. 앞줄 왼쪽부터 프랜시스 엘리자베스(베티) 스나이더 홀버턴, 진 제닝스 바르틱.

– 바르틱 가족 제공

[사진 17] 1996년 에니악 50주년 기념행사에서 에니악 프로그래머들을 위해 마련된 특별 리셉션. 왼쪽부터 저자 캐시 클라이먼, 진 제닝스 바르틱, 말린 웨스코프 멜처, 캐슬린(케이) 맥널티 모클리 안토넬리, 앞줄 프랜시스 엘리자베스(베티) 스나이더 홀버턴.

– © 스티븐 M. 포크, 퍼스트 바이트 프로덕션 유한 책임 회사 제공

[사진 18] 2001년 펜실베이니아 대학교 무어 스쿨 전기 공학부 건물에서 에니악의 진공관 10진 계수기를 들고 있는 캐슬린(케이) 맥널티 모클리 안토넬리(왼쪽)와 진 제닝스 바르틱. 2001년 4월, 노스웨스트 미주리 주립 대학교의 노스웨스트 동문 잡지에서 1945년 졸업생인 진을 소개하는 표지 기사를 위해 촬영한 사진이다.

– 노스웨스트 미주리 주립 대학교 기록 보관소